高等院校经济管理专业应用型精品教材

# 管理经济学

李晓蕴　郑强国　主编

雷燕　郭淑缓　副主编

清华大学出版社

北　京

## 内 容 简 介

　　本书根据我国经济增长和发展的新常态,结合国家"一带一路、互联互通"的总体经济发展战略的制定和实施,按照经济运行规律,系统介绍:管理经济学分析方法、企业管理目标与决策、市场供求与均衡、需求弹性与需求估计、生产决策、成本利润、不同市场结构下企业的经济行为、企业产品定价、企业决策的风险、市场失灵与政府干预等管理经济学基础知识,并注重教学内容和教材结构的创新。

　　本书具有理论适中、知识系统、案例经典、注重应用等特点,因此本书既可以作为高等院校本科经济管理、工商管理等专业学生的必修教材,同时兼顾高职高专、成人高等教育经济管理专业的教学,也可以用于各类企事业经济管理从业者的在职教育岗位培训。

**图书在版编目(CIP)数据**

　　管理经济学/李晓蕴,郑强国主编.—北京:清华大学出版社,2018(2023.9重印)
　　(高等院校经济管理专业应用型精品教材)
　　ISBN 978-7-302-46974-2

　　Ⅰ.①管… Ⅱ.①李…②郑… Ⅲ.①管理经济学—高等学校—教材 Ⅳ.①C93-05

　　中国版本图书馆 CIP 数据核字(2017)第 080104 号

责任编辑:张　弛　闫一平
封面设计:何凤霞
责任校对:袁　芳
责任印制:丛怀宇

出版发行:清华大学出版社
　　　　网　　　址:http://www.tup.com.cn,http://www.wqbook.com
　　　　地　　　址:北京清华大学学研大厦 A 座　　　邮　　编:100084
　　　　社 总 机:010-83470000　　　　　　　　　　邮　　购:010-62786544
　　　　投稿与读者服务:010-62776969,c-service@tup.tsinghua.edu.cn
　　　　质量反馈:010-62772015,zhiliang@tup.tsinghua.edu.cn
　　　　课件下载:http://www.tup.com.cn,010-62770175-4278
印 装 者:天津鑫丰华印务有限公司
经　　销:全国新华书店
开　　本:185mm×260mm　　　印　张:13.5　　　字　数:305 千字
版　　次:2018 年 4 月第 1 版　　　　　　　　印　次:2023 年 9 月第 3 次印刷
定　　价:48.00 元

产品编号:073601-02

# 教材编委会

主　　　任：牟惟仲

副　主　任：林　征　　冀俊杰　　张昌连　　丁　虹　　武信奎　　黑　岚
　　　　　　张建国　　车亚军　　吕一中　　王黎明　　田小梅　　李大军

编　　　委：侯　杰　　钟丽娟　　张美云　　郑强国　　王晓芳　　丁玉书
　　　　　　黄中军　　熊化珍　　薄雪萍　　卜小玲　　吴青梅　　孙　军
　　　　　　周　伟　　赵　英　　周　晖　　吴　霞　　李静玉　　耿　燕
　　　　　　马继兴　　王海文　　赵立群　　崔　娜　　吴慧涵　　张武超
　　　　　　李耀华　　李秀华　　陈　捷　　雷　燕　　梁红霞　　刘徐方
　　　　　　李秀霞　　连　莲　　王　华　　王桂霞　　罗佩华　　梁艳智
　　　　　　巩玉环　　吕广革　　张　峰　　梁　月　　王雅华　　梁　旭
　　　　　　张秀华　　李淑娟　　毛锦华　　马　平　　苏艳芝　　贾艳菊

丛书主编：李大军

丛书副主编：郑强国　　王晓芳　　黑　岚　　卜小玲　　薄雪萍　　熊化珍

专　家　组：张美云　　孙　军　　丁玉书　　黄中军　　吴青梅　　钟丽娟

# 序　言

随着我国改革开放的不断深入和扩大，我国经济已经连续 30 多年保持持续中高速稳定增长的态势，中国经济进入一个最具活力的发展时期。2015 年 3 月，经国务院授权，国家发展和改革委员会、外交部、商务部发布《推动共建丝绸之路经济带和 21 世纪海上丝绸之路的愿景与行动》。随着我国改革开放和社会主义市场经济的加速推进，国家"一带一路、互联互通"总体发展战略的制定和实施，我国经济正在迅速融入全球经济一体化的发展进程，中国市场国际化的特征越发凸显。

目前，我国正处于经济快速发展与社会变革的重要时期，随着经济转型、产业结构调整、传统企业改造，涌现了大批电子商务、文化创意、绿色生态及循环经济等新型产业；面对国际化市场的激烈竞争、面对新一轮的人才争夺，我国企业既要加快管理体制与运营模式的整改，也要注重加强经管理念与管理方法的不断创新，更要注重企业发展的本土化策略、抓紧网罗培养具有创新意识和掌握新专业知识的技能型人才；这既是企业立于不败之地的根基，也是企业可持续长远发展的重要战略选择。

需求促进专业建设，市场驱动人才培养。为适应市场对经济管理专业人才多层次、多样化的需求，保证合理的人才结构，有必要开展多层次的经济管理技能培训与教育：一是加强学历教育；二是重视继续教育；三是开展有针对性的员工培训。

针对我国高等教育"经济管理"专业知识老化、教材陈旧、重理论轻实践、缺乏实用操作技能训练的问题，为了适应我国经济发展对"有思路、掌握技能、会操作、能应用"人才的需要，为了全面贯彻教育部关于"加强职业教育"的精神和"强化实践实训、突出技能培养"的要求，根据企业用人与就业岗位的实际需要，结合高等院校"经济管理"专业教学计划及课程设置的调整，我们组织北方工业大学、郑州大学、北京联合大学、青岛大学、首钢工学院、大连工业大学、北京城市学院、燕山大学、北京财贸职业学院、吉林工程技术师范学院、北京朝阳职工大学、华北水利水电学院、北京西城社区学院、山东外贸职业学院等全国 20 多所院校的专家、教授和工商与流通企业的经理，在多次研讨和深入实际调查的基础上，共同精心编撰了此套经济管理系列教材，旨在更好地服务于国家经济建设。

教材建设是高等教育教学改革的重要组成部分，也是体现职业技能培养特色的关键。本系列教材的编写，遵循科学发展观，根据学科发展、教学改革、专业建设和课程改造需要，尤其是市场对人才专业技能与能力素质的需要；结合教育部教育教学改革精神、结合国家正在启动的大学生就业工程，面向社会、面向市场、面向经济建设、面向用人单位的具体工作岗位，不仅凝聚了一大批专家、教授多年的教学实践经验、最新的科研成果及企业家丰富的实战经验，也反映了企业用工岗位的真实需求。

　　本系列教材作为高等院校经济管理专业应用型精品教材,包括《经济学基础》《市场营销》《企业战略管理》《人力资源管理》《国际贸易实务》《商务谈判实务》等十多本书。

　　由于本套教材紧密结合我国企业改革与经济发展、注重前瞻性,具有理论前沿性和实践操作性,注重实际应用和操作技能训练与培养,适应国家经济发展新常态的需要,对帮助学生尽快熟悉操作规程与业务管理,毕业后能够顺利走上社会就业具有特殊意义。本套教材既可以作为高等院校经济管理专业教学的首选教材,也可以用于工商、流通、财贸等企业在职员工培训。

牟惟仲

2016 年 6 月

# 前　言

随着国家"一带一路"发展战略的制定和实施,随着我国政府倡导"大众创业万众创新",出现了许多新的经济现象。为此国家近年新出台了多项有利于新兴产业、外向型企业和"中、小、微"企业发展的经济政策。

我国企业经营管理人员大多具有较为丰富的实践管理经验,但对系统的管理经济学理论往往掌握不足。面对国际化市场的激烈竞争,我国企业既要加快管理体制与运营模式的优化,也需要加强经营理念与管理方法的不断创新,最终提升管理实践的效果。

管理经济学是高等院校经管专业非常重要的必修课程,也是创业者和经济管理从业人员必须掌握的关键知识技能。管理经济学是应用经济学的一个分支,管理经济学为经营决策提供了一种系统、具有逻辑性的分析方法,既影响日常决策,也影响长期计划决策的经济性,是微观经济学在管理实践中的应用,是沟通经济学理论与企业管理决策的桥梁。加强现代企业经营管理从业者的管理经济学理论知识技能应用培训、提高经营管理水平,已成为亟待解决的问题。

本书作为高等院校经济管理专业的特色教材,坚持科学发展观,严格按照教育部"加强职业教育、突出实践技能培养"的要求,针对高等院校经济管理人才培养目标,既注重理论知识的讲授,又突出实践应用,力求做到"课堂讲练结合、重在掌握,课后通过社会实践学以致用、注重实效"。本书出版对帮助学生尽快熟悉管理经济学应用操作规程、掌握基本知识技能,毕业后能够顺利就业具有特殊意义。

全书共九章,以学习者应用能力培养为主线,根据管理经济学实践教学改革要求,系统介绍:管理经济学分析方法、企业管理目标与决策、市场供求与均衡、需求弹性与需求估计、生产决策、成本利润、不同市场结构下企业的经济行为、企业产品定价、企业决策的风险、市场失灵与政府干预等管理经济学基础知识,并注重教学内容和教材结构的创新。

由于本书融入了管理经济学的最新实践教学理念,力求严谨,注重与时俱进,具有理论适中、知识系统、案例经典、注重应用等特点。因此本书既可以作为高等院校经济管理、工商管理等专业学生的必修教材,同时兼顾高职高专、成人高等教育经济管理专业的教学,也可以用于各类企事业经济管理从业者的在职教育岗位培训。

本书由李大军筹划并具体组织,李晓蕴和郑强国担任主编,李晓蕴统改稿,雷燕、郭淑缓担任副主编,由王晓芳审定。参加编写的人员有:牟惟仲(序言),雷燕(第一章、第七章),郑强国(第二章、第八章),李静玉(第三章),郭淑缓(第四章),李晓蕴(第五章、第六章),李慧茹(第九章),李晓新(文字修改、制作课件)。

在本书编写过程中,我们参阅了大量管理经济学的最新书刊资料、国家经济管理法规,收录了具有典型意义的案例,并得到有关专家、教授的具体指导,在此一并致谢。为方便教学,本书配有教学课件,读者可以从清华大学出版社网站(www.tup.com.cn)下载使用。因编者水平有限,书中难免有不足之处,恳请专家和广大读者批评、指正。

编 者

2018 年 2 月

# 目　录

第一章　导论 ……………………………………………………………………… 1

　第一节　管理经济学的内涵 ……………………………………………………… 1

　第二节　管理经济学的分析方法 ………………………………………………… 6

　第三节　企业目标与决策 ………………………………………………………… 9

第二章　市场供求与均衡 ……………………………………………………… 22

　第一节　市场需求 ……………………………………………………………… 22

　第二节　市场供给 ……………………………………………………………… 29

　第三节　市场均衡分析 ………………………………………………………… 34

第三章　需求弹性与需求估计 ………………………………………………… 41

　第一节　需求价格弹性 ………………………………………………………… 41

　第二节　需求收入弹性 ………………………………………………………… 48

　第三节　需求交叉弹性 ………………………………………………………… 52

　第四节　需求估计与需求预测 ………………………………………………… 55

第四章　生产决策分析 ………………………………………………………… 67

　第一节　生产函数概述 ………………………………………………………… 67

　第二节　短期生产与决策分析 ………………………………………………… 71

　第三节　长期生产与决策分析 ………………………………………………… 77

　第四节　规模经济与范围经济 ………………………………………………… 86

第五章　成本利润分析 ………………………………………………………… 92

　第一节　成本与利润的概念 …………………………………………………… 92

　第二节　短期成本函数 ………………………………………………………… 100

　第三节　长期成本函数 ………………………………………………………… 105

　第四节　成本利润分析的应用 ………………………………………………… 110

第六章　市场结构与企业经济行为 …………………………………………… 120

　第一节　市场结构基本理论 …………………………………………………… 120

第二节　完全竞争与企业经济行为 …………………………………………… 127

第三节　垄断竞争与企业经济行为 …………………………………………… 133

第四节　寡头垄断与企业经济行为 …………………………………………… 135

第五节　完全垄断与企业经济行为 …………………………………………… 140

第七章　企业产品定价方法 ……………………………………………………… 147

第一节　企业产品定价目标 …………………………………………………… 148

第二节　成本导向定价法 ……………………………………………………… 151

第三节　需求导向定价法 ……………………………………………………… 152

第四节　竞争导向定价法 ……………………………………………………… 154

第五节　企业具体定价策略的运用 …………………………………………… 156

第八章　企业决策中的风险分析 ………………………………………………… 166

第一节　风险和不确定性及其衡量 …………………………………………… 166

第二节　预期效用和对待风险的态度 ………………………………………… 173

第三节　风险和不确定性下的决策 …………………………………………… 180

第九章　市场失灵与政府干预 …………………………………………………… 187

第一节　市场失灵 ……………………………………………………………… 187

第二节　政府干预的理论和方式 ……………………………………………… 195

参考文献 ……………………………………………………………………………… 203

第一章

# 导　论

## 学习目标

1. 了解管理经济学的概念；
2. 了解管理经济学和微观经济学的区别；
3. 掌握管理经济学的主要理论；
4. 掌握管理经济学的基本分析方法。

## 技能要求

1. 理解企业经营管理的目标；
2. 通过决策知识的学习，提高企业管理决策水平；
3. 树立时间、风险、全过程的企业管理理念。

## 引言

作为一个市场经济条件下的经济个体，在企业的日常管理中，企业管理者要进行一系列如企业常规营销策略选择、未来发展战略规划、新产品开发等方面的自主经营和管理决策。企业管理者的经营管理决策是否科学合理，不仅取决于管理者的实践经验，更需要自觉运用经营管理理论，提高自己的工作水平。

管理经济学解决的问题主要就是如何将经济理论和经济分析方法应用于企业的各项决策过程之中，从而更科学、有效地解决企业所面临的各种问题，提高企业管理者的决策水平。

因此，本章的主要内容是管理经济学的含义和主要研究内容、管理经济学和微观经济学的关系、管理经济学的主要分析方法。同时，在简要介绍企业含义和主要组织形式的基础上阐明了企业的经营目标和决策过程。

## 第一节　管理经济学的内涵

### 一、管理经济学的概念

管理经济学是应用经济学的一个分支，管理经济学为经营决策提供了一种系统而又有逻辑的分析方法，是微观经济学在管理实践中的应用，是沟通经济学理论与企业管理决策的桥梁,其理论主要是围绕需求、生产、成本、市场等几个因素提出的。

因此,可以说管理经济学是微观经济学与管理实践相结合的一门学科,服务于管理者的三个基本任务的解决:一是生产经营什么;二是生产经营多少;三是怎样生产经营。

在理解管理经济学的含义时应把握以下几点。

第一,管理经济学是一门应用经济学,它运用经济学所揭示的原理和方法,研究解决企业的经营决策问题,但是它并不提供解决现实问题的具体方案,而仅提供在决策制定过程中的经济思维,这是由社会科学的属性决定的。

第二,管理经济学是一门实证经济学,它致力于研究经营决策中的各种规律和数量关系。

第三,管理经济学通过对经济学与管理决策学的融合,加强企业管理决策者在管理中的理性思考与理性创新,有利于实现企业目标。

## 二、管理经济学和微观经济学的关系

企业所面临的经济环境中,对企业决策有重大影响的主要是企业微观经济环境。同时,在管理经济学中,经济学的理论和分析方法被借用,其中,以企业和市场为分析对象的微观经济理论尤为重要,可以说,微观经济学为管理经济学提供了最重要的分析基础和工具。微观经济学是管理经济学的基础,而管理经济学是微观经济理论在企业中的具体运用,管理经济学在管理决策制定方面为经济理论和管理实践之间架起了一座桥梁。

### (一) 微观经济学概述

#### 1. 微观经济学的内涵

微观经济学通过研究单个经济单位(包括企业、家庭、消费者、市场等)的经济行为,依据它们之间的相互影响,由此说明市场经济如何解决资源配置问题。

微观经济学对单个经济单位的研究,是通过三个层次进行的:第一个层次是分析单个消费者(或家庭)和单个生产者的经济希望,它分析单个消费者(或家庭)如何进行最优的消费决策以获得效用最大化,单个生产者如何进行最优的市场决策以获得利润最大化;第二个层次是分析单个市场均衡价格的决定,这种单个市场均衡价格的决定,是作为单个市场中所有消费者和生产者最优经济行为共同作用的结果而出现的;第三个层次是分析所有的单个市场均衡价格的同时决定,这种决定是作为所有单个市场相互作用的结果而出现的。

微观经济学的最重要目的之一就是帮助人们理解价格体系的运行和作用。微观经济学的中心理论就是价格理论。价格是市场经济体制中经济主体配置经济资源的依据,它就像一只"看不见的手",调节着整个经济活动,通过价格的作用,社会经济资源得到了优化配置。

经济学家把价格调节经济的思想称为"经济学皇冠上的宝石"。可以说,整个微观经济学以价格理论为中心,围绕价格如何被决定及如何有效配置资源而展开,因此有人干脆把微观经济学称为"价格理论"。

### 2. 微观经济学的基本假设

微观经济理论的构建是以一系列假设条件为前提的。在微观经济分析中,经济学家根据所研究问题和所建立模型的不同需要,采用不同的假设条件。在诸多假设条件中,微观经济学有三个最基本的假设条件。

第一个是经济人或者叫理性人假设。这是微观经济学最基本的前提假设。经济人指的是市场中各经济主体(企业、个人)都是完全理智的,它们都以利己为目的,力图以最小的代价去追逐和获取自身最大的经济利益。

第二个是完全信息假设。指的是假定各经济主体在市场上都能迅速而免费地获取各种信息,并根据这些信息及时调整自己的行为,以便实现利益的最大化目标。由于各主体信息完备,所以他们确切地知道自己行为的后果,从而处于无风险的境地。价格机制是传递供求信息的经济机制,完全信息假设具体体现在自由波动的价格上。

第三个是市场出清假设。指的是商品价格自由而及时地波动使该商品供需平衡,利率(资本价格)自由而及时地上下波动使资本供需平衡。在这种均衡状态下,不存在资源的闲置和浪费,资源得到了最充分的利用。

微观经济学从以上三个基本假设出发,通过数学演绎推理,得出经济学结论。也就是说,只要上述三个基本假设条件成立,市场经济就会成为最美好的经济制度。然而我们知道,微观经济学中的这三个基本假设条件过于苛刻,现实的经济社会要比这些假设复杂得多,因此,三个基本假设条件在现实中是不可靠的,这也向传统经济学理论提出了挑战。

 **案例 1-1**

#### 假设、理论与现实——分析假设的作用

在美国经济学界流传着这样一个故事。茫茫沙漠中,烈日当头。几个饥渴交迫的学者由于没有工具,面对一堆罐头食品与饮料一筹莫展。于是,他们讲述如何开启罐头。物理学家说:"给我一个聚光镜,我可以用阳光把罐头打开。"化学家说:"给我几种化学药剂,我可以利用它们的综合反应来开启罐头。"经济学家则说:"假如我有一把开罐刀……"

在人们听来,这个故事显然是讽刺经济学家的,因为经济学家在分析问题时总是从假设如何开始,但这种假设有时在现实中并不存在。但在经济学家看来,这个故事说明了假设在形成理论中的作用,以及假设、理论和现实之间的关系。其实,任何一门科学的研究都是从假设开始的。科学思考的艺术——无论在物理学中、生物学中,还是在经济学中,都是决定作什么假设。

假设的目的首先在于抓住所研究问题的中心,从而能得出有意义的结论。一个经济活动总要涉及很多因素,但某种经济理论只能研究几种最主要因素之间的关系。在进行这种研究时就要假定其他因素不变。否则在一大堆复杂的变量中很难把握本质。

例如,人类行为的动机是多种多样的,但在经济学中假设人是"经济人",他们在从事经济活动时目的是为了个人利益最大化。这个假设排除了个人还可能有的其他目标,使事情简单化。从这个假设出发,经济学家分析消费者和生产者的行为,得出了许多有意义的结论,可用于认识世界和指导我们的行为。

那么,假设是否都不现实呢? 实际上假设与现实在总体上是一致的。以"经济人"的假设来说,我们并不否认人在行为上也有仁慈、同情等目标。我们也为各个不同历史时期中那些毫不利己、专门利人的英雄所折服。但对于绝大多数人的绝大多数情况而言,为自己的利益从事各种活动是正常情况。

司马迁《史记·货殖列传》中所说的"天下熙熙,皆为利来;天下攘攘,皆为利往"可谓对人这一本性的高度概括。同样,经济学家对打开罐头的讨论从有一把开罐刀的假设开始,对绝大多数情况是正确的,人在沙漠中毕竟是特例。

假设是一种使现实简单化的方法,它抓住本质特征,而忽略了其他关系不大的细节,这是认识世界的正确方法。

一定的假设是理论存在的前提条件,因此在运用某种理论时要考虑这一理论所依据的假设条件是否具备。不能把任何一种理论作为放之四海而皆准的绝对真理。离开具体假设条件的真理是没有的,任何真理都是有条件的。在运用某种理论时一定要考虑它所依据的假设条件是否存在,绝不能教条主义地照搬。

在不具备任何工具的沙漠中,经济学家说"假如我有一把开罐刀",的确有点儿迂腐。但作为一种开启罐头的理论,从这个假设开始是正确的,无非不适用于没有开罐刀的沙漠而已。这个故事的真实含义应该是说,从假设条件开始是经济学家的职业习惯。我们学习经济学,像经济学家一样思考问题,也要习惯这种方法。

资料来源:梁小民. 读懂世界的第一本经济学书[M]. 北京:北京联合出版公司,2014.

### (二) 管理经济学和微观经济学的区别

#### 1. 研究目的不同

管理经济学是为企业管理者服务的,其目的是为了解决企业的决策问题而提供经济分析手段。微观经济学是为了理解微观经济主体的行为,理解价格机制如何实现经济资源的优化配置。

#### 2. 研究重点不同

管理经济学的着重点在于企业理论;微观经济学的着重点在于最后引申出整个经济的一般均衡框架,得出资源的帕累托最优配置等福利经济学的结论。因此,管理经济学是为企业服务的;微观经济学是为宏观经济学提供理论基础的,既可以为企业服务,也可以为其他经济行为人服务,同时,也可以为政府服务。

#### 3. 研究范围不同

微观经济学研究的是抽象的企业,而管理经济学解决企业遇到的具体问题。

#### 4. 假设条件不同

微观经济理论建立的三个基本假设条件"经济人""完全信息""市场出清"在现实中很难存在。经济人追求的是经济利益最大化。企业决策的目标不是最优解和最大化的解,而是满意解。完全信息是指市场上每一个从事经济活动的个体对有关的经济情况具有完全的信息。

管理经济学所研究的现实企业通常是在一个环境十分复杂、信息很不确定的状态下经营的。这就要求管理经济学在研究企业决策问题时,还要运用微观经济学以外的其他理论与分析方法,如运筹学、市场学、统计学、会计学等,以便收集分析必要的信息,并在信息不确定的条件下,选择最优方案。

市场出清是指整个市场的资源得到了最充分利用,而管理经济学中企业需要关注的是自身资源的合理使用问题。

**5. 研究方法不同**

微观经济学主要是描述性的案件,试图描述经济是如何运行的,而不涉及怎样运行的问题;而管理经济学主要是规范性研究,试图建立一系列规则和方法,从而实现企业特定的目标。例如,关于某产品的定价问题,微观经济学关注企业给该产品定价的方式,而管理经济学则考虑企业如何给该产品定价。从这个意义上讲,管理经济学的基本原理和方法具有更强的实用性与可操作性。

## 三、管理经济学的主要内容

从对管理经济学定义的描述以及与微观经济学的对比分析中,我们可以看出,管理经济学研究的主要是经营决策,即根据微观经济学的理论进行企业经营管理中的经营问题决策,以寻求实现企业预定目标的最佳方案。管理经济学的主要内容如下。

（一）需求理论

需求理论主要分析不同价格水平下产品的需求量,以及在价格、收入和相关商品的价格发生变化时的需求改变率。它的作用是支持企业的价格决策和市场预测,帮助企业确定需求量和价格之间的关系。

（二）生产理论

生产理论主要涉及的内容是生产组织形式的选择和生产要素的组合。

（三）成本理论

成本理论主要涉及的内容是各个不同成本的性质、成本函数,包括规模经济的选择和最佳产量的选择。

（四）市场理论

市场理论分析在不同性质的市场条件下,企业选择什么样的行为能够达到自己预期的目标。

（五）风险理论

风险理论主要研究企业生产经营活动中可能发生的各种风险,以及这些风险对企业管理决策的影响;通过制订风险管理计划,尽量将风险降到最低限度;寻求评价风险的各种方法。

此外,管理经济学还研究资本投资和决策、市场竞争机制理论以及政府管制方面的内容。

## 第二节　管理经济学的分析方法

### 一、均衡分析法

均衡是指获得最大利益的资源组合和行为选择。企业的行为必然要受多种因素的约束,而这些因素往往是相互制约的。均衡分析方法就是在考虑这些制约的条件下,确定各因素的比例关系,使其最有利于企业的发展。

具体来说,均衡分析法是指在研究涉及诸多经济变量的问题时,先将自变量假设为已知和固定不变,然后考察当因变量达到均衡状态时会出现的情况和为此所具备的条件,即所谓的均衡条件。

均衡分析方法在管理经济学中的主要应用方向如下。

#### (一) 制定价格

价格的高低直接影响销售收入,价格太高,必然会降低销售量,销售收入不一定就高;同样,为了达成更多的销售量,企业必然要以较低的价位来刺激购买力,如果价位过低,也不能达到较高的销售总额。所以,企业在定价的时候,总是要面对这样一个矛盾:提高价格可能会减少销售量,扩大销售量就必然要降低价格。

如何既保持一定的市场占有率,同时又能使企业获利?这就涉及"均衡"问题。肯定有一个价格水平,能够使销售总收入达到最大。在这个价格之上或之下,都会使企业的收益减少。管理经济学就为企业提供了均衡分析的方法,帮助企业制定合适的价格。

#### (二) 产量(规模)决策

企业规模的大小会影响其生产、销售及各种成本,进而影响投入和产出的关系。小规模生产的企业,可能致力于产品的质量,以较高的价格获得盈利。而大规模生产的企业则以较低的成本和较低的价格取胜。如何选择一个适合自身发展的规模,就要用到均衡分析方法。

#### (三) 要素组合决策

企业在生产经营中,需要投入各种要素。其中有些要素可以相互替代。由于各种要素的价格不一样,组合起来的要素成本是有差异的。选择哪一个方案,也需要利用均衡分析法。

### 二、边际分析法

19世纪70年代经济学家提出的边际概念和边际分析法被认为是经济学界的一场革

命。运用边际概念,借助于经济现象之间的函数关系,研究某一因变量随着自变量的变化而变化的程度,就是边际分析法。

在经济学上,边际是指每单位投入所引起的产出的变化。边际分析方法在管理经济学中有较多的应用,它主要分析企业在一定产量水平时,每增加一个单位的产品对总利润产生的影响。

假设某经济函数为

$$y = f(x)$$

那么其边际值就可以表示为

$$边际值 = \Delta f(x) / \Delta x$$

式中,$x$ 代表投入;$f(x)$ 代表产出;$f(x)$ 表现为 $x$ 的函数;$\Delta$ 表示改变量。假设基数 $x$ 处在变化中,那么,每增加一个单位的投入,这个单位所引起的产出的增量是变化的。

边际分析方法常用的两个重要概念是边际成本和边际收益。边际成本是指每增加一个单位的产品所引起的成本增量;边际收益是指每增加一个单位的产品所带来的收益增量。企业在判断一项经济活动对企业的利弊时,不是依据它的全部成本,而是依据它所引起的边际收益与边际成本的比较。若前者大于后者,这项活动就对企业有利;反之则不利。

边际分析方法在管理经济学中的主要应用方向如下。

(一)确定规模

通常情况下,规模的大小直接影响到企业的生产效益。当一个企业要扩大规模时,它就要分析每增大一个单位的规模,所可能带来的产出增量,这就是边际分析。科学的边际分析方法可以使企业的规模确定在一个最合理的范围内。

例如,$\pi = MR - MC$,式中,$\pi$ 代表边际利润;$MR$ 代表边际收益;$MC$ 代表边际成本。

当 $\pi > 0$ 时,增加一个单位的产品,获得的收益增量比引起的成本增量大,说明企业还没有达到能够获得最大收益的产量规模,此时,企业应该扩大产量。

当 $\pi < 0$ 时,增加一个单位的产品,所引起的成本增量比所能获得的收益增量要大,说明企业应该减小产量。

当 $\pi = 0$ 时,企业达到最优的产量规模。

(二)价格决策

每提高(或降低)一个单位的价格,对总收益会产生什么样的影响,这实际上也要用到边际分析方法,它可以帮助企业制定具有竞争力的价格战略。

(三)确定合理的要素投入

在确定生产中需要投入的各个要素的量时,我们需要分析每增加一个单位的某种要素时,对总的收益会产生什么影响,这也是边际分析。

(四)产品结构分析

多数企业都不只生产一个产品,各个产品生产的比例就是产品结构。确定各个产品生产多少的比例关系就可以运用边际分析方法——对各个产品的边际效益进行分析。所谓边际收益,就是对一个产品的生产增加一个单位的资金投入所引起的收益的变化量。

如果把资金增量投入各个产品,所能产生的边际收益是相等的,那么这个企业的产品结构就是合理的;否则,其中必定有某种产品值得扩大规模,以带来更多的收益。针对产品结构进行边际分析,可以明确哪些产品需要增加投入,哪些产品需要缩小生产规模。

### 案例 1-2

#### 民航公司能以低于成本的价格出售学生票吗

一家民航公司的航班从 A 地飞向 B 地,假设每一个乘客的全部成本是 300 元,那么,当飞机有空位时,它能不能以较低的票价(如每张 150 元)卖给学生呢? 一般情况下人们认为不行,理由是每个乘客分摊的成本是 300 元,如果低于这个价格出售机票,就会导致公司亏本。

但根据边际分析方法,在决策时不应当使用全部成本(在这里,它不仅包括飞行中的费用,还包括飞机维修费、机场设施和地勤人员的费用等),而应当使用因学生乘坐飞机而额外增加的成本。这种额外增加的成本在边际分析方法中叫作边际成本。因为学生乘坐飞机而额外引起的边际成本很小(如 30 元),它可能只包括飞机飞行中的学生的就餐费和飞机因增加负荷而增加的燃料费。因学生乘坐飞机而额外增加的收入叫作边际收入,在这里,学生的票价是 150 元。

那么通过降价让一个学生乘坐飞机,民航公司获得的边际利润就是 $\pi = MR - MC = 150 - 30 = 120$(元)。因此,在这种情况下,民航公司完全能以低于成本的价格出售学生票。

由此可见,企业在进行决策时,判断某项业务对企业是否有利,不是根据其全部成本的大小,而应当对由这项活动引起的边际收入和边际成本进行比较,如果边际利润大于零,对企业来说就是有利的。

## 三、数学模型分析法

在经济学和管理学的发展中,越来越多地应用到计量分析的方法。数学模型就是一种计量分析工具,在管理经济学中大量应用。数学模型本质上是对复杂现实的抽象,使问题简单化和直观化,以便准确把握事物之间的联系,认识事物的本质,从而有效地解决问题。

在实践中,数学模型在用于管理决策和经济分析时是一个极为有效的方法。此外,值得注意的是,数学是一个非常有限的量的关系,现实经济中有很多复杂的问题,是单纯的数学模型不能表现的,还需借助于定性的分析方法。

数学模型分析法在管理经济学中的主要应用方向如下。

### (一)需求预测

企业在确定某种产品的生产规模之前,需要对市场的发展潜力进行预测,可以创建相关的数学模型来表现影响市场发展的各种因素在量上的变化,进而分析这些变化对需求所产生影响的大小。

## （二）生产分析

生产要素的投入、生产组织形式的选择以及产品结构的确定，都可以通过创建数学模型进行分析和决策。

## （三）成本决策

成本是直接影响利润的因素，是企业发展最为关注的一个焦点。当企业改变生产经营方向或者扩大规模时，在其追求利润最大化的目标下，应该确定一个什么样的成本水平，可以应用数学模型进行科学分析。

## （四）市场分析

市场是经济学的一个基础概念，在实践中表现为多种多样的形态。创建数学模型，可以分析不同性质的市场条件下，企业所可能选择的规模、价格和竞争策略。

## （五）风险分析

风险分析是对未来状态的预测。可以通过创建数学模型来表现在一项投资中，各种相关因素的量的大小以及量的变化所可能产生的对效益的影响。

# 第三节　企业目标与决策

## 一、企业的基本概念

### （一）企业的概念和特征

#### 1. 企业的概念

管理经济学研究的主要对象是企业，研究问题的出发点也是企业，用经济理论和方法对市场经济条件下的企业特征、形式以及目标进行分析，有利于进一步提高企业管理人员在市场经济环境中的管理决策水平。

通俗地讲，企业是商品经济发展、生产社会化的产物，是以营利为目的，把各种生产资源组织起来，经过生产转化为消费者和顾客所需要的产品和劳务的经济实体。

企业作为市场经济体系中的一个重要因素，是国民经济整体中的一个重要组成部分，必须从全局出发看待企业的地位和作用，因为企业资源配置效益是整体市场资源配置效益的基础，企业经济效益是国民经济整体效益的基础，企业的健康发展是整个国民经济发展的基础。

### ❋ 小贴士

**2016 年世界 500 强榜单发布　110 家中国公司上榜**

北京商报讯（记者 阿茹汗 2016 年 7 月 21 日）　最新的《财富》世界 500 强排行榜于昨晚发布。中国上榜公司数量继续增长，今年达到了 110 家，13 家中国内地公司首次上榜,其中包括电子商务公司京东、家电巨头美的集团以及三大房地产公司:万科、大连万达、恒大。

据了解,《财富》世界 500 强排行榜以企业年度营业收入和利润作为主要评定指标,每年发布一次。根据上述三家房地产企业年报显示,万科在 2015 年实现营业收入293.29 亿美元,实现净利润 28.83 亿美元;万达集团 2015 年实现营业收入 273.76 亿美元,实现净利润 24.31 亿美元;恒大于 2015 年实现营业收入 211.84 亿美元,实现净利润24.71 亿美元。

《财富》世界 500 强排行榜也是判断企业实力、规模和国际竞争力的重要指标,被誉为"终极榜单"。2016 年上榜的 500 家公司的总营业收入为 27.6 万亿美元,净利润之和为1.48 万亿美元,同比分别下降 11.5% 和 11.3%。入围门槛为 209.2 亿美元,比 2015 年的 237.2 亿美元下降 11.8%。2015 年榜单最后一名的营业收入在 2016 年可以排到第449 位。

数据显示,500 强总收入年均增幅不足 1%,但是部分中国企业的表现相当抢眼。以恒大为例,该公司近些年的收入增幅在 30% 左右。此外,恒大 2016 年上半年实现了销售额 1418 亿元,同比增长 62.8%。

资料来源:中国经济网.世界 500 强榜单发布　110 家中国公司上榜　3 大房企榜上有名[EB/OL].http://www.ce.cn/cysc/fdc/fc/201607/21/t20160721_14005757.shtml.(2016-07-21)

### 2. 企业的特征

在市场经济中,企业是最重要的市场经济活动主体,它必须具备以下几个特征。

企业必须自主经营。企业只有自主经营,才可能对市场信号灵敏地做出反应,并根据市场的变化迅速做出恰当的经营决策。

企业必须自负盈亏。只有自负盈亏的企业才能成为独立的利益主体,才能在物质利益的驱动下积极主动地按照市场的变化及时调整自己的生产和经营。

企业的产权必须清晰。只有这样,企业经济资源的有效利用才会真正受到产权所有者的关注,使自主经营和自负盈亏真正落到实处。

### (二) 企业的组织形式

企业的组织形式是指企业财产及其生产的组织状态,它表明一个企业的财产构成、内部分工协作与外部社会经济联系的方式。

### 1. 个人独资企业

个人独资企业西方也称"单人业主制",是一个自然人投资并兴办的企业,其业主享有全部的经营所得,同时对债务负有完全责任。这种企业的规模都较小,优点是经营者和所有者合一,经营方式灵活,建立和停业程序简单。这些优点使这种组织形式的企业在发达资本主义国家占有相当大的比重(主要是中小型企业)。

我国的个体户和私营企业很多属于此类企业。这类企业的缺点是自身财力所限,抵御风险的能力较弱。

### 2. 合伙企业

合伙企业是由两个以上的自然人订立合伙协议,共同出资、合伙经营、共享收益、共担风险,并对合伙企业债务承担无限连带责任的营利性组织。按照《中华人民共和国合伙企业法》规定,设立合伙企业,应当具备下列条件。

(1) 有两个以上合伙人,并且都是依法承担无限责任者。

(2) 有书面合伙协议。

(3) 有各合伙人实际缴付的出资。

(4) 有合伙企业的名称。

(5) 有经营场所和从事合伙经营的必要条件。

合伙企业不如个人独资企业自由,决策通常要合伙人集体做出,但它具有一定的企业规模优势。

 **案例 1-3**

### 合伙制企业债务的无限赔偿责任

20 世纪 80 年代河南曾经有 5 个同村的农民共同办了一个合伙企业,然后向银行贷款 5000 万元,那时的利率非常高,存款的年利率达到了百分之十几,更不用说贷款了。后来企业因经营不善而倒闭,银行起诉后法院到这 5 个人家里追债,可他们当时除了简单的住房外一无所有,法院根本无法强制执行。

到了 20 世纪 90 年代,其中一个农民重新创业并且非常成功,几年下来公司年营业额好几个亿。这时,法院找他来了,因为银行发现他现在有能力还债了,再次起诉他并申请法院强制执行,以前的 5000 万元欠款加上高额的利滚利,截至目前总额已经好几个亿了,比他现在公司的总资产还多。这个企业家不服,认为当初是 5 个人办的合伙企业,与目前的企业毫无关系,退一步说即使非要还钱他也只应承担其中的五分之一。可法院认为,合伙企业中的每个合伙人都对企业的债务承担无限赔偿责任。

法律是无情的,这个企业家名下的房产、汽车及其他所有财产都被拍卖还债,公司也归银行了。这真是"辛辛苦苦十年来,一夜回到解放前",这个企业家想不开,自杀了。

因此,在创业选择企业的组织形式时,一定要从实际情况出发,分析不同企业组织形式的优缺点以及相应的权利和义务,充分考虑经营风险。

#### 3. 公司制企业

公司是指以营利为目的,由许多投资者共同出资组建,股东以其投资额为限对公司负责,公司以其全部财产对外承担民事责任的企业法人。公司的两种主要形式是有限责任公司和股份有限公司。公司企业有以下特点。

(1) 股东负责有限责任。

(2) 股份可转让,流动性好。

(3) 可以募集大量资金。

(4) 公司有独立的存在期限。

(5) 管理较科学,效率较高。

(6) 创办手续复杂,费用高。

(7) 保密性差,财务状况比较透明。

(8) 政府的限制较多。

(9) 社会负担重,要承担双重税负。

有限责任公司股东以其出资额为限对公司承担责任,公司以其全部资产对公司的债务承担责任。有限责任公司是指不通过发行股票,而由为数不多的股东集资组建的公司(一般由 2 人以上、50 人以下股东共同出资设立),其资本无须划分为等额股份,股东在出让股权时受到一定的限制。

在有限责任公司中,董事和高层经理人员往往具有股东身份,使所有权和管理权的分离程度不如股份有限公司那样高。有限责任公司的财务状况不必向社会披露,公司的设立和解散程序比较简单,管理机构也比较简单,比较适合中小型企业。

股份有限公司是其全部资本分成等额股份,股东以其所持股份为限对公司承担责任、公司以其全部资产对公司的债务承担责任。股份有限公司全部注册资本由等额股份构成并通过发行股票(或股权证)筹集资本,公司以其全部资产对公司债务承担有限责任的企业法人。

其主要特征是:公司的资本总额平分为金额相等的股份;股东以其所认购股份对公司承担有限责任,公司以其全部资产对公司债务承担责任;每一股有一表决权,股东以其持有的股份,享受权利,承担义务(其本质也是一种有限责任公司)。

### 4. 虚拟企业

当今企业管理者面对的是一个变幻莫测的竞争环境。这种环境的形成原因包括技术的飞速发展、市场的全球化以及其他一些发展趋势。企业面对着不断变化的市场,为求得生存与发展必须具有高度的柔性和快速反应能力,现代企业向组织结构简单化、扁平化方向发展。

虚拟企业就是指当市场出现新机遇时,具有不同资源与优势的企业为了共同开拓市场,共同对付其他的竞争者而组织的、建立在信息网络基础上的共享技术与信息,分担费用,联合开发的、互利的企业联盟体。

虚拟企业的出现常常是参与联盟的企业追求一种完全靠自身能力达不到的超常目标,即这种目标要高于企业运用自身资源可以达到的限度。因此企业自发地要求突破自身的组织界限,必须与其他对此目标有共识的企业实现全方位的战略联盟,共建虚拟企业,才有可能实现这一目标。

🌸 小贴士

**虚拟企业概念的由来与发展**

剑桥词典把"virtual"一词定义为"即使不是正好或全部,也应该是大部分"。近几年,"virtual"几乎已经成了技术的代名词。计算机行业已经使诸如"虚拟内存器""虚拟计算机""虚拟现实"和"虚拟空间"这样的新词流行起来。在以上的各个例子中,"虚拟"都表示了信息技术的重要作用。

(1) 信息技术可以使一台计算机以更大的存储容量来运行,但事实上它并没有那么大的存储容量。

（2）信息技术可以使用户幻想他们存在于任何需要的时间和空间中。"虚拟企业"已经把由技术革新所激发的虚拟思想引入组织学的领域中。这意味着不仅仅通过技术，更重要的是通过各种联合，虚拟企业可以聚合起更大的力量来完成既定的目标。

虚拟企业代表了在21世纪构建组织以及使组织重获新生的企业模式。不同的作者会以不同的形式来定义虚拟企业：1991年，美国艾科卡（Iacocca）研究所为国会提交了一份题为《21世纪制造企业战略》的研究报告，在报告中富有创造性地提出了虚拟企业的构想，即在企业之间以市场为导向建立动态联盟，以便能够充分利用整个社会的制造资源，在激烈的竞争中取胜。

大多数人认为是达维多和马隆于1992年在《虚拟公司》一书中首次对虚拟企业的思想进行了系统的阐述。他们认为，虚拟企业是由一些独立公司组成的临时性网络，这些独立公司包括供应商、客户，甚至竞争对手，他们通过信息技术组成一个整体，共享技术、共担成本并可以进入彼此的市场。虚拟企业没有办公中心，也没有组织章程；没有等级制度，也没有垂直体系。

伯恩1993年认为，虚拟企业是一个利用内部和外部的协作来配置超出它自身所拥有的资源的企业。它需要运用信息技术来实现一个大范围的联盟，共同抓住特定的市场机遇。

阿诺尼莫斯1994年认为，虚拟企业是一个为了特定的商业目标而组成的服务于生产和管理的网络或松散的联盟，并在达到目标后解散。

蒙赫1997年认为，有关虚拟企业的定义，"缺乏一个普遍能被接受的定义，它正处于由计算机及其应用的影响所带来的知识流的汇集处"。同时，许多不同的词语被用于相似的组织形式，这都是为了"迎接即将到来的信息时代的挑战"。

词语上的差异，表达了人们对全新组织形式本质特征的探索。这些词语与定义的共同点在于：独立组织的暂时结盟；合作伙伴间的动态互换；以最终用户的需求为出发点；把合作者的主要能力结合在一起；高度利用信息及通信技术等。

按照1997年利普纳克和斯坦普斯的定义，所谓"虚拟团队"，是指"为了一个共同的目标，通过相互合作、共同完成任务而彼此相互关联的一组人"，他们"在现代通信技术的支持下，超越时间、空间和组织来开展工作"。

根据"虚拟团队"这一定义，阿胡贾和卡尔利1998年为虚拟企业下了一个定义：它是一种根据地理位置来划分的组织形式，其成员受一个长期的目标和共同利益的约束，并且通过信息技术来交流和协调工作。有效地管理虚拟团队常常需要各种战略有机结合和灵活运用，它们包括人才管理、关系管理、工作管理、知识管理和技术管理策略；此外，还必须具备客观衡量虚拟工作业绩的手段，如以生产率和成本为基础的衡量方法。

## 二、企业的目标

企业目标就是一个企业在未来一段时间内所要达到的预期状态，它由一系列的定性或定量指标来描述。没有目标的企业是没有希望的企业。

现代经济体系由千千万万个大小不同的各种类型的企业组成，单个企业只是这个大系统中的一个"原子"。在企业生产经营过程中,企业面临很多内外部环境约束。这些环境约束的存在限制了企业经营活动可能性和自由度。因此企业经营目标是在支配经济资源的数量、市场需求的变化、法律政策的调整等一系列约束条件下进行选择和设定的。

企业目标可以分为短期目标和长期目标。企业的长期目标是企业的总体发展战略目标,具有很强的稳定性。企业的短期目标由于在日常经营管理中要根据企业的内部条件和外部环境进行适时调整,从而具有较强的多样性。总体来讲,企业的短期目标的设计和安排要服务于企业的长期目标。

### (一) 企业的短期目标

从短期来看,企业是经济社会的一个细胞,企业的生存和发展离不开社会集团不同的利益和要求,因为只有这样才能调动各方面的积极性促进企业的发展。在短期内,企业的短期目标不一定是利润最大化,有可能是给出资的股东以最满意的回报;为了适应激烈的市场竞争,提高市场占有率,有可能采取压低利润、低价倾销的策略;为了开发新技术,增强企业发展后劲,有时不惜负债进行研发和经营;有时为了在社会公众中留下好形象,不惜巨资让渡利润进行捐赠等。

总之,企业的短期目标取决于企业与其所处环境中各种利益关系主体的协调关系,这些利益关系主体包括投资者、顾客、政府部门、社会公众、企业职工和企业自身。总之,企业的短期目标多样化的目的也是统筹兼顾,充分调动各方面的积极因素,为企业的长足发展奠定基础。

### (二) 企业的长期目标

无论是微观经济学还是管理经济学,一般就假定企业追求的是利润最大化。在现实的生活中,一个健康运行的企业,在做出决策时,不仅要考虑短期利润的最大化,更要考虑企业未来利润或长期利润的最大化,即企业的经营活动的目标函数是追求企业价值的最大化。

但在企业追求长期价值最大化目标的过程中,将遇到各种各样的约束条件。管理经济学所解决的企业经营管理的决策问题,实际上就是在坚定企业目标的前提下,在面临各种各样约束的条件下,进行企业实现价值最大化的方法和战略选择。

 **案例 1-4**

#### 万达重启百货　能否帮王健林实现转型目标

在互联网冲击以及传统零售百货商店选择关店止损的背景下,《证券日报》记者在近期获悉万达却准备选择逆势重启百货店。

从目前透露消息来看,有万达内部人士已经确认了上述消息,并表示,万达要成立商管集团。同时,商业地产研究院、资产管理部划转至商管集团,代管万达百货、儿童娱乐公司。值得注意的是,万达百货此前为了止损,曾在 2015 年一年关闭旗下 56 家百货门店,大手笔关店也被视为在百货业衰退背景下,万达有意退出该领域,不过如今万达重启百货,意欲何为呢?

此前,万达集团掌门人王健林曾公开指出,2017年是万达的关键一年,透露今年将有更大的变化,今年如果能照目标、照预期完成,万达原定的2020年转型目标也许2018年就能完成,此番重启百货举动能否有助于万达转型成功还有待观察。

据悉,商管集团总部编制462人,领导职数1正2副,高职比例不超过70%。万达集团开启转型已是众人皆知的事,从2014年年初宣布开始实施第四次转型,从以房地产为主的企业转向以服务业为主的企业,构建起商业、文化、网络、金融四大支柱产业,万达经历了从单一到多样、从重到轻的转型历程。万达董事长王健林更是迫不及待地想摘掉"地产商"的帽子。

可以佐证的是,此前在2017年1月14日的万达年会上,王健林曾公开表示,"万达商业也不再是地产企业,所以我好几次建议,是不是在2017年年底或2018年把商业地产名字改了,叫商业投资管理服务集团,别再当地产商了。"

在转型为服务型企业以及成立商管集团的同时,万达还准备重启百货,进一步助力万达四大支柱产业中的商业板块。

不过,在传统百货业业绩增长放缓、寒冬未散的背景下,万达重启百货的信心何在呢?

公开资料显示,万达百货此前一度一年关闭了56家经营惨淡、业绩不理想、长期亏损的门店,当时被媒体广泛关注,这一动作还被视为万达退出百货行业的一个信号。

不过,从万达百货后续动作来看,万达百货似乎一直在为重启百货店做准备,如2016年11月,原银泰商业副总裁、COO邹明贵担任新商管百货中心总经理,这为万达百货的重启奠定了重要的人才储备基础。

人才储备方面准备好后,在销售业绩上,万达百货业开始好转,自2016年10月以来,万达百货销售同比呈现增长,总销售额超过150亿元,这个销售额与银泰百货不相上下。

另外一个销售数据是,2016年"双十一",全国40家万达百货销售净额增长36%,百货店日均客流增长15%。"双十一"当日,全国销售净额增长达107%,客流增长48%,实现了全国门店业绩爆发。其中,北京石景山店、北京通州店、天津河东店、郑州中原店、郑州二七店、包头青山店、呼和浩特店、南京江宁店、南京建邺店、无锡滨湖店、常州新北店、南昌红谷滩店、阜阳店13家门店销售净额增幅超过了50%。

也是在上述背景下,万达选择再次重启百货业。不过在实体百货业整体情况不佳以及互联网冲击之下,万达百货能否再次避免关店命运,还有待后续进一步观察。

资料来源:中国网.万达重启百货 能否帮王健林实现转型目标? [EB/OL]. http://house.china.com.cn/commercial/view/877563.htm.(2017-02-10)

## 三、企业的决策

### (一)决策的含义和内容

#### 1. 决策的含义

决策即选择,就是在许多备选的可行方案中做出最优选择。决策的内涵包括三个方面:一是企业进行决策时有明确的目标,即企业通过选择可以实现价值或利润最大化;二是在进行决策时有多个可行方案供选择;三是决策是建立在调查研究、综合分析、评价和选择的基础上的。

只要存在着选择就需要决策。而企业的生产经营活动到处都存在着诸多选择,例如,生产什么产品? 通过什么方式进行生产? 生产的产量规划多少? 雇用多少工人合适? 实现多少利润? 因此可以说,企业的生产经营过程就是一系列决策的过程。

### 🍁 小贴士

#### 经济学中选择的含义

人的欲望和需求需要用各种物质产品和劳务来满足,但是相对于人的欲望的无限性来说,大自然服务人类的资源是有限的,所以说一个社会相对于人们的无限欲望和需求来讲,总的资源量是有限的和不足的,对一个个体的人来讲,他所拥有的资源相对于他的消费欲望来讲也是有限的和不足的。这就是经济学家所讲的经济资源的"稀缺性"。

经济资源的稀缺性决定了一个社会和个人必须做出选择。例如,一个国家把有限的财政收入用于基础设施建设,就不能用于投入发展社会福利事业;一个工薪人士把有限的工资收入用于购买住房,就没钱环游世界等。

经济资源的这种特性决定了每一个社会和个人都必须做出资源使用到哪一方面的选择。经济学就是研究这种资源配置选择问题的,因此,经济学也被叫作"选择的科学"。正如美国经济学家斯蒂格利茨在他的《经济学》中指出:"经济学研究我们社会中个人、企业、政府和其他组织如何进行选择以及这些选择如何决定资源的使用方式。"

**2. 决策的内容**

管理经济学作为研究管理决策问题的一门学科,不可能研究企业全部的决策问题,而只能研究企业某一部分的决策问题,即管理经济学主要研究与经济资源配置有关的决策问题。概括起来,管理经济学探讨的企业决策问题主要包括以下四个方面的内容。

1) 消费者决策

消费者也就是顾客,是企业商品的购买者和利润的贡献者,是企业生存和发展的最重要人群。企业离开了消费者的消费,就成了无源之水、无本之木,不仅不能生存,更谈不上企业的发展。然而,市场上的消费者数目众多并且消费能力和消费偏好千差万别,一个企业不能满足所有消费者的需要,这就需要企业在众多的消费者中间选择自己的目标顾客。也就是说,定位服务目标全体,决定为谁生产就是企业的消费者决策问题。

2) 产品决策

虽然定位了消费者群体,但是这些消费者的需求也是多种多样的,例如,日常生活中衣食住行的基本商品需求,精神层面的各种需求,自我职业发展的需求等,企业不可能提供这些消费者所需要的各种产品和服务。也就是说,一个企业不可能满足消费者的所有需求,只能在消费者的众多需求中做出选择,决定企业生产什么产品或者为这些消费者提供什么服务。消费者决策和产品决策指的都是企业的定位决策。

3) 产量决策

企业的生产一定要根据自己的生产能力和市场的需求情况做出一个生产数量的选

择。产量决策不仅与企业内部的生产能力有关,还与企业所在的外部市场的供求状况有关。如果企业没有一个科学的产量决策,生产的产品数量过多,会导致产品积压,浪费资源;反之,生产的产品数量过少,又会造成市场脱销,不能满足消费者的购买需求。所以,企业一定要认真研究市场供求的基本情况和基本规律,结合自己的生产能力和生产愿望做出一个正确的产量决策。

4) 生产方式决策

企业是一个经济组织,其主要任务不仅仅是生产出适销对路的产品,更重要的任务和目标是通过销售产品获得收入来补偿投入,取得经济利润。因此,企业在生产出市场需要的产品的同时,还必须选择最科学经济的生产方式,争取以最少的经济要素投入、最优的生产组合方式,最科学有效的转换方式来实现最大的产出。这就要求企业必须进行经济核算,做出正确的生产方式选择。

 **案例 1-5**

### 引进自动分拣机是好事还是坏事

企业要实现利润最大化还要使自己有限的资源得到有效配置,也就是说,要实现资源配置效率。这种效率涉及技术效率和经济效率。

企业的生产是把投入变为产出的过程,技术是把投入变为产出的方法。投入是生产中所使用的各种生产要素,包括劳动、资本、土地(自然资源)和企业家才能。产出就是产品或产量。投入与产出之间的物质技术关系称为生产函数。技术效率是指投入与产出之间的关系。当投入既定实现了产出最大,或者说当产出既定实现了投入量最少时就实现了技术效率。或者也可以说,当不再增加投入,产出就无法增加时,就实现了技术效率。

经济效率是指成本和收益之间的经济关系。成本是企业用于购买投入的所有支出,收益是企业出卖所有产出所得到的收入。当成本既定而收益最大,或者说当收益既定实现了成本最小时就实现了经济效率。也可以说,当不再增加成本,收益就无法增加时,就实现了经济效率。

技术效率和经济效率是密切相关的。企业的生产成本等于投入的价格乘以所用各种投入的数量;企业的收益等于产出的价格乘以销售的数量。由此可见,如果没有实现技术效率,也就是说投入没有得到充分利用,造成了一定的浪费,既定的投入没有实现最大产出,就很难有经济效率。从这个角度来说,技术效率是经济效率的基础,是实现资源配置效率和企业利润最大化的基础。

但是,技术效率并不等于生产效率。也就是说,实现了技术效率并不一定就实现了经济效率。因为经济效率涉及投入与产出的价格。生产同样的产出可以运用不同投入的组合,同样的投入组合也可以生产出不同的产出。由于投入和产出的价格不同,在这两种情况下并不一定是实现了技术效率的同时也实现了经济效率。

区分经济效率和技术效率对企业决策十分重要。举一个现实的例子。近年来,我国邮政行业实行信件分拣自动化,引进自动分拣机代替工人分拣信件,从纯经济学的角度,即从技术效率和经济效率的同时实现来看,这是一件好事还是坏事?

假设某邮局引进一台自动分拣机,只需一人管理,每日可以处理 10 万封信件。如果用人工分拣,处理 10 万封信件需要 50 个工人。在这两种情况下都实现了技术效率。

但是否实现了经济效率还涉及价格。处理 10 万封信件,无论用什么方法,收益是相同的,但成本如何则取决于机器与人工的价格。假设一台分拣机为 400 万元,使用寿命 10 年,每年折旧为 40 万元,再假设利率为每年 10%,每年利息为 40 万元,再加分拣机每年维修费与人工费用 5 万元。这样使用分拣机的成本为 85 万元。假设每个工人工资 1.4 万元,50 个工人共 70 万元,使用人工分拣成本为 70 万元。在这种情况下,使用自动分拣机实现了技术效率,但没有实现经济效率,而使用人工分拣既实现了技术效率,又实现了经济效率。

从上面的例子可以看出,在实现了技术效率时,是否实现了经济效率就取决于生产要素的价格。如果仅仅从企业利润最大化的角度看,可以只考虑经济效率。这两种效率的同时实现也就是实现了资源配置效率。当然,如果从社会角度看问题,使用哪种方法还要考虑每种方法对技术进步或就业等问题的影响。

资料来源:梁小民.经济学是什么[M].北京:北京大学出版社,2013.

## (二) 决策的基本程序

科学的决策必须遵循一定的工作程序,才能使决策科学化和规范化,才能避免决策的盲目性和主观随意性,取得应有的效果。因此,决策工作必须按照自身规律有序地进行。企业决策大致可以分为两个主要过程。

一是从经济上分析,以利润目标为选择准则,选出若干最优方案。

二是从整体上分析,结合企业的其他目标,从上述最优方案中优选一个方案,而这个最后决定的方案不一定是利润最大化的方案,但它一定是最优方案。

具体而言,企业决策的基本程序可分为四个步骤。

### 1. 搜集信息,确定目标

搜集信息,确定目标即进行调查研究,分析搜寻到的信息,找出要解决问题的关键,据此确定决策目标。决策目标可分为必达目标和争取要达到的目标。根据决策实践,决策目标的确立要注意几个问题。

一是要分清主次,抓住主要目标。

二是要保持各项目标的一致性,相互配合和衔接。

三是目标要尽可能明确、具体,力求数量化,以便衡量。

四是要明确规范好决策目标的约束条件。

只有综合、全面考虑各种因素,目标才有可能实现。

### 2. 拟订备选方案

拟订备选方案即根据决策目标要求,寻求和拟订实现目标的多种方案。拟订方案时必须注意:一是尽可能多地提出各种不同方案,以供分析、比较和选择;二是拟订方案是一个创新过程,既要实事求是、讲求科学,又要勇于突破常规、敢于和善于创新;三是要精心设计,在技术上、经济上有较详细的论证,考虑到每个方案的积极效果和不良影响,摸清潜在的问题。

### 3. 评价和选择方案,做出决策判断

评价和选择方案,做出决策判断即从被选方案中选出一个比较满意的方案。在方案的评价和选择中,要注意以下几个问题。

一是要确定评价标准,凡是能定量化的都要规定出定量标准;难以定量化的,要尽可能选出详细的定性说明;如果利用评分法作为综合评价,就要规定出评分标准和档次等。

二是要审查方案的可靠性,即审查所提供的资料、数据是否有科学依据,是否齐全和准确。

三是要注意方案之间的可比性和差异性,把不可比因素转化为可比因素,对其差异着重比较与分析。

四是要从正反两方面进行比较,考虑到方案可能带来的不良影响和潜在问题,权衡利弊,做出正确的决断。

### 4. 方案的实施与追踪

方案一经选定,就要组织实施,落实责任到人。在执行过程中,要了解实施状况,采取措施或调整方案,以达到预期决策目标。

在企业决策过程中,管理经济学的作用就是提供相关的分析工具和分析方法。

### (三)决策中的利润内涵

### 1. 经济利润

利润是经济学、管理学、会计学等学科中经常使用的概念。现实经济生活中利润是企业存在和发展的前提,是企业健康成长的前提,是企业进行管理的一个重要手段,也是企业进行生产经营管理的目的。日常生产经营中,企业所说的利润通常指的是会计利润。而经济学家所分析的利润指的是经济利润,管理经济学中面临决策的利润也是经济利润,本书后面章节中把经济利润简称为利润。

会计利润是指企业在会计账目上反映出来的已经实现的经营成果,反映企业的过去。会计利润的计算方法是用已取得的销售收入减去会计账目上已经发生的各种费用,所得的差额就是会计利润。

会计利润＝销售收入－会计成本

会计利润是企业已经取得的经营成果,不管怎样计算,只要账目数据和计算方法正确,其结果不会有任何改变。

经济利润是指企业的账目上没有反映出来的企业有可能取得的利润潜力,经济利润反映企业的未来。因为在企业管理决策中决策者要分析未来的可能情况和影响因素,所以,决策中应该考虑是经济利润而不是会计利润。

经济利润的计算方法是企业获得的销售收入减去企业有可能付出的代价即机会成本。

经济利润＝销售收入－机会成本

经济利润与资源配置的状况有关,资源配置的方式和水平不同,其经济利润就可能出

现较大差异。

在管理经济学中,经济利润是决策者决策的基础。决策者的重要职责就在于通过资源的合理配置,将企业内部的利润潜力充分挖掘出来,将其转化为账面利润,也就是会计利润。

**2. 机会成本**

机会成本这个概念是由经济资源的稀缺性引起的。资源的稀缺性决定了资源的用途要有所选择,即资源配置的最优化问题。

会计成本是通常意义上所说的成本,指的是企业实际的支出,是可以通过企业账目数据显现出来的。

机会成本则是一种观念上的支出。在经济学中,机会成本是指某种经济资源因用于某种特定用途而放弃了该资源在其他用途使用中可能获得的最高收益。例如,一家厂商用自己拥有的大楼办公,在会计人员看来这是没有支出的,因而没有成本。

但是在经济学家看来,如果将大楼出租,将会带来租金,因而这些租金应该计入企业的成本。即大楼自己用了,就不能拿来出租,也就没有租金可拿了,这个就是机会成本,是指因选择而放弃的其他机会所造成的代价。

在经济学的经济利润计算中,机会成本也需要在计算利润时扣除。

 **案例 1-6**

### 小张应该去创业吗

小张刚刚大学毕业,在准备借用父母存款 20 万元投资经营一家信息服务公司进行创业和出去找工作之间徘徊。在面临这个选择时,让我们用经济学的机会成本和经济利润的概念来计算一下。

如果小张用父母的 20 万元并自己管理这家信息服务公司,一年下来可以获得 9 万元的薪酬收入,而一年内小张要支出的各项成本费用 6 万元:包括收集信息成本 3 万元,雇员工资 1 万元,税务杂费 1 万元,设备折旧 1 万元。用收入减去成本,从通常的意义上看小张创办这家信息服务公司一年可以得到 3 万元的利润,这个利润就是通常所说的将销售收入减去账目显现出来的成本所得的会计利润。

然而,用经济利润概念进行分析,从管理决策更广的视野来看,小张上面的利润中没有计算父母的存款如果不用来投资而拿去存入银行所能得到的利息 1 万元,小张如果不自己经营管理这家公司而外出工作可能得到的工资收入 4 万元。存款资金和人力劳动都是经济学中所说的经济资源,由于这两个经济资源用于开办信息服务公司而放弃了存款利息和工资收入这个收益的机会,所以存款利息和工资收入分别是这笔存款和小张的劳动的机会成本。

那么根据经济利润的概念,9 万元收入不仅需要减去可以看得见的各项成本费用 6 万元,还需要分别减去账目上不会显示出来的这两笔机会成本 1 万元和 4 万元,所得经济利润为 −2 万元。在决定是否投资创业的决策中,小张自筹资金去开办并管理这家信息服务公司的经济利润为负数,显然小张不应该去投资创业,而应该去找工作挣工资。

**重要概念**

管理经济学  经济人  均衡分析法  边际成本  边际收益  企业  企业目标  决策
会计利润  经济利润  机会成本

**复习思考**

1. 简述管理经济学与微观经济学的联系和区别。
2. 简述边际分析法在管理经济学中的应用。
3. 企业的目标主要包括哪几个方面?
4. 简述企业决策的内容和步骤。

# 第二章

# 市场供求与均衡

## 学习目标

1. 了解经济学中需求和供给的内涵；
2. 了解经济学中需求和供给的影响因素；
3. 掌握市场均衡价格的决定；
4. 掌握政府价格管制的内容。

## 技能要求

1. 根据需求函数，能够计算出需求量和价格；
2. 根据供给函数，能够计算出供给量和价格；
3. 通过供求曲线的变化，能够分析出商品数量和价格的变化趋势；
4. 能够把市场均衡理论和现实市场情况结合起来。

## 引言

作为市场竞争中的主体，企业要想生存和发展下去，其一切经济活动都离不开对市场的了解和分析。以企业的经济活动作为研究对象的管理经济学，也需要把消费者的需要放在首位进行研究，因为，对生产者来讲，消费者是"上帝"。

企业只有充分了解本企业所生产产品的需求和供给情况，才能掌握其产品消费者的实际需要，才能掌握同类产品在市场的供给数量和市场竞争程度。这样，企业管理者才能做出生产供给何种档次的产品、生产提供多少数量等方面的科学决定。

因此，本章将主要介绍微观经济学供求理论的基本内容，并在此基础上讨论供求均衡理论在企业决策中的应用。

## 第一节　市　场　需　求

### 一、需求的内涵

#### （一）需求的定义

需求是指消费者在一定时期内在各种可能的价格水平下愿意而且能够购买的该商品或者

劳务的数量。例如,某商品价格为 10 元时,需求为 15 单位;价格为 9 元时,需求为 18 单位等。

在理解需求的概念时,一定要注意它与需要的区别。需要是一种欲望,仅仅是消费者想得到而没有得到的心理愿望。消费者内心想拥有某种商品,但不一定具有购买能力。如果消费者对某种商品只有购买的欲望而没有购买的能力,就不能算作需求。需求必须是购买欲望和购买能力的统一,二者缺一不可,不然就无法形成有效需求。

需求既可以指个人需求,也可以指市场需求。个人需求是指某一个消费者或家庭对某种商品或劳务的需求。一定范围内(如一个国家或地区)的所有消费者或所有家庭对某种商品或劳务的需求加总起来就是市场需求。

 **案例 2-1**

### 城镇居民和农村居民有效需求

根据中新网 2014 年 1 月 20 日报道:国家统计局今日公布,2013 年全年城镇居民人均总收入 29 547 元。其中,全年城镇居民人均可支配收入 26 955 元,扣除价格因素实际增长 7.0%,全年农村居民人均纯收入 8896 元,扣除价格因素实际增长 9.3%。

在城镇居民人均总收入中,工资性收入比上年名义增长 9.2%,家庭经营净收入增长 9.8%,财产性收入增长 14.6%,转移性收入增长 10.1%。全年城镇居民人均可支配收入中位数 24 200 元,比上年名义增长 10.1%。按城镇居民五等份收入分组,低收入组人均可支配收入 11 434 元,中等偏下收入组人均可支配收入 18 483 元,中等收入组人均可支配收入 24 518 元,中等偏上收入组人均可支配收入 32 415 元,高收入组人均可支配收入 56 389 元。

全年农村居民人均纯收入 8896 元,比上年名义增长 12.4%,扣除价格因素实际增长 9.3%。其中,工资性收入比上年名义增长 16.8%,家庭经营纯收入增长 7.4%,财产性收入增长 17.7%,转移性收入增长 14.2%。农村居民人均纯收入中位数 7907 元,比上年名义增长 12.7%。按农村居民五等份收入分组,低收入组人均纯收入 2583 元,中等偏下收入组人均纯收入 5516 元,中等收入组人均纯收入 7942 元,中等偏上收入组人均纯收入 11 373 元,高收入组人均纯收入 21 273 元。

从以上数据可以看出,我国居民近年的收入水平确实有了很大提高,但是在城镇居民和农村居民之间以及它们内部也存在着明显差距。那么请大家思考两个问题。

(1) 人们是否愿意购买小型电视机?

(2) 家庭能否都买得起汽车?

根据消费者需求内涵分析,我们可以知道。

对于第(1)个问题,从目前人们的收入水平和社会的生产能力来看,人们不愿意购买这种虽然便宜但是过时陈旧的电视产品。所以虽然大家都有购买能力,但是没有购买欲望就形不成对这种产品的需求。

对于第(2)个问题,汽车这一现代化的交通工具虽然能够给人们的生活带来舒适和便捷,但是面对汽车高昂的价格和不断上涨的汽油价格,从收入差距来看相当一部分家庭仍然没有购买和消费汽车的能力。所以说虽然很多人具有购买欲望,但是对没有购买能力的家庭来说也不能形成对汽车的实际需求。

资料来源：中国新闻网.2013年农村居民人均纯收入8896元　实际增9.3%［EB/OL］.http://www.chinanews.com/gn/2014/01-20/5754855.shtml.(2014-01-20)

### （二）需求的影响因素

一种商品的需求数量是由许多因素共同决定的。其中主要的影响因素有：价格、消费者的收入水平、消费者的偏好、消费者的未来预期等。它们各自对商品的需求数量影响如下。

#### 1. 价格

（1）商品自身的价格。关于商品的自身价格，一般来说，一种商品的价格越高，该商品的需求量就会越小。相反，价格越低，需求量就会越大。

（2）相关商品的价格。当一种商品本身的价格保持不变，而和它相关的其他商品的价格发生变化时，这种商品本身的需求量也会发生变化。例如，当馒头的价格不变而花卷的价格上升时，人们往往就会增加对馒头的购买，从而使得馒头的需求量上升。

### 🍁 小贴士

#### 相关商品的概念

相关商品有两种：一种是互补品；另一种是替代品。

互补品是指共同满足一种消费欲望的两种商品，它们之间是互补的，可以理解为配套使用，缺一就不能满足消费者的消费。例如，汽车和汽油是一对互补品、计算机和软件相互为对方的互补品等。两种互补品之间的价格和需求呈反方向变动。如当汽油价格上升时，汽车的需求会减少；反之，当汽油价格下降时，消费者对汽车的需求会增加。

替代品是指可以互相替代来满足同一种消费欲望的两种商品。它们之间是互相替代关系。例如，上面提到的馒头和花卷就是相互的替代品。两个替代品之间的价格和需求呈同方向变动。当馒头的价格不变而花卷的价格上升时，人们往往就会增加对馒头的购买，从而使得馒头的需求量上升。

#### 2. 消费者的收入水平

对于多数商品来说，当消费者的收入水平提高时，就会增加对商品的需求量。相反，当消费者的收入水平下降时，就会减少对商品的需求量。

#### 3. 消费者的偏好

当消费者对某种商品的偏好程度增强时，该商品的需求量就会增加。相反，消费者的偏好程度减弱，需求量就会减少。

#### 4. 消费者的未来预期

消费者的未来预期包括未来收入预期和未来价格预期。当消费者预期未来收入会增加时，就不会降低其目前消费量和消费水平。当消费者预期某种商品的价格在将来某一时期会上升时，就会增加对该商品的现期需求量；当消费者预期某商品的价格在将来某一时期会下降时，就会减少对该商品的现期需求量。

除了以上主要影响因素外，还有企业的广告、人口数量和结构的变化、政府的消费政策、其他特殊原因等对需求也有影响。

**小贴士**

### 经济学中的预期概念

在经济学中，预期是人们对未来经济变量做出一种估计，预期往往会根据过去的实际经验和对未来经济形势的判断，做出对未来经济走势的判断和估计，从而形成预期。

预期对人们经济行为有重要的影响，例如，人们对通货膨胀的预期会导致通货膨胀具有惯性，如人们预期的通货膨胀率为10%，在订立有关合同时，厂商会要求价格上涨10%，而工人与厂商签订合同时也会要求增加10%的工资，这样，在其他条件不变的情况下，每单位产品的成本会增加10%，从而通货膨胀率按10%持续下去，必然形成通货膨胀惯性。

## 二、需求函数

所谓需求函数，是用来表示一种商品的需求数量和影响该需求数量的各种因素之间的相互关系的。也就是说，在以上的分析中，影响需求数量的各个因素是自变量，需求数量是因变量。一种商品的需求数量是所有影响这种商品需求数量的因素的函数。可以用公式表示如下：

$$Q_D = f(P_1, P_2, I, T, E, \cdots)$$

式中，$Q_D$ 代表对某种商品的需求量；$P_1$ 代表该商品本身的价格；$P_2$ 代表相关商品的价格；$I$ 代表消费者的收入水平；$T$ 代表消费者偏好；$E$ 代表消费者对未来的预期等。

但是，如果我们对影响一种商品需求量的所有因素同时进行分析，就会使问题变得复杂起来。在处理这种复杂的多变量问题时，通常可以将问题简化，即一次把注意力集中在一个影响因素上，而同时使其他影响因素保持不变。

在这里，由于一种商品的价格是决定需求量的最基本因素，所以，我们假定其他因素保持不变，仅仅分析一种商品的价格对该商品需求量的影响，即把一种商品的需求量仅仅看成这种商品的价格的函数，于是，需求函数就可以用下式表示：

$$Q_D = f(P)$$

式中，$Q_D$ 为商品的需求量；$P$ 为商品的价格。

一般需求函数只表示需求量与商品自身的价格的关系，也可以具体写为

$$Q_D = a - b \times P \quad (a、b 为常数)$$

**案例 2-2**

某商品的需求函数为：$Q_D = 200 - 3P$（$P$ 为价格；$Q_D$ 为日销售量），问：

(1) 如果该商品按照单价 30 元销售，每天能够销售多少个？

(2) 假定计划每天销售 140 个，价格应该定为多少？

**解**：(1)　　　　　　　$Q_D = 200 - 3 \times 30 = 110$（个）

（2）　　　　　　　　　　　　$140＝200－3P$

则　　　　　　　　　　　　$3P＝60$

　　　　　　　　　　　　　$P＝20（元/个）$

**答**：该商品按照单价 30 元销售，每天能销售 110 个；计划每天销售 140 个，则价格应该定位为每个 20 元。

需求函数可以用需求表和需求曲线来直观地描述。

### （一）需求表

为了描述某种商品市场上需求量变动与该商品价格变动之间的关系，我们可以制作需求表，一栏表示商品价格的变动，另一栏表示需求量的变动，然后把不同价格水平下的需求量一一记录下来，这样，与每一种价格水平相对应，就有了不同的需求量（见表 2-1）。表 2-1 表明，市场上对某一商品的需求，是随着价格的变动而变动的。

表 2-1　某商品的需求表

| 价格（元） | 需求量（件） |
| --- | --- |
| 250 | 1 |
| 200 | 2 |
| 150 | 3 |
| 100 | 4 |
| 50 | 5 |

在正常情况下，在较高的价格上，需求量较少；在较低的价格上，需求量较多。即随着价格的降低，需求量逐渐增多；随着价格的升高，需求量逐渐减少。需求量与价格是反向变动的关系。

### （二）需求曲线

根据上文需求表中的数据，在二维平面图中，如果用横坐标表示商品的需求量，用纵坐标表示商品的价格，那么商品价格和商品需求量的关系可以用一条曲线表示出来，这条曲线就是商品的需求曲线（见图 2-1）。需求曲线向右下方倾斜，表明需求与价格是负相关关系。也就是说，在正常情况下，由于需求量与价格呈反方向变动，所以需求曲线是一条向右下方倾斜的曲线，需求曲线的斜率为负。图 2-1 的需求曲线是直线，通常的需求曲线形状如图 2-2 所示。

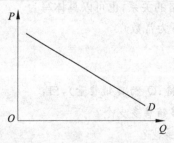

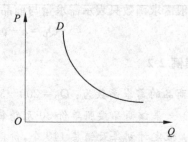

图 2-1　某商品的需求曲线　　　　　图 2-2　通常的需求曲线形状

理解需求曲线,需要把握以下两点。

(1)一条需求曲线表示的是同一时点商品价格与需求量之间的关系,其前提条件是其他因素既定。一旦其他影响因素发生变化,需求曲线将会发生变化。

(2)需求曲线随商品和市场条件的不同而不同。不同的商品有不同的需求曲线;即使同一种商品,在不同的市场条件下,需求也可能不同。

从需求表和需求曲线可以看出,在其他条件不变的情况下,某种商品的需求量与其价格是呈反方向变动的,即需求量随着商品自身价格的上升而下降,随着商品自身价格的下降而升高,这就是所谓的需求定理,也叫需求规律。

### 小贴士

#### 需求定理的例外

需求定理是说明商品自身价格与其需求量之间关系的理论。其基本内容是:在其他条件不变的情况下,一种商品的需求量与其自身价格之间呈反方向变动,即需求量随着商品自身价格的上升而减少,随商品自身价格的下降而增加。然而下列三类商品在市场中的表现并不符合需求规律。

一是奢侈品。因为奢侈品是具有独特、稀缺、珍奇等特点的消费品,又称为非生活必需品。购买消费它们是为了用高价来显示其社会地位和高贵的身份,起到炫耀的作用,所以这种商品价格下降时其需求量不仅不会增加,反而会减少。

二是吉芬商品。所谓吉芬商品,就是在其他因素不改变的情况下,当商品价格上升时,需求量增加;当商品价格下降时,需求量减少,这是在西方经济学研究需求的基本原理上,19世纪英国经济学家罗伯特·吉芬对爱尔兰的土豆销售情况进行研究时定义的。1845年爱尔兰发生灾荒,土豆价格上升,但是土豆的需求量反而增加了。

土豆是一种低档商品。当土豆价格上升时,消费者变穷了。收入效应使消费者想少买肉并多买土豆。同时,由于土豆相对于肉变得更为昂贵,替代效应使消费者想购买更多的肉和更少的土豆。但是,在这种特殊的情况下,收入效应如此之大,以至超过了替代效应。结果消费者对土豆的反应是少买肉,多买土豆。

还有一些商品比如带有投机性的证券和黄金交易也是由于消费者购买它们不是为了自己消费,而是根据价格预期做出的投机行为,就会出现"买涨不买跌"这种不符合需求定理的现象。

## 三、需求量和需求的变动

### (一)需求量的变动

需求量的变动是指在其他条件不变的情况下,商品自身价格的变动引起需求量的变动。需求量的变动表现为沿着同一条需求曲线上下移动,如图2-3所示。

### (二)需求的变动

需求的变动是指在商品自身价格不变的情况下,其他因素如收入水平等的变动引起的需求量的变动。需求变动表现为需求曲线的平行移动。通常情况下,在人们收入增加时,在相同的价格水平上,人们的需求量都会相应地增加,如图 2-4 所示。

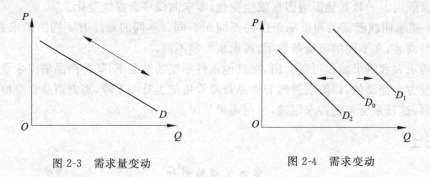

图 2-3　需求量变动　　　　图 2-4　需求变动

这时整条需求曲线就会向右上方平移。反之,当人们的收入减少时,在任一价格水平上相应的需求量都会减少,整条需求曲线就会向左下方平移。需求曲线的平行移动反映了商品自身价格不变情况下其他影响因素变化而导致的需求变动。

## 四、企业的市场需求

在某一特定时期内,某特定范围内(如一个国家或地区)的所有消费者或所有家庭对某种商品或劳务的需求加总起来就是市场需求。例如,假设某种商品消费市场上,只有两个消费者即消费者 A 和消费者 B,当价格为 10 美元时,消费者 A 和消费者 B 将分别购买 30 个和 20 个单位的商品,由此加总起来,形成当价格为 10 美元时市场需求为 50 个单位的市场需求。

同理,其他价格水平下也可以对市场需求数量进行同样的加总。所以,市场需求曲线用图表示就是全体消费者个人需求曲线的水平方向加总,如图 2-5 所示。

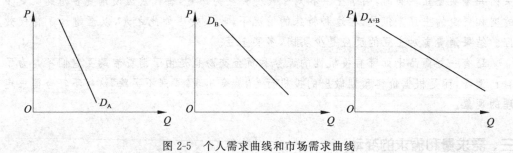

图 2-5　个人需求曲线和市场需求曲线

作为单个生产企业来讲,市场需求曲线是制定价格和产量的基础,所以企业管理人员对市场需求要比对个人需求更感兴趣。

所以,企业面临的市场需求是管理经济学关注的重点,一个特定企业面临某种商品的市场,依赖于该商品的市场需求。

当然,我们知道,由于竞争和垄断程度不同形成了四种不同的市场结构,分别是完全垄断市场、完全竞争市场、寡头垄断市场和垄断竞争市场。当企业面临不同市场结构时,其需求情况简要介绍如下。

### （一）完全垄断市场

在完全垄断市场上，只有一个企业提供某种商品来满足整个市场的需求，这个企业就代表整个行业或市场，企业的市场需求数量也就是整个市场或整个行业的需求数量。企业面临着斜率为负即向右下方倾斜的市场需求曲线。垄断在现实中不常见，这种市场结构的形成往往是政府特许权的结构。

### （二）完全竞争市场

完全竞争市场和完全垄断市场正好相反，在这种市场结构中，市场上存在着不计其数的同类同质商品的生产企业，每个企业都没有能力影响市场走向。在这种情况下，每个企业都是市场商品价格的被动接受者，也就是说，每个企业可以卖掉任何数量的产品而不影响价格。单个企业面临的市场需求曲线是一条恒定价格条件下的水平线。完全竞争市场结构在现实中也比较少见。

### （三）寡头垄断市场

大多数企业面临着寡头垄断或垄断竞争的市场结构。在寡头垄断市场上，整个市场中只有少数几个生产企业，这少数几个生产企业在产品价格、广告促销和产量拟定上都会极大程度地相互影响。

### （四）垄断竞争市场

在垄断竞争市场上，存在着许多生产不同质和差异化但同类产品的企业，由于产品存在差别性，在垄断竞争市场上企业对市场价格有一定的影响力。这两种市场结构企业所面临的市场需求曲线也是斜率为负，即向右下方倾斜的曲线。

由此可知，市场结构是决定市场需求的最重要的力量，有关市场结构更详细的内容将在后面的章节中进行讨论。

## 第二节　市场供给

### 一、供给的内涵

#### （一）供给的定义

供给是指生产者在一定时期内，在各种可能的价格下愿意而且能够提供出售的该种商品的数量。例如，某商品价格为 10 元时，供给为 15 单位；价格为 20 元时，供给为 30 单位等。

在理解供给概念时需要注意，要形成经济意义上的供给，生产者必须既要有提供一定数量产品供给的能力，也要有供给的意愿，两者缺一不可；反之，如果生产者对某种商品只有提供出售的愿望,而没有提供出售的能力,也不能形成有效供给,也不能算作供给。

供给可以指单个企业也即单个生产者的供给,也可以指市场供给。单个生产者的供给是指某一个生产企业对某种商品或劳务的供给。一定范围内(如一个国家或地区)的所有生产企业对某种商品或劳务的供给加总起来就是市场供给。

**案例 2-3**

### 2013 年中国汽车市场整体增速明显下滑

2013 年上半年的乘用车销量增幅为 7%,而 2010 年为 33%。这与中国多个城市开始汽车限购有关,也与过去几年中国汽车市场过于强劲的增长有密切关系。但是目前中国的豪华车市场仍然增长强劲,奥迪 2012 年上半年的增长幅度为 30%,奔驰、宝马也保持在 30%~40% 的增长,另外 SUV 市场仍然保持超过平均值的良好增长态势。

限购政策的推出对中国自主品牌的冲击相当大,自主品牌的市场份额正在不断下降。豪华品牌由于过高估计了中国市场的容量,都提升了进口到中国的豪华车的销量目标,结果导致进口车在中国的供应增加,进口车加价售车的情况已经很少了,多数豪华车大幅降价,奥迪 A8L,宝马 7 系的降价幅度可达 20%。

从上述分析可以看出,虽然汽车生产商愿意大量卖出其汽车商品,但是由于政府限购以及其他因素的影响,汽车生产商无法在原有价格条件下把它们的汽车大量销售出去,所以造成了汽车生产商的供给数量增幅明显降低的结果。

### (二)供给的影响因素

一种商品的供给数量取决于多种因素的影响,其中主要的因素有:商品的价格、生产要素的价格、生产的技术水平和生产企业未来的预期。它们各自对商品的供给量影响如下。

**1. 商品的价格**

1)商品自身的价格

一般来说,一种商品的价格越高,生产者提供的产量就越大。相反,商品的价格越低,生产者提供的产量就越小。

2)相关商品的价格

在一种商品的价格不变,而其他相关商品的价格发生变化时,该商品的供给量会发生变化。例如,对某个生产小麦和玉米的农户来说,在玉米价格不变和小麦价格上升时,该农户就可能增加小麦的耕种面积而减少玉米的耕种面积。

**2. 生产要素的价格**

在商品自身价格不变的条件下,生产要素的价格上升会导致生产成本的上升,商品利润就会下降,从而使得商品的供给量减少。相反,生产要素价格下降使得生产成本下降,商品利润就会增加,从而使得商品的供给量增加。

**3. 生产的技术水平**

在一般情况下,生产的技术水平的提高可以降低生产成本,增加生产者的利润,生产者会提供更多的产量。

#### 4. 生产企业未来的预期

如果生产者对未来预期看好,如预期商品的价格会上涨,生产者在制订生产计划时就会增加产量供给。反之,就会减少产量供给。

除了以上主要影响因素外,还有自然条件的变化、企业目标、政府的消费政策等对供给也有着影响。

## 二、供给函数

所谓供给函数,是用来表示一种商品的供给数量和影响该供给数量的各种因素之间的相互关系。也就是说,在以上的分析中,影响供给数量的各个因素是自变量,供给数量是因变量。一种商品的供给数量是所有影响这种商品供给数量的因素的函数。可以用公式表示如下:

$$Q_S = f(P_1, P_2, C, T, E, \cdots)$$

式中,$Q_S$ 代表生产企业对某种商品的供给量;$P_1$ 代表该商品本身的价格;$P_2$ 代表相关商品价格;$C$ 代表生产要素的价格或者说生产成本;$T$ 代表技术水平;$E$ 代表生产企业对未来的预期等。

与个人需求一样,单个生产企业供给与其影响因素之间的函数关系称为单个生产企业的供给函数。与个人需求函数类似,在分析局部均衡问题时,没必要讨论复杂的多元函数。所以,假设除了企业所生产商品的价格外,其他因素都是不变的,从而得到关于商品价格的一元供给函数。于是,供给函数就可以用下式表示:

$$Q_S = f(P)$$

式中,$Q_S$ 为商品的供给量;$P$ 为商品的价格。

根据供给函数可以画出供给表和供给曲线。

### (一)供给表

为了描述某种商品市场上供给量变动与该商品价格变动之间的关系,我们可以制作供给表,一栏表示商品价格的变动,另一栏表示供给量的变动,然后把不同价格水平下的供给量一一记录下来,这样,与每一种价格水平相对应,就有了不同的供给量(见表 2-2)。表 2-2 表明,市场上对某一商品的供给,是随着价格的变动而变动的。

表 2-2　某商品的供给表

| 价格(元) | 供给量(件) |
|:---:|:---:|
| 3 | 5 |
| 4 | 10 |
| 5 | 15 |
| 6 | 20 |
| 7 | 25 |

在正常情况下,在较高的价格上,供给量较多;在较低的价格上,供给量较少。即随着价格的降低,供给量逐渐减少;随着价格的升高,供给量逐渐增多。供给量与价格是正向变动的关系。

### (二)供给曲线

根据上文供给表中的数据,在二维平面图中,如果用横坐标表示商品的供给量,用纵坐标表示商品的价格,那么商品价格和商品供给量的关系可以用一条曲线表示出来,这条曲线就是商品的供给曲线(见图 2-6)。供给曲线向右上方倾斜,表明供给与价格是正相关关系。也就是说,在正常情况下,由于供给量与价格呈正方向变动,供给曲线的斜率为正。图 2-6 的供给曲线是直线,通常的供给曲线形状如图 2-7 所示。

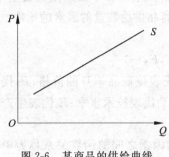
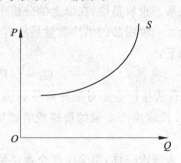

图 2-6　某商品的供给曲线　　　　图 2-7　通常的供给曲线形状

理解供给曲线,需要把握以下两点。

**1. 价格和供给量的关系**

供给曲线表示的是同一时点商品价格与供给量之间的关系,其前提条件是其他影响因素既定。一旦其他影响因素发生变化,供给曲线将会发生变化。

**2. 不同的商品和市场条件的影响**

供给曲线随商品和市场条件的不同而不同。不同的商品有不同的供给曲线;即使同一种商品,在不同的市场条件下,供给也可能不同。

从供给表和供给曲线可以看出,在其他条件不变的情况下,某种商品的供给量与其价格是呈正方向变动的,即企业供给量随着商品自身价格的上升而增加,随着商品自身价格的下降而减少,这就是所谓的供给定理,也叫供给规律。

### 🍁小贴士

#### 供给定理的例外

供给定理也被称为供给规律,反映商品自身价格与商品供给量之间的关系。对于正常商品来说,在其他条件不变的情况下,商品价格与供给量之间存在着同方向的变动关系,即一种商品的价格上升时,这种商品的供给量增加;相反,价格下降时供给量减少。供给定理是说明商品本身价格与其供给量之间关系的理论。然而一些商品的供给却不符合供给定理。

其中最明显的是劳动力供给的特例。劳动作为一种商品,其价格就是工资,一般来说,工资越高,越能吸引更多的人参加劳动的供给。即劳动的价格上升,劳动的供给增加。但随着工资的上升,人们的收入增加到一定程度后,反而会减少劳动的供给,表现出与供给定理的不符。原因在于提供劳动获取工资是以牺牲闲暇为代价的,随着收入的增加,人们对闲暇的需求也在增加。增加闲暇必定减少劳动时间,这就是工资增加引起的收入效应,收入效应使劳动供给随工资增加而减少。这种特例也可以用马斯洛的需要层次理论来解释:当工资水平低时,人们为生存而奋斗,愿意多付出劳动,追求高工资。

随着工资的增加,人们满足了第一层次的需要(基本生理需要),摆脱了生存压力,当工资收入上升到一定程度时,需要层次上升到第二层次和第三层次(选择自己喜欢的工作以完成自我价值的实现),这时随着工资收入的提高,会有一部分人逐步放弃原来的工作,去追求新的事业,出现劳动价格上升而劳动供给减少的与供给定理不符的现象。

另外,土地、文物、艺术品由于供给量的固定不随价格的变化而变化,因而也不符合供给定理。还有一些不以利润最大化为生产经营目标的军工企业的产品和福利企业的产品,在市场上的供给也不符合供给定理。

## 三、供给量和供给的变动

### (一)供给量的变动

在其他条件不变的情况下,商品自身价格的变动引起供给量的变动。供给量的变动表现为沿着同一条供给曲线上下移动,如图2-8所示。

### (二)供给的变动

供给的变动是指在商品自身价格不变的情况下,其他因素如收入水平等变动引起的供给量的变动。供给的变动意味着企业在每一个价格水平上能够并且愿意提供的供给数量都与以前不一样了,所以,供给曲线发生了平行移动。

通常情况下,根据前面的分析,在相同的价格水平上,当商品的生产成本这一因素上升,会使企业在相同的价格条件下减少商品的供给量,从而使供给曲线左移。当企业的生产技术水平提高、生产效率提高时,会使企业在相同的价格条件下增加商品的供给量,从而使供给曲线右移,如图2-9所示。

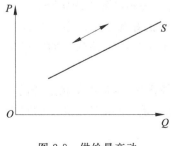

图 2-8　供给量变动

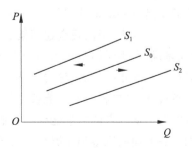

图 2-9　供给变动

### 四、企业的市场供给

在某一特定时期内,一定范围内(如一个国家或地区)的所有生产企业对某种商品或劳务的供给加总起来就是市场供给。例如,假设某种商品供给市场上,只有两个生产企业即企业 A 和企业 B,当价格为 15 美元时,企业 A 和企业 B 将分别生产出售 30 个和40 个单位的商品,由此加总起来,形成当价格为 15 美元时供给量为 70 个单位的市场供给。

同理,其他价格水平下也可以对市场供给数量进行同样的加总。所以,市场供给曲线用图表示就是全体生产企业的单个供给曲线的水平方向加总,如图 2-10 所示。

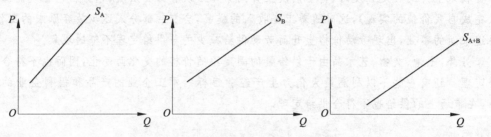

图 2-10　单个生产企业供给曲线和市场供给曲线

企业面临的市场供给是管理经济学关注的重点,一个特定企业面临某种商品的市场,如何定价和进行产量规划是企业生产经营管理的重要内容。

由于竞争和垄断程度不同形成了四种不同的市场结构,分别是完全垄断市场、完全竞争市场、寡头垄断市场和垄断竞争市场。在这四种不同的市场结构中,作为商品供给者的单个企业来讲,其市场地位和对市场的影响力不同,因此,企业会根据不同的市场结构进行自身产品价格和产量的决策。不同市场结构下企业的经济行为将在后面单独的章节中进行具体介绍。

## 第三节　市场均衡分析

### 一、市场均衡的含义

在西方经济学中,均衡是一个被广泛运用的重要概念。均衡的最一般的意义是指事物中有关的变量在一定条件和相互作用下所达到的一种相对静止的状态。

市场交易行为中,当消费者愿意购买的商品数量正好等于生产企业所愿意出售的数量时,也就是说,在当时的市场条件和价格水平下,市场当中某种商品的需求量和供给量处于相对相等和静止的状态,称为市场均衡。

也就是说,经济事物之所以能够处于这样一种静止状态,是由于在这样的状态中有关该经济事物的各参与者的力量能够相互制约和相互抵消,也由于在这样的状态中有关该经济事物的各方面的愿望都能够得到满足。

在微观经济分析中,市场均衡可以分为局部均衡和一般均衡。

局部均衡是就单个市场或部分市场的供求与价格之间的关系和均衡状态进行分析。

一般均衡是就一个经济社会中的所有市场的供求与价格之间的关系和均衡状态进行分析。一般均衡假定各种商品的供求和价格都是相互影响的，一个市场的均衡只有在其他所有市场都达到均衡的情况下才能实现。

## 二、市场均衡的决定

需求曲线说明了消费者对某种商品在每一个价格下的需求量是多少，供给曲线说明了生产者对某种商品在每一个价格下的供给量是多少。但是，它们都没说明这种商品本身的价格究竟是如何决定的。那么，商品的价格是如何决定的呢？

让我们把需求曲线和供给曲线放到一个坐标系中，从几何图中我们会发现两条曲线存在一个交点，这个交点是平衡点，如图 2-11 所示。市场均衡就存在于这个均衡点，该点的价格和相等的供求量分别被称为均衡价格和均衡数量。市场上需求量和供给量相等的状态，说明生产企业愿意而且能够卖出的产品正好被消费者愿意而且有能力购买，这种理想的平衡状态也被称为市场出清的状态。

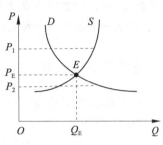

图 2-11　市场均衡的决定

在图 2-11 中，市场的需求曲线 $D$ 和供给曲线 $S$ 的交点 $E$ 就是市场均衡点，该点所对应的价格 $P_E$ 就是均衡价格，该点所对应的需求（供给）量 $Q_E$ 就是均衡数量，这个均衡数量既是均衡的需求量，也是均衡的产量。

商品均衡价格与均衡数量的形成是市场供求力量自发作用的结果。

例如，当市场上商品价格低于均衡价格时，如图 2-11 中价格为 $P_2$ 的情况下，我们可以看出，此时市场上商品的供给量少于需求量，即需求大于供给，商品出现供不应求的状况，这会导致价格上升。随着商品价格上升，需求量会逐步减少，供给量会逐步增加，市场会逐渐趋向均衡状态。

当市场上商品价格高于均衡价格时，如图 2-11 中价格为 $P_1$ 的情况下，我们可以看出，此时市场上商品的供给量多于需求量，即供给大于需求，商品出现供过于求的状况，这会导致价格下降。随着商品价格下降，需求量会逐步增加，供给量会逐步减少，市场会逐渐趋向均衡状态。

在市场经济条件下，常常出现这种脱离市场均衡点的失衡状态，但是由于商品的需求和供给各自决定商品价格，同时价格反过来又自动地影响和调节供给与需求，这种自发作用最终会使市场实现均衡。这种调节机制就是价格机制，也叫市场机制。它像一只"看不见的手"引导着企业的生产和消费者的消费，在指挥着整个市场的价格运行和产量变动。

🍁 小贴士

### 何谓"看不见的手"

英国经济学家亚当·斯密（Adam Smith）是市场经济理论的先驱，其 1776 年出版的

《国富论》是经济学理论的经典之作。

"看不见的手"是一个隐喻,亚当·斯密用其来描述这样一种原理:由于个人行为的非故意的结果,一种能产生善果的社会秩序出现了。用亚当·斯密的话来说:"每个人都试图应用他的资本,来使其产品得到最大的价值。一般来说,他并不企图增进公共福利,也不清楚增进的公共福利有多少,他所追求的仅仅是他个人的安乐,个人的利益,但当他这样做的时候,就会有一双看不见的手引导他去达到另一个目标,而这个目标绝不是他所追求的东西。由于追逐他个人的利益,他经常促进了社会利益,其效果比他真正想促进社会效益时所得到的效果为大。"

"看不见的手"反映了早期资本主义自由竞争时代的经济现实,是自由资本主义的思想代表,强调自由放任的市场经济秩序,认为市场机制自身能把市场调整为平衡和出清状态,政府最好不要过多干预经济运行。

## 三、市场均衡的变动

我们知道,除了商品自身价格以外,商品需求和商品供给还受其他许多外生因素的影响。任何一个外生因素的变动都会引起整个需求曲线或供给曲线的移动,从而打破了旧的市场均衡,使得市场均衡发生变动,形成新的市场均衡点和达到新的市场均衡。

### (一)供给不变,需求发生变动

在影响需求曲线的诸多因素中,除了商品自身的价格外,其他外生影响因素的变化引起整个需求曲线的移动,从而导致原来的均衡发生变化。例如,假定供给曲线不变,当人们收入增加时,在其他因素既定条件下会购买更多的商品,会引起需求曲线向右上方移动,均衡变动的情况如图 2-12 所示。

在图 2-12 中,需求曲线从原来的 $D_0$ 向右上方移动到 $D_1$,在供给曲线 $S$ 不变的情况下,均衡点由 $E_0$ 移动到 $E_1$,均衡价格由 $P_0$ 移动到 $P_1$,均衡产量由 $Q_0$ 移动到 $Q_1$。从图中可以看出,在供给不变的情况下,需求曲线向右移动形成新的均衡点,新均衡情况下的均衡价格和均衡产量都提高了。同理可以推断,当人们需求减少时,需求曲线向左下方移动,在新的市场均衡点上,会出现均衡价格和均衡产量都下降的情况。

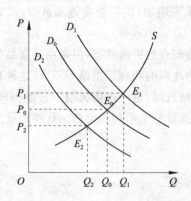
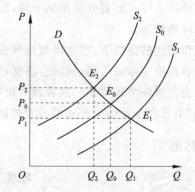

图 2-12　需求变动对市场均衡的影响　　　图 2-13　供给变动对市场均衡的影响

（二）需求不变，供给发生变动

在影响供给曲线的诸多因素中，除了商品自身的价格外，其他外生影响因素的变化引起整个曲线的移动，从而导致原来的均衡发生变化。例如，假定需求曲线不变，当企业生产技术水平提高时，在其他因素既定条件下企业会供给更多的商品，会引起供给曲线向右下方移动，均衡变动的情况如图 2-13 所示。

在图 2-13 中，供给曲线从原来的 $S_0$ 向右下方移动到 $S_1$，在需求曲线 $D$ 不变的情况下，均衡点由 $E_0$ 移动到 $E_1$，均衡价格由 $P_0$ 移动到 $P_1$，均衡产量由 $Q_0$ 移动到 $Q_1$。从图中可以看出，在需求不变的情况下，供给曲线向右移动形成新的均衡点，新均衡情况下的均衡价格下降，而均衡产量提高了。同理可以推断，当出现生产成本上升的情况时，供给曲线向左上方移动，在新的市场均衡点上，此时均衡价格上升，而均衡产量却下降了。

（三）需求和供给同时发生变动

在现实的经济生活中，在需求变动的同时，一般也会伴随着供给的变动。图 2-14 的新均衡点说明了需求和供给同时变动，导致的市场均衡点的变化。

在图 2-14 中，供给曲线从原来的 $S$ 向左上方移动到 $S_1$，需求曲线从原来的 $D$ 向右上方移动到 $D_1$，均衡点由 $E$ 移动到 $E_1$，均衡价格由 $P_0$ 移动到 $P_1$。从图中可以看出，在新的均衡价格上升的情况下，虽然均衡产量有所上升，但是上升的幅度不是很大。

当然，我们还可以分析出供给和需求在其他变化组合时市场均衡的变动情况。需求与供给发生变动对市场均衡影响的各种情况如表 2-3 所示。

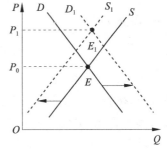

图 2-14 需求和供给同时变动
对市场均衡的影响

表 2-3　需求与供给发生变动对市场均衡的影响

| 供求变动状况 | | 价格变动状况 | 数量变动状况 |
| --- | --- | --- | --- |
| 供给不变 | 需求增加 | 上升 | 增加 |
| | 需求减少 | 下降 | 减少 |
| 需求不变 | 供给增加 | 下降 | 增加 |
| | 供给减少 | 上升 | 减少 |
| 需求和供给同时增加 | 程度相同 | 不变 | 增加 |
| | 需求增加超过供给增加 | 上升 | 增加 |
| | 供给增加超过需求增加 | 下降 | 增加 |
| 需求和供给同时减少 | 程度相同 | 不变 | 减少 |
| | 需求减少超过供给减少 | 下降 | 减少 |
| | 供给减少超过需求减少 | 上升 | 减少 |

续表

| 供求变动状况 | | 价格变动状况 | 数量变动状况 |
|---|---|---|---|
| 需求增加，供给减少 | 程度相同 | 上升 | 不变 |
| | 需求增加超过供给减少 | 上升 | 增加 |
| | 需求增加小于供给减少 | 上升 | 减少 |
| 需求减少，供给增加 | 程度相同 | 下降 | 不变 |
| | 需求减少超过供给增加 | 下降 | 减少 |
| | 需求减少小于供给增加 | 下降 | 增加 |

资料来源：陈宏民,赵旭.管理经济学[M].上海：上海交通大学出版社,2003:16-17.

## 四、政府行为与均衡价格

上文中关于均衡的分析是一种基于各种限定条件的纯理论分析,现实经济生活中由于诸多因素的影响,实际的价格和理论上分析出来的均衡价格往往不一样,但这些分析对于政策制定者来讲是其行为决策很好的参考工具,用以调整和稳定某些商品的供求,达到政府的某些经济和社会目的。政府对价格的管制主要有支持价格和限制价格。

**案例 2-4**

### 分析称国内农产品价格上涨压力仍较大

新华网北京 2013 年 3 月 5 日电(经济分析师谭谟晓)　国务院 5 日的政府工作报告中提出,保持物价总水平基本稳定始终是宏观调控的重要目标,2012 年居民消费价格涨幅回落到 2.6%,2013 年要控制在 3.5% 左右,通货膨胀压力仍然较大。

近年来,我国粮食、肉类、水产品、蔬菜等主要农产品价格波动幅度加大,且涨幅均大于回调幅度,使农产品价格总体呈周期性上升态势。2013 年国内农产品价格上涨压力仍然存在。

一是要素成本上涨推动粮价上涨。近年来,劳动力成本占粮食生产综合成本的比重日益增加,原先从事粮食生产的年轻劳动力大量外流,劳动力供应日趋紧张导致其工资大幅提高,未来劳动力和农资价格将继续上行。

二是自然灾害频发,蔬果、水产品等稳定供应难度增加。联合国粮农组织研究报告指出,今后 20~50 年,农业生产将受到气候变化的严重冲击,全球超长期的农产品供应因而受影响。2012 年,我国暴雨、冰雹、雨雪天气频发,蔬菜、水果和水产品的生产供应受到严重影响,价格大幅上涨,虽然在天气好转后生产恢复,价格出现回落,但上涨幅度明显大于回调幅度,价格总体呈上升态势。

三是种植比较效益差异决定大豆等油料生产供应更加紧张。近年来,我国油菜子面积基本稳定,而受大豆种植比较效益偏低影响,黑龙江等大豆主产区种植面积持续萎缩,大豆被当成低产、低效作物,种植区域向高寒、积温低、旱地、坡地等恶劣生产地带收缩,全国大豆种植面积和产量持续双降,食用油缺口继续扩大。价格将呈趋势性上涨。

四是部分肉类产品供需仍偏紧。2010 年以来,国内牛羊肉价格一路上扬,不断刷新新华社监测以来新高。从主产区来看,新疆、内蒙古是我国主要牧区,草场载畜能力下降;虽然南方草山草坡区发展畜牧养殖业潜力巨大,但目前改良面积比重非常小。肉羊和肉牛养殖数量难以大幅增加。

近年来,猪肉价格受供求关系变化影响较大,但在很大程度上仍受成本左右。2013年春节过后,猪肉价格出现回落,但由于饲料价格高企以及人工、运输等成本增加,猪肉价格回落空间不会太大。上半年猪肉价格将延续目前回落走势,此后很可能出现反弹。

此外,输入性通胀压力可能重新抬头。主要发达国家实行宽松货币政策并不断加码,导致全球流动性充裕,国际大宗商品价格上涨的风险仍然存在。随着我国石油、天然气等能源资源进口比重的增大以及部分粮食进口量的增加,国际大宗商品市场价格对国内价格的影响越来越明显。今年通货膨胀压力仍然较大。

资料来源:新浪财经. 分析称今年内农产品价格上涨压力仍较大[EB/OL]. http://finance. sina. com. cn/nongye/nyhgjj/20130305/141114725148. shtml. (2013-03-05)

### (一)支持价格

支持价格是政府为了扶持和保护某一产品或某一行业的生产,对该产品或该行业的产品规定的高于市场均衡价格的价格,支持价格也叫保护价格。如图 2-15 所示,市场由内部供求自发决定的均衡价格为 $P_0$,均衡产量为 $Q_0$。而政府规定的支持价格是高于 $P_0$ 的 $P_1$,这时从图中可以看出,$P_1$ 相对应的市场供给量 $Q_4$ 要远远大于这种价格所对应的需求量 $Q_2$,会导致一些产品卖不出去,产品过剩的数量为图上 $Q_2Q_4$。

如果政府要扶持该生产厂商(或者产品),可以采取将过剩产品采购过来储存起来或者出口的措施;或者政府可以通过限制生产企业的生产量将产量控制在 $Q_2$ 的水平使得价格保持在高位,但是政府必须对压缩供给量的企业给予财政补贴,不然生产企业为了利润最大化会去从事别的产品的生产。农业部门通常是一个国家采用支持价格的典型行业。

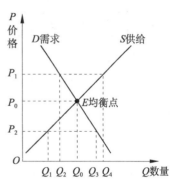

图 2-15 支持价格与限制价格

### (二)限制价格

限制价格也叫最高价格或价格上限,是在某种特定时期政府为了社会稳定或者保持消费者的利益而规定的低于某些物品市场均衡价格的价格。如图 2-15 所示,市场由内部供求自发决定的均衡价格为 $P_0$,均衡产量为 $Q_0$。而政府规定的限制价格是低于 $P_0$ 的 $P_2$,这时我们从图中可以看出,$P_2$ 相对应的市场供给量 $Q_1$ 要远远小于这种价格所对应的需求量 $Q_3$,会导致出现产品短缺,产品短缺的数量为图上 $Q_1Q_3$。

由于存在商品短缺,政府为了控制需求量,一般采用配给制,实行凭证定量供应。这种商品短缺条件下实现的配给制非常容易导致非法市场——黑市交易。所以,一般情况下限制价格只能作为政府短时期内的权宜之计。限制价格一般用于政府对于生活必需品、生产原材料行业从而保证经济秩序和社会稳定。

 **重要概念**

需求　需求定理　市场需求　供给　供给定理　市场均衡　支持价格　限制价格

 **复习思考**

1. 影响商品需求量的因素有哪些？它们对需求量有怎样的影响？

2. 简述需求量的变动和需求变动的区别与表现。

3. 影响商品供给量的因素有哪些？它们对供给量有怎样的影响？

4. 均衡价格是如何形成的？

5. 假定某商品的需求函数为：$Q_D = 10 - 2P$,其供给函数为：$Q_S = 0.5P$,其中 $Q_D$、$Q_S$ 均以万千克为单位,$P$ 以元/千克为单位。

(1) 求该商品的均衡价格和均衡产量。

(2) 如果政府规定该商品的最高价格为 3 元/千克,市场的供求关系会发生怎样的变化？

(3) 如果政府对生产该商品的企业直接征税,税额为 2 元/千克,征税后的均衡价格应该是多少？

# 第三章

# 需求弹性与需求估计

## 学习目标

1. 掌握需求价格弹性的内涵、分类和简单计算方法；
2. 掌握需求收入弹性的内涵、分类和简单计算方法；
3. 掌握需求交叉弹性的内涵、分类和简单计算方法；
4. 了解市场需求估计和需求预测的程序与方法。

## 技能要求

1. 分析各因素对需求价格弹性的影响；
2. 能够计算弹性系数变化对销售量和价格的影响；
3. 根据市场需求估计和需求预测，能够获取相对准确的市场需求信息。

## 引言

市场需求是企业收入和利润的根源，企业要能够根据市场需求制定科学的产量和价格决策，必须进一步了解影响市场需求的各种主要因素，以及这些因素对商品需求变动的影响程度。同时，企业在做产量决策分析时，需求信息是必不可少的。

在现实的分析中，有效的需求分析是建立在企业自身的现实需求函数基础上的。企业管理者应该能够根据企业自身的经验和产品相关理论进行需求的函数估计，并在此基础上进行相关的需求预测。

因此，本章将主要阐述需求价格弹性、需求收入弹性、需求交叉弹性的内涵、分类和简单计算方法，以及其在企业管理决策中的应用，并对市场需求估计和需求预测进行基于统计学知识的介绍。

## 第一节　需求价格弹性

### 一、需求价格弹性的内涵

当两个变量之间存在一定的影响关系时，一个变量的变化必然引起另一个变量的变化。如果把首先变化的因素作为自变量，因自变量的变化而产生变化的那个变量就是因变量。经济学中的弹性是指因变量变化相对于自变量变化的反应灵敏程度。

消费者对商品的需求受很多内外因素的影响,需求弹性就是指一种商品的需求量对其影响因素变动的反应灵敏程度。

需求价格弹性是指一种商品需求量的变动相对于其自身价格变动的反应程度。通常用需求价格弹性系数来表示需求价格弹性的大小,即商品需求量变动的百分比与其自身价格变动百分比的比值。

需求价格弹性的计算公式为

需求价格弹性＝需求量变动的百分比÷价格变动的百分比

需求价格弹性的一般公式为

$$E_D = \frac{\Delta Q}{Q} \div \frac{\Delta P}{P} = \frac{\Delta Q}{\Delta P} \times \frac{P}{Q}$$

式中,$E_D$ 为需求价格弹性系数;$Q$、$P$ 分别表示变动前的商品的需求量和价格;$\Delta Q$、$\Delta P$ 分别表示商品需求量和价格的变化量。

【例 3-1】

某商品的需求表如表 3-1 所示。

表 3-1　某商品的需求表

| 价格 $P$(元) | $\Delta P$(元) | 需求量 $Q$(个) | $\Delta Q$ |
|---|---|---|---|
| 30 | | 1200 | |
| 24 | −6 | 1500 | 300 |

根据需求价格弹性的一般公式计算如下:

$$E_D = \frac{\Delta Q}{Q} \div \frac{\Delta P}{P} = \frac{\Delta Q}{\Delta P} \times \frac{P}{Q}$$

$$= \frac{300}{-6} \times \frac{30}{1200}$$

$$= -1.25$$

由于大多数商品需求量和其自身价格的变动方向是相反的,所以需求价格弹性一般为负数。而经济理论上主要关注其变化程度的大小,为了便于比较,所以在经济学的分析中我们总是注重需求弹性的绝对值,使用的弹性系数为绝对值数,在实际的计算公式前加了一个负号,公式修正为

$$E_D = -\frac{\Delta Q}{Q} \div \frac{\Delta P}{P} = -\frac{\Delta Q}{\Delta P} \times \frac{P}{Q}$$

需求价格弹性有点弹性和弧弹性两种。

(一) 点弹性

需求价格点弹性是指需求曲线上某一点的弹性,也可以理解为表示需求曲线上两点之间的价格变动量趋近于无穷小($\Delta P \to 0$)时所导致的需求量变动程度。这样,在一般需求价格弹性公式基础上,点弹性公式可写为

$$E_D = -\lim_{\Delta P \to 0} \frac{\Delta Q}{\Delta P} \times \frac{P}{Q} = -\frac{dQ}{dP} \times \frac{P}{Q}$$

**【例 3-2】**

某商品需求函数为 $Q = 70 - 5P$，求 $P = 4$，$Q = 50$ 时需求价格点弹性。

由需求函数可以得出：$-\dfrac{dQ}{dP} = 5$，所以有

$$E_D = -\frac{dQ}{dP} \times \frac{P}{Q}$$
$$= 5 \times \frac{4}{50}$$
$$= 0.4$$

**（二）弧弹性**

需求价格弧弹性是指需求曲线上两点之间的弹性，也可以理解为表示需求两点之间需求量的变动对于价格变动的反应程度。

使用上文表 3-1 的数据来画出需求曲线图，如图 3-1 所示，得出其需求函数为 $Q = 2700 - 50P$。

由于其需求函数为 $Q = 2700 - 50P$，在图上有两点 $A$ 和 $B$，$A$ 点对应的价格和需求量分别是 $P_A = 30$ 元和 $Q_A = 1200$ 个，$B$ 点对应的价格和需求量分别是 $P_B = 24$ 元和 $Q_B = 1500$ 个，那么我们根据原来的公式可以得出两个价格弧弹性的数值。它们分别是：

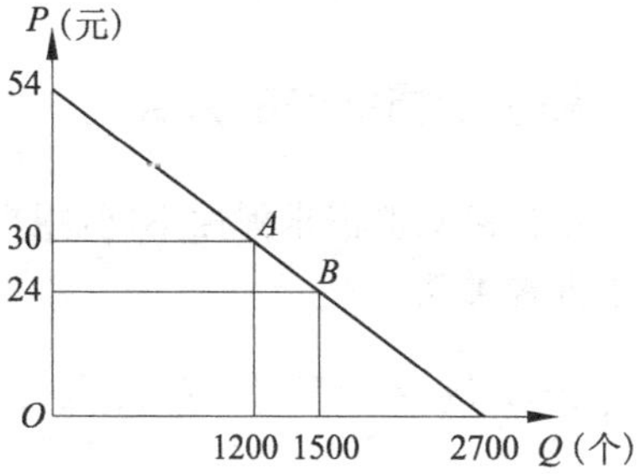

当价格从 $A$ 点降低到 $B$ 点时，

$$E_D = -\frac{\Delta Q}{\Delta P} \times \frac{P}{Q}$$
$$= -\frac{Q_B - Q_A}{P_B - P_A} \times \frac{P_A}{Q_A}$$
$$= -\left(\frac{300}{-6}\right) \times \frac{30}{1200}$$
$$= 1.25$$

当价格从 $B$ 点升高到 $A$ 点时，

$$E_D = -\frac{\Delta Q}{\Delta P} \times \frac{P}{Q}$$
$$= -\frac{Q_A - Q_B}{P_A - P_B} \times \frac{P_B}{Q_B}$$
$$= -\left(\frac{-300}{6}\right) \times \frac{24}{1500}$$
$$= 0.8$$

可见，对于需求曲线上同一弧度，其变动方向不同，得出的弧弹性数值是不同的。其根

图 3-1　需求价格弧弹性

本原因在于尽管 $\Delta P$ 和 $\Delta Q$ 的变动数量是相同的,但由于 $P$ 和 $Q$ 所取的基数不同,导致其计算结果也不同。因此,应该根据究竟是涨价还是降价来正确地选择 $P$ 和 $Q$ 的基数值。

在实际应用中,如果只是为了简单地计算需求曲线上某两点之间的需求价格弧弹性,而不需要具体分析这种弧弹性是降价还是涨价的结果,为了避免含混不清,一般取两点之间的价格平均值和需求量平均值来代替公式中原来的 $P$ 和 $Q$ 的数值。也就是可以把需求价格弧弹性的计算公式修正为

$$E_D = -\frac{\Delta Q}{\Delta P} \times \frac{(P_A + P_B)/2}{(Q_A + Q_B)/2}$$

$$= -\frac{\Delta Q}{\Delta P} \times \frac{P_A + P_B}{Q_A + Q_B}$$

根据这一弧弹性公式,上例中 $A$、$B$ 两点之间的弧弹性为

$$E_D = -\frac{\Delta Q}{\Delta P} \times \frac{P_A + P_B}{Q_A + Q_B}$$

$$= -\left(\frac{300}{-6}\right) \times \frac{30 + 24}{1200 + 1500}$$

$$= 1$$

## 二、需求价格弹性的分类

各种商品的需求弹性不同,根据需求价格弹性数值的大小,可以把需求价格弹性分为以下五种类型。

### (一) $E_D = 0$,需求价格完全无弹性

需求价格弹性系数等于零的情况,即 $E_D = 0$,称为需求价格完全无弹性,它表示无论价格如何变动,需求量都不会变动。这时的需求曲线是一条与横轴垂直的线,如图 3-2 所示。

### (二) $E_D \to \infty$,需求价格有完全弹性

需求价格弹性系数趋于无穷大的情况,即 $E_D \to \infty$,称为需求价格有完全弹性,它表示当价格为既定时,需求量是无限的,或需求量的变动是任意的。这时的需求曲线是一条与横轴平行的线,如图 3-3 所示。

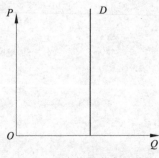

图 3-2　需求价格完全无弹性

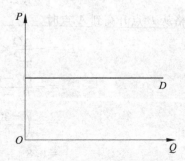

图 3-3　需求价格有完全弹性

（三）$E_D = 1$,需求价格单位弹性

需求价格弹性系数值等于 1 的情况,即 $E_D = 1$,称为需求价格单位弹性,它表示需求量的变动率与价格的变动率相等。这时的需求曲线是一条正双曲线(也叫等轴双曲线,这一点可以用数学证明,本书不做具体介绍),如图 3-4 所示。

（四）$0 < E_D < 1$,需求价格缺乏弹性

需求价格弹性系数值小于 1 的情况,即 $0 < E_D < 1$,称为需求价格缺乏弹性,它表示需求量的变动率小于价格的变动率。这时的需求曲线是一条比较陡峭的线,如图 3-5 所示。

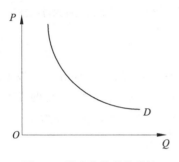

图 3-4　需求价格单位弹性

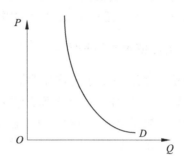

图 3-5　需求价格缺乏弹性

（五）$1 < E_D < \infty$,需求价格富有弹性

需求价格弹性系数值大于 1 的情况,即 $1 < E_D < \infty$,称为需求价格富有弹性,它表示需求量的变动率大于价格的变动率。这时的需求曲线是一条比较平坦的线,如图 3-6 所示。

在这五种需求弹性类型中,头三种情况都是需求弹性的特例,现实中常见的是后两种情况。

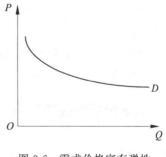

图 3-6　需求价格富有弹性

## 三、需求价格弹性的影响因素

一般来讲,需求价格弹性的大小之所以不同,主要受以下几种因素的影响。

（一）消费者对商品的需求程度

一般而言,生活必需品的需求价格弹性较小,奢侈品的需求价格弹性大。也就是说,一种商品如果是人们的生活基本必需品,即使价格上涨,人们还得照样买,其需求价格弹性就小或者说它们缺乏弹性;而一些非必需的高档奢侈品,如贵重首饰、高档服装、出国旅行等,只有当消费者购买力提高之后才能买得起,其需求价格弹性就大。

（二）商品的可替代程度

一种商品若有许多相近的替代品,那么这种商品的需求价格弹性就大。因为一旦这

种商品价格上涨,甚至是微小的上涨,消费者往往会舍弃这种商品,而去选购它的替代品,从而引起需求量的变化;反之则越小。如在美国,人们在旅行时可乘坐飞机,也可以自驾或者乘坐火车出行,航空飞行旅行的替代品很多,其需求价格弹性就高达2.4。

### (三)商品用途的广泛性

一般来说,一种商品的用途越多,它的需求价格弹性就越大;反之就缺乏弹性。任何商品的不同用途都有一定的排列顺序。如果一种商品价格上升,消费者会缩减其需求,把购买力用于重要的用途上,使购买数量减少,随着价格的降低,会增加其购买数量。而一种商品的用途越少,其需求价格弹性也就越小。例如,在美国,电力的需求价格弹性为1.2,这就与其用途广泛有关,而小麦的需求价格弹性仅为0.08,是因为小麦的用途很少。

### (四)商品使用时间长短

时间越短,商品的需求价格弹性就越小;时间越长,商品的需求价格弹性就越大。这是因为在较长的时间内,消费者就越有可能找到替代品,替代品多了,它的需求价格弹性就必然增加。如在美国,电冰箱、汽车这类耐用消费品的需求价格弹性为1.2~1.6,而报纸杂志这种看完就无用的印刷品需求价格弹性仅为0.1。

### (五)商品在消费者预算支出中所占的比例

当一种商品在消费者预算支出中占很小的部分时,消费者并不大注意其价格的变化,此时,需求价格弹性就小。某个商品的消费在消费者总支出中所占的比例越大,其需求价格弹性就越大。

例如,对一包口香糖和一辆汽车来讲,口香糖在消费者支出中的比重很小,消费者不会对其价格产生很大的反应,而消费者对汽车价格变化的反应程度肯定要强烈得多。

## 四、需求价格弹性的应用

### 🍁 小贴士

#### "谷贱伤农"的经济学解释

"谷贱伤农"的典故最早记载于我国《汉书·食货志上》:"籴甚贵,伤民;甚贱,伤农。民伤则离散,农伤则国贫。"基本含义是指在农业生产活动中存在这样一种现象:在稻米丰收增产的年份,农民的收入反而减少,从而损害了农民的利益,这在我国民间被形象地概括为"谷贱伤农"。

"谷贱伤农"在经济学中是一个经典问题。农民稻米或者粮食收割后到底能卖多少钱取决于两个因素:产量和价格。农民卖出稻米的收入等于二者的乘积。"谷贱伤农"这一经济现象可以用两个最基本的经济学规律来解释,一个是价格的供求规律;另一个是商品的需求价格弹性规律。

众所周知,当市场上某类商品供应量大于实际需求量时,在激烈的市场竞争情况下,为了卖出自己的商品,商品的供应者只能竞相降低价格。

所以,当稻米大量增产丰收时,其价格在供求规律的作用下必然"贱";同时,稻米对人们来说是一个缺乏需求价格弹性的生活必需品,也就是说,人们对稻米价格的变化不是很敏感,不会随着稻米价格的降低而大量增加对稻米的需求购买,而农民的收入等于卖出的数量和价格的乘积,当卖出的价格大幅降低而卖出的数量基本不变时,必然"伤农",就使得农民的收入反而减少了。

需求价格弹性是企业价格决策的基础,因为需求价格弹性能够直接反映商品价格变动对其需求量的影响程度,企业管理者可以据此了解对企业销售收入的影响,具体影响情况如下。

**(一)当 $E_D = 0$ 时**

需求价格完全无弹性时,价格无论提高还是降低,商品的需求量都不变。因此,提高商品价格可以使企业销售收入增加,收入增加额等于价格提高的额度与不变的需求量之积;而降低商品价格会使企业销售收入减少,收入减少额等于价格降低的额度与不变的需求量之积。

**(二)当 $E_D \to \infty$ 时**

需求价格有完全弹性时,在既定价格上,消费者对商品的需求量是无穷大的,也就是说,企业的销售收入可以无限增加,因此,此种情况下,企业不会降价。但是,如果企业稍微提高水平的价格,哪怕是一点点的提高,都会使其商品无人问津,企业销售收入为零。

**(三)当 $E_D = 1$ 时**

需求价格单位弹性时,这时价格的变化程度和需求量的相对变化程度相等,如果商品降价,需求量虽然增加,但是需求量增加所增加的销售收入正好等于价格降低所减少的总收入;如果商品提高价格,但是价格提高所增加的销售收入正好等于销售量减少所减少的总收入。

因此,无论降低价格还是提高价格,企业的销售收入保持不变,这时企业可以根据其他具体市场情况或者企业不同的经营目标采取不同的产品价格策略。

**(四)当 $0 < E_D < 1$ 时**

需求价格缺乏弹性时,需求量的相对变化小于价格的相对变化,这时企业提高价格可以使企业的销售收入增加;反之,如果价格降低,由于需求量增加的幅度小于价格降低的幅度,其需求量增加所增加的销售收入将少于价格降低所减少的收入,所以此时企业的销售收入减少。所以,当需求缺乏弹性时,企业可以通过提高价格来增加销售总收入。

**(五)当 $1 < E_D < \infty$ 时**

需求价格富有弹性时,需求量的相对变化大于价格的相对变化,这时企业提高价格可以使企业的销售收入减少;反之,如果价格降低,由于需求量增加的幅度大于价格降低的幅度,其需求量增加所增加的销售收入将多于价格降低减少的收入,所以此时企业的销售收入增加。所以,当需求价格富有弹性时,企业可以通过降低价格来增加销售总收入。

根据需求价格弹性与企业销售收入之间的关系,可将各种情况下企业的价格决策总结如表 3-2 所示。

表 3-2　需求价格弹性与企业销售收入以及价格决策表

| 需求价格弹性 | $E_D=0$ | $E_D \to \infty$ | $E_D=1$ | $0<E_D<1$ | $1<E_D<\infty$ |
|---|---|---|---|---|---|
| 降价的影响 | 收入减少 | 企业不会降价 | 收入不变 | 减少 | 收入增加 |
| 涨价的影响 | 收入增加 | 零 | 收入不变 | 增加 | 收入减少 |
| 企业价格决策 | 适当涨价 | 不变 | 降价或涨价 | 适当涨价 | 适当降价 |

# 第二节　需求收入弹性

## 一、需求收入弹性的内涵

在日常生活中我们经常会有这样的感觉,当家庭收入由低到高不断增长的时候,对一些生活必需品如食品等的需求量没有发生很大的变化,而对一些高档消费品如外出旅游、高档服装等奢侈品的需求量会大幅提高。经济学家把这种现象归因为商品需求收入弹性。

需求收入弹性是指一种商品需求量的变动相对于收入变动的反应程度。通常用需求收入弹性系数来表示需求收入弹性的大小,即商品需求量变动的百分比与消费者收入变动百分比的比值。

需求收入弹性的计算公式为

需求价格弹性＝需求量变动的百分比÷收入变动的百分比

需求收入弹性的一般公式为

$$E_M = \frac{\Delta Q}{Q} \div \frac{\Delta M}{M} = \frac{\Delta Q}{\Delta M} \times \frac{M}{Q}$$

式中,$E_M$ 为需求收入弹性系数;$Q$、$M$ 分别表示变动前的商品需求量和消费者收入;$\Delta Q$、$\Delta M$ 分别表示商品需求量和消费者收入的变化量。

【例 3-3】

某商品的需求如表 3-3 所示。

表 3-3　某商品的需求

| 收入 $M$(元) | $\Delta M$(元) | 需求量 $Q$(个) | $\Delta Q$ |
|---|---|---|---|
| 30 000 | | 200 | |
| 50 000 | 20 000 | 300 | 100 |

根据需求收入弹性的一般公式计算如下:

$$E_M = \frac{\Delta Q}{Q} \div \frac{\Delta M}{M} = \frac{\Delta Q}{\Delta M} \times \frac{M}{Q}$$

$$= \frac{100}{20\ 000} \times \frac{30\ 000}{200}$$

$$= 0.75$$

由于大多数商品需求量和消费者收入的变动方向是相同的,所以需求收入弹性一般为正数。除以上计算公式外,与需求价格弹性的计算类似,需求收入弹性也有点弹性和弧弹性两种,其计算公式分别为

需求收入点弹性:

$$E_M = \lim_{\Delta M \to 0} \frac{\Delta Q}{\Delta M} \times \frac{M}{Q} = \frac{dQ}{dM} \times \frac{M}{Q}$$

需求收入弧弹性:

$$E_M = \frac{\Delta Q}{\Delta M} \times \frac{M_1 + M_2}{Q_1 + Q_2}$$

## 二、需求收入弹性的分类

和需求价格弹性一样,根据需求收入弹性公式的计算结果,可以把需求收入弹性分为以下五种类型。

（一）$E_M = 0$,需求收入完全无弹性

需求收入弹性系数等于零的情况,即 $E_M = 0$,称为需求收入完全无弹性,它表示无论收入如何变动,需求量都不会变动。现实中比较接近这种情况的商品是食盐。

（二）$E_M > 1$,需求收入富有弹性

需求收入弹性系数值大于 1 的情况,即 $E_M > 1$,称为需求收入富有弹性,它表示需求量的变动率大于收入的变动率。现实中高档消费品、耐用消费品和奢侈品的需求收入一般都富有弹性。

（三）$E_M = 1$,需求收入单位弹性

需求收入弹性系数值等于 1 的情况,即 $E_M = 1$,称为需求收入单位弹性,它表示需求量的变动率与收入的变动率相等。衣服是目前公认的比较接近需求收入单位弹性的商品。

（四）$0 < E_M < 1$,需求收入缺乏弹性

需求收入弹性系数值小于 1 的情况,即 $0 < E_M < 1$,称为需求收入缺乏弹性,它表示需求量的变动率小于收入的变动率。生活必需品一般是需求收入缺乏弹性商品。

（五）$E_M < 0$,需求收入负弹性

需求收入弹性系数为负数的情况,即 $E_M < 0$,称为需求收入负弹性,它表示当收入增加时,对该商品的需求量反而减少;而当收入减少时,对该商品的需求量反而增加。现实生活中的公共交通、肥肉等低档商品类似这种需求收入负弹性商品。

**案例 3-1**

### 全球 22 国恩格尔系数一览：中国已成富裕国家

网易财经 2013 年 3 月 13 日讯《经济学人》最新公布了一份全球 22 国的恩格尔系数，其中美国恩格尔系数最低，人均每周食品饮料消费 43 美元，占人均收入的 7%；英国人均每周食品饮料消费与美国相同，占人均收入的 9%。中国人均每周食品饮料消费 9 美元，占人均收入的 21%。

恩格尔系数（Engel's Coefficient）是食品支出总额占个人消费支出总额的比重。家庭收入越少，用来购买食物的支出所占的比例就越大，随着家庭收入的增加，家庭收入所用来购买食物的支出比例则会下降。

联合国根据恩格尔系数的大小，对世界各国的生活水平有一个划分标准，即一个国家平均家庭恩格尔系数大于 60% 为贫穷；50%～60% 为温饱；40%～50% 为小康；30%～40% 属于相对富裕；20%～30% 为富足；20% 以下为极其富裕。

虽然恩格尔系数理论并不绝对严谨，但也可以从一个侧面衡量一个家庭或一个国家的富裕程度。例如，韩国在 1975 年恩格尔系数约为 30%，随着 30 多年的经济发展，如今的恩格尔系数仅为 12%，这意味着韩国人 88% 的收入都用于吃喝以外的非刚性消费。而匈牙利人则将其收入的 10% 贡献给了烟酒。

资料来源：网易财经. 全球 22 国恩格尔系数一览：中国已成富裕国家[EB/OL]. http://money. 163. com/13/0313/16/8PS3DI2200253G87. html. (2013-03-13)

根据计算结果和现实社会统计结果，经济学中把 $E_M > 0$ 称为正常商品。

正常商品包括 $E_M > 1$、$E_M = 1$ 和 $0 < E_M < 1$ 的三类商品，分别对应生活中的奢侈品、特殊必需品和日常生活必需品。

随着社会经济的发展和人们收入水平的提高，生活必需品和高档消费品以及奢侈品的概念范畴也在不断发展变化，如皮鞋过去是奢侈品，现在可归于生活必需品。

而把 $E_M \leqslant 0$ 的商品称为特殊商品或低档商品，因为这类商品不符合需求定理。

**案例 3-2**

### 中国人境外旅游消费跃居世界第一

新浪财经讯 北京时间 2013 年 4 月 5 日凌晨消息，联合国世界旅游组织（UNWTO）周四发布的数据显示，在出国旅游人数连续 10 年强劲增长后，2012 年中国已超越德国和美国等国，成为世界最大国际旅游消费国。

数据显示，2012 年中国游客海外旅游消费额达 1020 亿美元，较 2011 年的 730 亿美元增长 41%，创下历史新高。而同期德国和美国游客的海外旅游消费额均为不到 840 亿美元。

2000—2012 年，中国海外旅游的游客人数从 1000 万增加到了 8300 万，其旅游消费额增长了近八倍。世界旅游组织指出，以境外旅游消费额来衡量，中国在 2005 年排名世界第七，此后陆续超过意大利、日本、法国和英国，2012 年更超过此前长期占据前两位的德国和美国,跃居世界第一。

除中国外,其他几个新兴经济国家的旅游经济也在振兴中。俄罗斯的境外旅游消费2012年达到430亿美元,比上一年增加32%,跃居世界第五。巴西未能挤进前十名,但也以220亿美元排在第12位,和2005年的第29位相比显著提高。

世界旅游组织秘书长瑞法依表示,新兴经济体仍然带动着世界旅游需求的增长,中国和俄罗斯令人瞩目的旅游消费增长显示了两国中产阶级力量的蓬勃壮大,也必然会对全球旅游格局产生新的影响。

发达国家方面,美国和德国的境外旅游消费额均增长6%,加拿大增长7%,英国增长4%,日本增长3%。但也有部分发达国家的境外旅游消费额下降,如法国下降6%,意大利下降1%。

中国境外旅游消费增长如此之快,原因在于境外旅游是富有收入弹性的商品,即随着人们收入水平的提高,对旅游产品特别是境外旅游这种高档消费品的需求随之增加,并且其需求的增加率大于收入的增加率。改革开放以来,我国居民收入水平年均增长达到12%,所以中国人境外旅游消费年均增长率很快,加上庞大的人口基数,使得我国境外旅游消费人数一跃成为世界第一。

资料来源:新浪财经. 中国人境外旅游消费跃居世界第一[EB/OL]. http://finance.sina.com.cn/world/20130405/020815053185.shtml. (2013-04-05)

## 三、需求收入弹性的应用

需求收入弹性反映了消费者收入变化对商品需求的影响程度,它对生产具有不同需求收入弹性商品的企业、一个企业内部调整产品结构以及政府经济政策的制定等都具有重要的作用。

### (一) 对生产需求收入弹性不同的商品的企业

对于生产需求收入弹性高的商品的企业来讲,在国民经济上升期间也就是社会收入增加时,会有很好的企业发展计划,所以,对国民经济活动的预测在这些企业制订生产发展计划时发挥着重要作用。

对于生产需求收入弹性低的商品的企业来讲,对国民经济发展水平的反应整体上不太灵敏,但这也有好处,因为这类企业基本上不害怕经济萧条和人们收入的减少。对生产需求收入弹性低的商品的企业,由于不能充分享受国民经济成长即生活收入总体上升的利益,需要随着社会经济的发展,进入别的部门和行业寻找较好的发展机会。

### (二) 对生产多种收入弹性商品的单个企业

对单个企业来讲,需求收入弹性是确定企业产品结构调整方向的重要依据。

当国民经济快速发展即社会收入增加时,企业应努力增加需求收入弹性大的商品生产,以取得更多的销售收入;对于需求收入弹性较小的生活必需品,可大体上稍微增加,因为即使人们收入大幅上升,对生活必需品的消费也不会增加很多;对于需求收入弹性系数为负数的那些低档消费品来讲,当社会收入增加时,企业应该及时减少其产量。

当国民经济处于萧条阶段也就是社会收入减少阶段时,高档消费品的需求会迅速下降,所以应该及时减少其产量;生活必需品可以略微减产;由于低档消费品需求量会迅速上升,企业应该及时增加其产量。

随着社会经济的发展,国民收入总体处于不断上升的态势,因此同一个商品在不同的经济发展时期其需求收入弹性会出现不同的变化,也可以说,原来弹性高的高档奢侈品也可能变为社会必需品甚至是低档商品。如果企业产品缺少变化,就会落后于社会前进的步伐,因此,企业在进行产品结构决策时,一定要注意其内部产品结构的动态组合。

同时,需求收入弹性还能在企业的销售活动中起重要的作用。如果人均收入或户均收入被发现是决定某种产品需求的一个重要因素,这就可能影响产品销售的区域与销路的性质。需求收入弹性可能对广告宣传与其他推销活动有影响。例如,许多提供高收入弹性商品的企业,致力于向商业界、法律界、医疗界等的年轻专业人员进行广告宣传,主要是因为随着这些人收入的增加,将来和他们做交易的可能性很大。

### (三)对政府制定经济政策

需求收入弹性问题在若干关键国民经济部门中显示了其重要性。例如,多年来农业发生了许多问题,其部分原因在于很多食品的需求收入弹性小于1,这一事实使得农民的收入难以赶上城市工人,需要政府制定经济政策时适当考虑行业产品特点,不致因此出现农业生产受损而威胁国家产业结构健康发展的问题。

## 第三节　需求交叉弹性

### 一、需求交叉弹性的内涵

需求交叉弹性是指一种商品需求量的变动相对于另一种商品价格变动的反应程度。通常用需求交叉弹性系数来表示需求交叉弹性的大小,即一种商品需求量变动的百分比与另一种商品价格变动的百分比的比值。

需求交叉弹性的计算公式为

需求交叉弹性＝一种商品需求量变动的百分比÷另一种商品价格变动的百分比

需求交叉弹性的一般公式为

$$E_{XY} = \frac{\Delta Q_X}{Q_X} \div \frac{\Delta P_Y}{P_Y} = \frac{\Delta Q_X}{\Delta P_Y} \times \frac{P_Y}{Q_X}$$

式中,$E_{XY}$代表需求交叉弹性系数;$P_Y$表示 Y 商品的价格;$\Delta P_Y$表示 Y 商品价格的变动量;$Q_X$表示 X 商品原来的需求量;$\Delta Q_X$表示因 Y 商品价格的变动所引起的 X 商品需求量的变动量。

和需求价格弹性、需求收入弹性一样,需求交叉弹性也有点弹性和弧弹性两种计算方法。

**【例 3-4】**

A 企业和 B 企业是生产同一类商品的竞争对手,A 企业根据资料计算出本企业与 B 企业之间产品的需求交叉弹性为 0.9。如果 A 企业知道 B 企业将产品价格从 200 元调整到 160 元时,而 A 企业还保持价格不变,请问,这时市场对 A 企业产品的需求量会发生怎样的变化?

**解**:根据需求交叉弹性公式:

$$E_{AB} = \frac{\Delta Q_A}{Q_A} \div \frac{\Delta P_B}{P_B}$$

$$0.9 = \frac{\Delta Q_A}{Q_A} \div \frac{200 - 160}{200}$$

$$\frac{\Delta Q_A}{Q_A} = 0.9 \times 0.2 = 0.18$$

因此,市场对 A 企业产品的需求量将会下降 18%。

## 二、需求交叉弹性的分类

需求交叉弹性可以是正值,也可以是负值,它取决于商品之间关系的性质,即两种商品是替代关系还是互补关系。具有互补关系的商品称为互补品,具有替代关系的商品称为替代品。

**(一)$E_{XY} < 0$**

对于互补商品来说,一种商品需求量与另一种商品价格之间呈反方向变动,所以其需求交叉弹性系数为负值。比如,照相机和胶卷,录音机和磁带等之间是功能互补性商品,它们之间的需求交叉弹性系数就是负值。一般情况下,功能互补性越强的商品需求交叉弹性系数的绝对值越大。

**(二)$E_{XY} > 0$**

对于替代商品来说,一种商品需求量与另一种商品价格之间呈同方向变动,所以其需求交叉弹性系数为正值。如茶叶和咖啡、橘子和苹果等,这些商品之间的功能可以相互替代,其需求交叉弹性系数就是正值。一般来说,两种商品之间的功能替代性越强,需求交叉弹性系数的值就越大。

**(三)$E_{XY} = 0$**

若两种商品的需求交叉弹性系数为零,则说明 X 商品的需求量并不随 Y 商品价格的变动而发生变动,两种商品既不是替代品,也不是互补品。

### 案例 3-3

**两个需求交叉弹性应用的小案例**

需求交叉弹性为负值的两种商品之间是互补关系。经营畅销产品的互补产品不失为一种很好的思路。如有的中小企业,随着汽车消费量的增大,靠着与汽车配套的思路,生产车用地毯、车灯、反光镜等配件,结果取得了良好的经营业绩。

珠海中富集团一开始是十几个农民建立的一家小企业,最初为可口可乐提供饮料吸管,后来生产塑料瓶和瓶盖。可口可乐在哪里建厂,中富就在哪里建配套厂。靠这种积极合作的策略,中富如今已发展成为年销量超过十亿元人民币的大公司。

需求交叉弹性为正值的两种商品之间是替代关系。懂得这一点对企业制定合理价格有很大帮助。大维西服和杉杉西服都是国内的知名品牌,对消费者来说大维西服与杉杉西服提供的商品效用是相同的,它们是相互替代的产品。

众所周知,为了提高市场占有率,两家企业都不惜投入大量的金钱做广告,进行非价格的竞争。但如果只注意非价格的竞争而忽视价格竞争也会失去市场。如大维坚持高价格政策,杉杉采取“薄利多销”的低价格政策,西装属于富有弹性的商品,因此消费者就会由于杉杉西装价格下降而增加杉杉西装的购买,大维就会失去一部分市场份额。因此,大维应根据需求交叉弹性的特点正确判断自己的市场定位,制定合适的市场价格,预防不利于自己生存和发展的情况发生。

## 三、需求交叉弹性的应用

需求交叉弹性对企业价格决策和进行销售数量的估计都很有用。

### (一)形成组合生产经营模式

可以通过把需求交叉弹性较大的若干种商品集中在一起组成一种工业或形成一种商店来进行生产和经营,常常会收到较高的经济效益。

### (二)有利于企业制定自身产品价格策略

特别是对于某些大型企业,往往拥有多条生产线,同时生产相互替代或相互补充的产品,用需求交叉弹性分析各种产品之间的风险问题,从整体目标出发,统筹规划,协调好交叉产品的营销策略是十分必要的。

### (三)有助于企业制定正确的产品竞争策略

企业可以利用需求交叉弹性测定各部门之间的产品交叉关系,制定正确的产品竞争策略。

例如,20世纪70年代末期,汽车业竞争加剧,美国的“通用”和日本的“丰田”在生产经济车方面竞争十分激烈。以生产小型、廉价、高技术的绅宝——“经济车”的小公司,也面临抉择,要么改为生产汽车配件,要么继续生产“经济车”,要么争取生产“昂贵车”。

绅宝公司通过对“昂贵车”的市场调查,分析预测出“昂贵车”的需求价格弹性以及相对于各种“经济车”的需求交叉弹性,1979年推出全新的SAAB900型蜗轮增压“昂贵车”,在与美国“通用”和日本“丰田”等“经济车”激烈的市场竞争中取得胜利,1983年的销售增长率达 42%,成为所有汽车行业中销售增长率最高的一家。

小公司以少量的财力、较小的生产能力却在激烈的市场竞争中脱颖而出,其原因之一就是受益于需求交叉弹性理论的应用。

### (四)为企业制定价格竞争策略提供依据

在激烈的市场竞争中,需求交叉弹性信息可以为企业的价格竞争策略提供依据。

比如,"长虹"厂商在考虑降价策略时,一定需要估测到它的替代产品诸如"TCL""海信""康佳"等厂商可能产生的反应,并进一步分析预测对手的反应对自己的产品销售所产生的影响,从而判断自己的降价策略是否可行。"饮水机"制造企业很想知道"纯净水"的降价对"饮水机"的需求量有多大的促进作用,从而考虑是否应给予"纯净水"生产厂家一定的支持。

## 第四节　需求估计与需求预测

### 一、需求估计

#### (一)需求估计的概念

随着市场竞争的日益加剧,预测和把握市场长期、短期需求的变化是十分重要的,因为只有掌握这些变化,才能使得企业在规划生产、产品库存控制、广告投入、价格制定等许多方面做出更好的检测。而通常使用的反映市场需求变化的需求函数是经营性的需求函数,也就是说,需求函数不是从公理出发演绎推理出来的,而是在市场实际可得到的经验数据的基础上估计得到的。

需求估计就是对一种产品的需求量与影响需求量的诸多因素之间的具体关系做出估计,从而得到该产品的需求函数(曲线)。

#### (二)需求估计的程序

一般来讲,需求估计的基本程序如下。

**1. 确定估计目标**

明确估计目标是需求估计的首要任务。企业在管理的各个阶段对需求了解的内容通常是不同的,比如可能是一个销售情况的总结,也可能是制作一个销售计划。不同的估计目的和估计目标,需要我们考虑的问题内容不相同,采取的估计方法和思路也不相同。

**2. 明晰需求影响因素**

影响商品需求量的因素有很多,既有自身价格、质量、包装、广告等因素,也有相关产品价格、收入水平、消费者对未来的预期以及心理偏好等方面的因素,一些特殊商品还有一些特殊的影响因素。因此,在进行需求估计时,只需也只能涉及一些主要影响因素来进行考虑。

### 3. 获取整理数据

需求数据的获取有多种途径,可以从相关数据部门获取,企业也可以直接进行调查。为了确保数据的准确完备,获取数据以后还需要进行一定的核对整理工作。

### 4. 确定影响因素的权重

在进行数据处理时,根据各影响因素对需求量影响重要程度的不同,在进行需求估计过程中需要对各影响因素的相对重要性分配以不同的权重数值。

### 5. 进行需求估计

在上述程序完成以后,选择正确的估计方法对产品的需求函数进行估计。估计方法的选择是需求估计工作的关键。

#### (三)需求估计的方法

#### 1. 访问调查法

访问调查法也称访谈法,是访问者通过口头交谈、电话或书信等方式直接向被调查者了解情况,以获取所需资料的调查方法。在企业实际调查中,访问调查法属于一种定性调查。

访问调查法有标准化、非标准化和半标准化三种类型。

(1)标准化的访问调查是按照统一设计、有一定结构的问卷所进行的访问。它要求调查者在访问调查中所选择的访问对象符合标准,访问中所提的问题及顺序、提问的方式以及调查结果都严格按照既定的要求行事。标准化的调查整体过于呆板。

(2)非标准化的访问调查是调查者按照某一粗线条提纲进行访问调查,它有基本的标准化要求,但访问者可以灵活掌握一些具体的方式方法和环境等。

(3)半标准化的访问调查则是根据拟定好的访问提纲进行主要问题的调查。

总体来讲,访问调查法具有一定的效度和信度,但其一个潜在的问题是被调查者的回答不一定代表其实际行动,这一缺点需要访问调查法和市场方法(市场实验法)结合起来使用,以保证调查结果真实反映市场情况。

 **案例 3-4**

#### *由访问调查法得出的需求*

某企业在1000人中调查 A 产品的需求量,调查表列出了五种价格水平,要求被调查者在每一种价格上表示购买意见,共有六种意见可供选择:①肯定不买;②不一定买;③可能买;④较可能买;⑤很可能买;⑥肯定买。调查结果如表3-4所示。

表3-4　A产品需求量访问调查表

| 价格(元) | 各种意见人数 | | | | | |
|---|---|---|---|---|---|---|
| | ① | ② | ③ | ④ | ⑤ | ⑥ |
| 9 | 500 | 300 | 125 | 50 | 25 | 0 |
| 8 | 300 | 225 | 175 | 150 | 100 | 50 |

续表

| 价格(元) | 各种意见人数 | | | | | |
|---|---|---|---|---|---|---|
| | ① | ② | ③ | ④ | ⑤ | ⑥ |
| 7 | 100 | 150 | 250 | 250 | 150 | 100 |
| 6 | 50 | 100 | 100 | 300 | 250 | 200 |
| 5 | 50 | 25 | 50 | 225 | 300 | 400 |

调查组把每种意见的购买概率定为:①0;②0.2;③0.4;④0.6;⑤0.8;⑥1.0。为了获得需求估计所需要的数据,要根据概率计算每种价格水平上的期望需求量。

例如,价格为 9 元时的期望需求量为:

$$500\times0+300\times0.2+125\times0.4+50\times0.6+25\times0.8+0\times1.0=160(个)$$

同理,用加权平均法分别计算出价格为 8 元、7 元、6 元和 5 元时的期望需求量,结果如表 3-5 所示。

表 3-5　A 产品不同价格条件下的期望需求量

| 价格(元) | 5 | 6 | 7 | 8 | 9 |
|---|---|---|---|---|---|
| 期望需求量(个) | 800 | 640 | 500 | 335 | 160 |

把这些数据画在坐标图上,并作一条直线来拟合这些数据,那么这条估计出来的需求函数是:

$$Q=1598.4-158.7P$$

### 2. 市场实验调查法

市场实验调查法是指从影响调查问题的诸多因素中选出一个到两个因素,将它们置于一定条件下进行小规模的实验,然后对实验结果做出分析的调查方法。市场实验调查法应用范围非常广,凡是某一种商品需改变包装、设计、价格和广告策略时都可应用。

1) 市场实验调查法的优缺点

市场实验调查法是一种具有实践性、动态性、综合性的直接调查方法,它具有其他调查方法所没有的优点,同时也有自身的局限性。

(1) 市场实验调查法的优点有四个方面。

一是能够在市场现象的发展变化过程中,直接掌握大量的第一手实际资料。这是市场实验调查法最突出的优点,也是其他调查方法不能做到的。

二是能够揭示或确立市场现象之间的相关关系。

三是市场实验调查法还具有可重复性,这使得实验调查的结论具有较高的准确性,具有较大的说服力。

四是市场实验调查法还特别有利于探索解决市场问题的具体途径和方法。因为只有经过实践检验的方针政策、措施方法,才能证明其正确性和可行性,实验调查过程恰恰起到了这个作用。

(2) 市场实验调查法的局限性主要表现在以下四个方面。

一是在对实验对象和实验环境的选择上,不具有充分的代表性。

二是实验调查的结论总带有一定的特殊性,其应用范围很有限。

三是在实验调查中,人们很难对实验过程进行充分有效的控制。这是因为很多影响因素是无法也不能排除的,而对它们又很难一一测定或综合测定出来,因此准确区分和检测实验效果与非实验效果就很困难,在实验效果中往往混杂着非实验因素的影响结果。

四是市场实验调查法对调查者的要求比较高,花费的时间也比较长。

2)几种常用的市场实验调查法

(1)单一实验组设计。

单一实验组设计就是只选择若干实验对象作为实验组,通过对实验活动前后实验对象变化结果的对比来做出实验结论,这是最简便的一种实验调查。

例如,某饼干生产企业为了提高占有率,想通过改变饼干产品外包装样式来促进销售,并聘请了专业人员重新设计了新包装。为了检验新包装的实际效果,企业选取了A、B、C三种饼干作为实验对象,分别采用新包装样式,并记录下改变包装样式前一个月和后一个月的销售量,进行对比决定是否对所有的产品都采用新包装样式。这三种饼干的市场销售量如表3-6所示。

表3-6 某饼干企业采用新包装样式前后的销售量 单位:箱

| 饼干 | 采用新包装前一个月销售量 | 采用新包装后一个月销售量 | 实验差异 |
| --- | --- | --- | --- |
| A | 2000 | 2400 | +400 |
| B | 1300 | 2200 | +900 |
| C | 5900 | 8000 | +2100 |
| 合计 | 9200 | 12 600 | +3400 |

根据表3-5结果可知,采用了新包装的这三种饼干的销售量都有很大增幅,说明新包装样式适应了市场需求,增加了对消费者的吸引力,因此该企业应该全面采用这种新包装样式。

应用这种单一实验组前后对比的实验方法,虽然比较简单易行,但在实践中往往显得不够完美。因为市场现象作为实验对象,可能会受到诸多因素的影响,而并不会仅受实验自变量一个因素的影响。单一实验组前后对比实验,只有在实验者能有效排除非实验变量的影响,或者有充分把握可认为非实验变量的影响很小,可忽略不计的情况下,实验效果才能够充分成立。

(2)采取实验组与对照组进行对比实验。

为了解决单一实验组的不足,采取实验组与对照组对比实验,这种方法是选择若干实验对象作为实验组,同时选择若干与实验对象相同或相似的调查对象作为对照组,并使实验组与对照组处于相同的实验环境之中;实验者只对实验组给予实验活动,对照组不给予实验活动;根据实验组与对照组的对比,得出实验结论。

例如,某速冻包子生产企业为了适应消费者口味的多样化需求,改变了其产品的配料,为了了解消费者对其改变配料新产品的反应,选择A、B、C三个超市作为实验组,再选择D、E、F另外三个店面环境和销售量基本相同的三个超市作为对照组进行销售。一个月后,销售结果如表3-7所示。

表 3-7 新旧配料包子在超市的销售量 单位:个

| 组 别 | 超市 | 新配料包子销售量 | 旧配料包子销售量 |
|---|---|---|---|
| 实验组 | A | 28 000 | — |
| | B | 21 000 | — |
| | C | 43 000 | — |
| 对照组 | D | — | 23 000 |
| | E | — | 17 000 |
| | F | — | 38 000 |
| 合 计 | — | 92 000 | 78 000 |

根据表 3-7 数据可知,针对原来销售量大致相同的两个组别的超市,一个月内旧配料包子共销售了 78 000 个,新配料包子共销售了 92 000 个,增加了 14 000 个的销量,这说明改变配料是对企业有利的。

实验组与对照组对比实验,是在实验组与对照组具有可比性,即两组及所处环境相似的条件下进行的,因此实验效果的检测具有较高的准确性。但它是对实验组和对照组都采取实验后检测,这种检测实际上仍无法反映实验前后非实验变量对实验对象的影响。为了弥补这一点,可将上述两种实验设计综合考虑。

(3) 实验组与对照组前后对比实验。

对照组实验前后与实验组实验前后之间进行对比。它既不同于单一实验组前后对比实验,仅就实验组进行对比;也不同于实验组与对照组对比实验,仅就实验后检测进行对比。而是对实验组和对照组都进行实验前后对比,再将实验组与对照组进行对比。

例如,上面新旧配料包子生产企业进行市场实验前,也可以各选择三个超市分别组成实验组和对照组,其中对照组始终销售旧配料的速冻包子,然后对月度销售量进行实验前后对比,得到相应的结果如表 3-8 所示。

表 3-8 速冻包子新旧配料销售量的双组对比 单位:个

| 组 别 | 超市 | 一个月前的销售量 | 一个月后的销售量 | 实验差异 |
|---|---|---|---|---|
| 实验组<br>(前后配料有差别) | A | 22 500 | 28 000 | +15 000 |
| | B | 18 000 | 21 000 | |
| | C | 36 500 | 43 000 | |
| 对照组<br>(始终旧配料) | D | 23 000 | 23 500 | +2000 |
| | E | 17 000 | 17 000 | |
| | F | 38 000 | 39 500 | |

从表 3-8 可以看出,一个月前实验组的旧配料包子的销售量为 77 000 个,改变配料后销售量达到了 92 000 个,增加了 15 000 个,这种变化包含了包子配料改变这一实验变量对销售的影响,也包含了其他非实验变量的影响;对照组前后销售的都是旧配料的包子,一个月前销售 78 000 个,一个月后销售 80 000 个,增加了 2000 个的销售量,这个增加量就不包括实验变量的影响,只是其他非实验变量影响的结果。

实验结果是从实验变量和非实验变量共同影响的销售增加量中,减去由非实验变量影响的销售增加量,在这个例子中,实验结果就是 15 000−2000＝13 000(个),这 13 000 个的销售增加量反映了配料改变对包子销售量的影响,从结果看这个改变对企业是有利的。

这种方法实际上是一种双重对比的实验法,它吸收了前两种方法的优点,也弥补了前两种方法的不足。

**3. 回归分析法**

估计需求函数最常用的方法是利用实际收集到的一组数据进行回归分析,这种方法较为客观,通过它得到的信息比较完全和精确。

为了完成回归分析,必须首先构造一个需求函数并确定函数的具体形式;其次再在收集数据的基础上用回归分析法求出函数的具体参数值;最后还需要检验回归结果对数据的拟合程度,以及回归分析的前提条件是否成立,因为一个没有显著函数关系或回归分析前提条件不成立的回归分析结果是没有意义的。

1) 影响变量的选取

一般形式的需求函数,就一个具体的回归分析而言,各个变量必须具有特定的含义。在进行回归分析时,应该对研究对象具有深入的了解,否则在函数构造这一步可能会漏掉一些很重要的解释变量。在进行回归分析时应注意不要漏掉重要的解释变量,但这并不意味着解释变量越多越好,因为在模型中包括一些并不重要的解释变量反而会引起一些统计上的问题。

一般来说,当解释变量超过 5～6 个时,就可能降低模型的自由度,甚至引起多重共线性问题,这些都会影响到模型的解释力。对于一些属性因素,如年龄、季节、性别等,如不同的属性表现对被解释变量有明显不同的影响时,还需设计虚拟变量。

2) 需求函数形式的确定

上面所构造的需求函数只涉及变量的选取,但为了完成回归分析,必须确定需求函数的具体形式。一种常被采用的函数形式是线性形式,当然,需求函数的形式也有非线性的。

3) 数据的收集

当模型的具体形式已经确定下来之后,需要针对模型中的变量收集样本数据。数据类型包括时序数据和截面数据。回归分析中也会碰到数据不足的情况,这时就不得不做一些理论上的简化。

例如,消费者偏好是一个很难量化的变量,对此可以假定在考察期内消费者偏好没有发生变化,还可以近似地用其他指标来反映消费者偏好的变化,比如可以认为消费者偏好的变化与企业的广告费用有较强的相关性,可以近似地以广告费用这一指标来代替消费者偏好作为模型的解释变量。

4) 建立回归方程及参数估计

用回归分析法进行估计的关键是需要选择建立具体的回归方程模型。一元线性回归方程模型表达一个主要影响因素变量对需求变量的影响。

现实中,某一现象的变动常受多种现象变动的影响,在这种场合,仅仅考虑单个变量是不够的,这就产生了测定多因素之间相关关系的问题。研究在线性相关条件下,两个或两个以上自变量对一个因变量的数量变化关系,称为多元线性回归分析,它是一元线性回归方程模型的扩展,其基本原理与一元线性回归方程模型相类似,只是在计算上比较烦琐。

如果因变量和自变量之间是非线性关系,就必须采用非线性回归方程模型,但对非线性回归方程模型的估计必须首先将其转化为线性函数,然后再利用线性回归方法估计各参数。

5）回归方程模型的检验

回归方程模型的检验主要包括以下三个方面的检验。

一是经济学检验。经济学检验主要是检验参数估计值的符号和取值区间所显示的自变量与因变量的变化关系是否与理论以及人们的实践经验相一致。

二是统计学检验。即利用统计学中的抽样理论来检验样本回归方程的可靠性。

三是经济计量学检验。在回归分析之前,需要提出一些假设前提,以便于使用回归方程,并做出一系列的推断。任何一条假设前提不符合都会使回归分析不尽合理,甚至误入歧途。所以当拟合出回归方程后,需要回过头来审查一下这些假定前提是否成立。如不成立,需作相应调整和改动。

## 二、需求预测

### (一) 需求预测的概念

作为商品的生产者和经营者,产品只有在市场上销售出去,才能获得利润,再生产才能得以继续进行。这就要求企业的决策者不仅要了解市场现状,而且要对其发展趋势做出科学预测。尽可能准确地预测未来前景,这是企业经营者最重要的职能之一。

需求预测是企业决策的基础和依据,有利于企业把握市场、生产出符合社会需要的产品。高精度的需求预测能促进企业不断发展,进入良性循环。

需求预测就是在市场调研基础上,利用一定方法和技术,测算未来一定时期内市场供求趋势和影响需求量因素的变化,从而为企业的管理决策提供科学的依据。

企业需求预测的中心内容是确定未来市场的需求总量。

### (二) 需求预测的程序

掌握市场需求预测的程序,是需求预测工作中最基本的一环,以此为基础,才能顺利地将预测工作进行到底。

#### 1. 确定预测目标

进行市场预测首先要明确预测的目标是什么。所谓目标,就是指预测的具体对象的项目和指标,为什么要进行这次预测活动,这次预测要达到什么直接目的。其次还要分析预测的时间性、准确性要求,划分预测的商品、地区范围等具体问题。

对市场经济活动可以从不同目的出发进行预测,预测目标不同,需要的资料、采取的预测方法也会有一些区别。有了明确的预测目标,才能根据目标需要收集资料,才能确定预测进程和范围。

确定了预测目标,接着要分析预测的时间性和准确性要求。如果是短期预测,允许误差范围要小,而中长期预测,误差在 20%～30% 则是允许的。预测的地区范围应是企业的市场活动范围,每次预测要根据管理决策的需要,划定预测的地区范围,过宽或过窄都会影响预测的进程。

**2. 收集整理资料**

进行预测必须有充分的市场信息资料,因此,在选择、确定市场预测目标以后,首要的工作就是广泛系统地收集与本次预测对象有关的所有数据和资料。收集资料是市场预测工作的重要环节。按照市场预测的要求,凡是影响市场供求发展的资料都应尽可能地收集。资料收集得越广泛、越全面,预测的准确度就会越高。在这里,市场调查材料是一个重要的信息来源。

收集的市场资料可分为历史资料和现实资料两类。历史资料包括历年的社会经济统计资料、业务活动资料和市场研究信息资料。现实资料主要包括目前的社会经济和市场发展动态,生产、流通形势,消费者需求变化等。收集到的资料,要进行归纳、分类、整理,最好分门别类地编号保存。在这个过程中,要注意标明市场异常数据,要结合预测进程,不断增加、补充新的资料。

收集完资料后,要对这些资料进行分析、判断。常用的方法是首先将资料列出表格,制成图形,以便直观地进行对比分析,观察市场活动规律。分析判断的内容还包括寻找影响因素与市场预测对象之间的相互关系,分析预测市场供求关系,分析判断当前的消费需求及其变化,以及消费心理的变化趋势等。

**3. 选择预测方法**

在分析判断的过程中,要考虑采用何种预测方法进行正式预测。市场预测有很多方法,选用哪种方法要根据预测的目的和掌握的资料来决定。各种预测方法有不同的特点,适用于不同的市场情况。

一般而言,掌握的资料少、时间紧,预测的准确程度要求低,可选用定性预测方法。掌握的资料丰富、时间充裕,可选用定量预测方法。在预测过程中,应尽可能地选用几种不同的预测方法,以便相互比较,验证其结果。

**4. 建立模型,进行计算**

市场预测是运用定性分析和定量测算的方法进行的市场研究活动,在预测过程中,这两方面不可偏废。

一些定性预测方法,经过简单的运算,可以直接得到预测结果。定量预测方法要应用数学模型进行演算、预测。预测中要建立数学模型,即用数学方程式构成市场经济变量之间的函数关系,抽象地描述经济活动中各种经济过程、经济现象的相互联系,然后输入已掌握的信息资料,运用数学求解的方法,得出初步的预测结果。

**5. 检验预测,完成预测报告**

通过计算产生的预测结果,是初步的结果,这一结果还要加以多方面的评价和检验,才能最终使用。检验初步结果,通常有理论检验、资料检验和专家检验。理论检验是运用经济学、市场学的理论和知识,采用逻辑分析的方法,检验预测结果的可靠性程度。资料检验是重新验证、核对预测所依赖的数据,将新补充的数据和预测初步结果与历史数据进行对比分析,检查初步结果是否合乎事物发展逻辑,符合市场发展情况。

专家检验是邀请有关方面的专家,对预测初步结果做出检验、评价,综合专家意见,对预测结果进行充分论证。

对预测结果进行检验之后,就可以着手准备编写预测报告了。与市场调查报告相似,预测报告也分为一般性报告和专门性报告,每次预测根据不同的要求,编写不同类型的报告。

**6. 验证和鉴别预测结果**

完成预测报告,并不是预测活动的终结,下一步还要对预测结果进行追踪调查。市场预测结果是一种有科学根据的"假定",这种"假定"毕竟仍要由市场发展的实际过程来验证,因此,预测报告完成以后,要对预测结果进行追踪,考察预测结果的准确性和误差,并分析总结原因,以便取得预测经验,不断提高预测水平。

**(三)需求预测的方法**

关于预测方法和技术的研究,可以构成一门学科,这里简要介绍需求预测的几种常用方法。

**1. 购买者意向调查法**

向潜在的客户发调查信或者直接咨询,调查他们在未来可能条件下会有怎样的购买行为,这样得来的信息资料有一定的可靠性,但是成本比较高。使用这种方法应该注意调查者的调查技巧是否能够得到真实的数据信息、调查对象的样本选择能否代表所有的顾客等问题。这种方法多用于工业用品和耐用消费品,适宜作短期预测。

**2. 综合销售人员意见法**

由于销售人员最接近市场,对消费者、竞争者和所在地区的经济形势与市场结构比较了解,接触面也广,因此,销售人员做出的预测是很有价值的。这种方法通过分别收集销售人员对预测指标估计的最大值、最可能值及最小值及其发生的概率,集中所有参与预测者的意见,整理出最终预测值。

**3. 专家意见法**

专家意见法简单地说就是通过征求有关专家的意见来确定需求预测值的方法。这种方法具体有三种形式。

1)小组讨论法

小组讨论法比较简单,就是通过召开专家会议进行集体讨论,进行需求预测。

2)单独预测集中法

单独预测集中法是通过专项负责人单独联系每个专家,然后将各个专家提出的预测值进行综合,得出预测结果。

3)德尔菲法

德尔菲法又称为专家意见法或专家函询调查法,是依据系统的程序,采用背对背的通信方式征询专家小组成员的预测意见,即团队成员之间不得互相讨论,不发生横向联系,只能与调查人员发生关系,经过几轮征询,以反复地填写问卷,使专家小组的预测意见趋于集中,最后做出符合市场未来发展趋势的预测结论。

德尔菲法有三个明显区别于其他专家意见法的特点。

（1）匿名性。因为采用这种方法时所有专家组成员不直接见面，只是通过函件交流，这样就可以消除权威的影响。这是该方法极其重要的特点。后来改进的德尔菲法允许专家开会进行专题讨论。

（2）反馈性。反馈法需要经过3～4轮的信息反馈，在每次反馈中调查组和专家组都可以进行深入研究，使得最终结果基本能够反映专家的基本想法和对信息的认识，所以结果较为客观、可信。小组成员的交流是通过回答组织者的问题来实现的，一般要经过若干轮反馈才能完成预测。

（3）小组的统计回答。最典型的小组预测结果是反映多数人的观点，少数派的观点至多概括地提及一下，但是这并没有表示出小组的不同意见的状况。而统计回答却不是这样，它报告1个中位数和2个四分点，其中一半落在2个四分点之内，一半落在2个四分点之外。这样，每种观点都包括在这样的统计中，避免了专家会议法只反映多数人观点的缺点。

因此，这种方法中专家既能够发表独立见解，又能够发挥集体的智慧，使得预测准确性高。

### 🍁 小贴士

#### 德尔菲法的起源演变

德尔菲法是在20世纪40年代由赫尔默（Helmer）和戈登（Gordon）首创，1946年，美国兰德公司为避免集体讨论存在的屈从于权威或盲目服从多数的缺陷，首次用这种方法来进行定性预测，后来该方法被迅速广泛采用。

20世纪中期，当美国政府执意发动朝鲜战争的时候，兰德公司又提交了一份预测报告，预告这场战争必败。政府完全没有采纳，结果一败涂地。从此以后，德尔菲法得到广泛认可。

德尔菲是古希腊地名。相传太阳神阿波罗（Apollo）在德尔菲杀死了一条巨蟒，成了德尔菲主人。在德尔菲有座阿波罗神殿，是一个预卜未来的神谕之地，于是人们就借用此名，作为这种方法的名字。

德尔菲法最初产生于科技领域，后来逐渐被应用于任何领域的预测，如军事预测、人口预测、医疗保健预测、经营和需求预测、教育预测等。此外，还用来进行评价、决策、管理沟通和规划工作。

#### 4. 市场试验法

有些时候，企业有必要通过直接的市场实验来得到预测结果。这种方法多用于投资大、风险高和有新奇特色产品的预测。

#### 5. 时间序列分析法

时间序列分析法是将某种经济统计指标的数值，按时间先后顺序排列形成序列，再将此序列数值的变化加以延伸，进行推算，预测未来发展趋势。时间序列分析法仅仅以被预测的历史观察数值为基础，它并不力求说明观察结果的主要因果关系。通常来讲，时间序列所表示变化趋势主要是受以下四种因素的影响。

（1）长期趋势。这是指一定时期内一个经济数据序列中的长期变化。

（2）周期。通常指的是在时间超过一年的经济序列中,存在着重大的扩张和收缩的周期性变动。如房地产市场存在着规则的、相对长期的需求扩张和收缩。

（3）季节效应。这种效应造成了一年之内的变动,而这种变动在不同年份或多或少是一致的。如保暖内衣需求在一年之内的秋天和冬初销售增长很快就是一个明显的季节效应的例子。

（4）不确定因素。一个时间序列还会受到基本上无法预见的不确定因素影响,例如战争、自然灾害和特殊的政府行动等。一个时间序列受不确定因素影响越大,其数据预测的准确性就越小。

### 6. 经济计量模型法

经济计量模型法实质上是回归模型法。在经济活动比较复杂、有多种影响因素相互作用并且其他预测方法预测又往往相互矛盾时,需要建立一个经济模型,它包括一个或一组方程,尽可能地考虑各种变量之间的相互关系,对未来经济发展和需求水平进行预测,并据此提出适当的政策。

经济计量模型法的优点主要是它能够寻求被预测经济现象的实际解释,同时,它不仅能够预测一个经济序列变化的方向,还能够预测变化量的大小。经济计量模型法由于可以进行重估参数来进行修正,因此具有一定的适应性。

经济计量模型法的建立涉及较具体的数学和统计学知识,将另有专门课程进行讨论。

### 7. 投入产出分析法

现实经济体系是紧密相连的,一个企业或行业需求的变化,会在很大程度上影响其他企业或部门需求量的变化,通过连带关系,进而影响整个国民经济。

投入产出分析法对于确定和定量研究企业或行业之间的这种联系是很有用的。这一方法不仅考虑直接影响,还考虑对国民经济其他部门的间接影响。直接和间接需要矩阵是用投入产出分析法进行预测的基本工具。

投入产出分析法的主要价值在于它考虑了企业和行业之间的相互联系。但是投入产出分析法假定所根据的比率是固定的。这一假设在技术变革十分迅速的环境下可能并不适用。

### ★ 重要概念

需求价格弹性　需求收入弹性　需求交叉弹性　需求估计　访问调查法　市场实验调查法　需求预测　德尔菲法

### ❓ 复习思考

1. 简述需求价格弹性与销售收入的关系。

2. 请用需求价格弹性理论解释"薄利多销"和"谷贱伤农"的经济学含义。

3. 影响商品需求价格弹性的主要因素有哪些?

4. 影响商品需求收入弹性的主要因素有哪些?

5. 简述需求收入弹性对企业经营决策的启示。

6. 简述需求估计的基本程序。

7. 简述需求预测的基本程序。

8. 某产品的需求价格弹性 $E_D = 1.2$,需求收入弹性系数为 $E_M = 3.0$,试求:

(1) 其他条件不变,价格提高 3% 对需求量的影响。

(2) 其他条件不变,收入增加 2% 对需求量的影响。

(3) 如果今年的销售量为 800 个单位,现假定明年价格提高 8%、收入增长 10%,请估计明年该商品会销售出多少个单位。

9. 一家企业对其产品进行需求预测,得到了其产品的市场需求曲线 $Q = 10 - 2P$。在价格 $P = 3$ 的基础上,如果该企业打算增加销售收入,那么根据需求弹性理论,分析企业应该提高价格还是降低价格。

# 第四章

# 生产决策分析

1. 了解短期生产函数；
2. 了解长期生产函数；
3. 掌握短期生产条件下生产的三个阶段；
4. 掌握最优生产要素的概念和类别。

技能要求

1. 理解短期生产条件下生产合理区域的范围；
2. 通过关键概念的学习，掌握短期生产函数的规律；
3. 通过关键概念的学习，掌握长期生产函数的规律。

引言

如何高效组合生产要素和经济资源来构筑企业生产的科学体系是企业参与市场经营活动的重要手段，是实现其利润最大化的必然途径。而企业的生产决策主要取决于物质生产的技术条件和生产要素的成本。

本章从生产函数出发，分析了短期生产条件下总产量、平均产量和边际产量的内涵，通过对三者之间关系的考察来分析生产的不同阶段，为企业确定短期的生产规模提供决策依据。通过对长期生产条件下等产量线、边际替代率、等成本线的分析来考察生产企业厂商在长期内实现生产要素最优组合的均衡条件。

因此，本章将主要阐述短期生产条件下生产阶段的确定和长期生产条件下最优生产要素组合的确定，并对规模经济和范围经济作简要介绍。

## 第一节　生产函数概述

### 一、生产和生产要素

#### （一）生产

生产是人类征服自然、改造自然、创造社会财富的过程，是人类生存和发展的基础。

所以,生产的含义十分广泛,它不仅仅意味着制造了一台机器或生产出一些钢材等生产有形产品的物质生产过程,还包含了各种各样的经济活动,如律师为他人打官司,商场的经营,医生为患者看病等。这些活动都涉及某个人或经济实体提供产品或服务。因此,简单地说,任何创造价值的活动都是生产。

从管理经济学的角度来讲,生产是生产者将其可以支配的生产要素(经济资源)转变为物质产品或服务的过程,是指将投入转变为产出的行为或活动。

所有生产者都可以称为厂商或企业,这些厂商或企业是从事生产活动以获取经济利润的经济单位。

经济学在分析厂商或企业行为时,假定厂商或企业都是具有完全理性的经济人,其生产经营的长期或者说最终目的是追求利润最大化,也就是说要么在既定产出量的条件下实现成本最小化,要么在既定成本的条件下达到产出量最大化。简单地说,整个生产决策分析的前提条件是假定企业的目标是追求利润最大化。

### (二)生产要素

生产要素也叫经济资源,是指进行社会生产经营活动时所需要的各种社会资源,是维系国民经济运行及市场主体生产经营过程中所必须具备的基本因素。生产要素是经济学中的一个基本范畴。现代西方经济学认为生产要素包括劳动、土地、资本、企业家才能四种。

(1)劳动,是指人们在生产过程中提供的体力和脑力的总和。

(2)土地,不仅指土地本身,还包括地上和地下的一切自然资源,如森林、江河湖泊、海洋和矿藏等。

(3)资本,资本可以表现为实物形态或货币形态。资本的货币形态又称为货币资本;资本的实物形态又称为资本品或投资品,如厂房、机器、原材料等。

(4)企业家才能,是指企业家组织建立和经营管理企业的才能,包括企业家的组织能力、管理能力与创新能力。

微观经济学认为,在生产相同数量的产品时,可以多用资本少用劳动,也可以多用劳动少用资本。但是,劳动、土地和资本三要素必须予以合理组织,才能充分发挥生产效率,因此,为了进行生产,还要有企业家将这三种生产要素组织起来,企业家才能和前三个要素的关系不是相互替代的关系,而是相互补充的关系。

企业家才能具体体现在以下四个方面:①企业家将土地、劳动和资本整合在一起,用来生产商品或服务;②企业家是发明家,他通常会设计或规划新产品、新技术,甚至是新经济组织;③企业家为企业做出战略决策;④企业家同时承担风险,他无法保证收益或是亏损,并且企业所承担的风险,包括企业家自己的投资和其合伙人投资都由企业家的决策决定。

### 案例 4-1

#### 财富 500 强公司 CEO 薪水排名:迪士尼第一

网易财经 2013 年 3 月 28 日讯　作为承受着巨大压力的公司 CEO,他们的收入也非常丰厚,尤其在公司业绩良好,股票在市场上表现强劲之时,更让他们赚得盆满钵满。《今日美国》对财富500强中在3月22日之前发布公告,并在2012财年未更换过CEO的公司进行了统计。

在170家公司的CEO中,约有16位CEO年薪超过2000万美元,2位超过3000万美元。迪士尼CEO罗伯特·伊格尔薪酬最高,约为3710万美元。科技企业中有81%的CEO工资较前一年有所增长,而这170家公司的CEO平均薪水都较前一年增长了9%。

这个数据说明,高薪其实是企业家才能的回报,是反映企业家才能在生产经营管理中重要程度的一种体现。

## 二、生产函数

### (一)生产函数的概念和表达式

**1. 生产函数的概念**

生产函数是指在一定时期内,在技术水平不变的情况下,生产中所使用的各种生产要素的数量与所能生产的最大产量之间的关系。它既可以用于描述某个企业或行业的生产特征,也可以作为总生产函数应用于整个经济。

生产函数所表明的是一种技术关系,是对企业生产经营功能的量化描述。在新古典经济学的生产分析中,通常把企业视为将投入组合转化为产出的"黑匣子"。生产函数可以用一个数理模型、图表或图形来表示。

在处理实际的经济问题时,生产函数不仅是表示投入与产出之间关系的对应,更是一种生产技术的制约。

例如,在考虑成本最小化问题时,必须考虑到技术制约,而这个制约正是由生产函数给出的。

**2. 生产函数的表达式**

假定 $x_1, x_2, \cdots, x_n$ 顺次表示某产品生产过程中所使用的 $n$ 种生产要素的投入数量,$Q$ 表示所能生产的最大产量,则生产函数可以写成以下的形式:

$$Q = f(x_1, x_2, \cdots, x_n)$$

在经济学分析中,生产函数被表示为

$$Q = f(L, K, N, E)$$

式中,$Q$ 代表产量;$L$ 代表投入的劳动;$K$ 代表资本;$N$ 代表土地;$E$ 代表企业家才能。其中 $N$ 是固定的,$E$ 难以估算,所以通常只使用劳动($L$)和资本($K$)这两种生产要素,生产函数可以写成:

$$Q = f(L, K)$$

### (二)生产函数的特点

从定义可以看出生产函数有以下两个特点。

一是生产函数反映的是在既定的生产技术条件下投入和产出之间的数量关系。如果技术条件改变,必然会产生新的生产函数。

二是生产函数反映的是某一特定要素投入组合在现有技术条件下能且只能产生的最大产出。

### (三)生产函数的分类

#### 1. 按照可变投入要素的数量

按照可变投入要素的数量,生产函数分一种可变投入生产函数和多种可变投入生产函数。

1)一种可变投入生产函数

对既定产品,技术条件不变、固定投入(通常是资本)一定、一种可变动投入(通常是劳动)与可能生产的最大产量间的关系,通常又称作短期生产函数。

2)多种可变投入生产函数

在考察时间足够长时,可能两种或两种以上的投入都可以变动,甚至所有的投入都可以变动,通常称为长期生产函数。

#### 2. 常见的生产函数

经济分析中常见的生产函数有两种。

1)固定投入比例生产函数

固定投入比例生产函数是指在每一个产量水平上任何一对要素投入量之间的比例都是固定的生产函数。

2)柯布—道格拉斯生产函数

柯布—道格拉斯生产函数是由数学家柯布(C. W. Cobb)和经济学家保罗·道格拉斯(Paul H. Douglas)于 20 世纪 30 年代提出来的。柯布—道格拉斯生产函数被认为是一种很有用的生产函数,因为该函数以其简单的形式具备了经济学家所关心的一些性质,它在经济理论的分析和应用中都具有一定意义。

### 🍁 小贴士

#### 柯布—道格拉斯生产函数由来简介

柯布—道格拉斯生产函数最初是美国数学家柯布和经济学家保罗·道格拉斯共同探讨投入和产出的关系时创造的生产函数,是以这两个人的名字共同来命名的,是在生产函数的一般形式上做出的改进,引入了技术资源这一因素,用来预测国家和地区的工业系统或大企业的生产和分析发展生产的途径的一种经济数学模型,简称生产函数。它是经济学中使用最广泛的一种生产函数形式,在数理经济学与计量经济学的研究与应用中都具有重要的地位。

柯布和道格拉斯研究的是 1899—1922 年美国制造业的生产函数。他们指出,制造业的投资分为以机器和建筑物为主要形式的固定资本投资和以原料、半成品和仓库里的成品为主要形式的流动资本投资,同时还包括对土地的投资。在他们看来,在商品生产中起作用的资本,是不包括流动资本的。这是因为,流动资本属于制造过程的结果,而非原因。同时,他们还排除了对土地的投资。他们认为,这部分投资受土地价值的异常增值的影响较大。

因此,在他们的生产函数中,资本这一要素只包括对机器、工具、设备和工厂建筑的投资。而对劳动这一要素的度量,他们选用的是制造业的雇用工人数。

但是,不幸的是,由于当时对这些生产要素的统计工作既不是每年连续的,也不是恰好按他们的分析需要来分类统计的。因而,他们不得不尽可能地利用现有的一些其他数据,来估计出他们打算使用的数据的数值。比如,用生铁、钢、钢材、木材、焦炭、水泥、砖和铜等用于生产机器和建筑物的原料的数量变化来估计机器和建筑物的数量的变化;用美国一两个州的雇用工人数的变化来代表整个美国的雇用工人数的变化等。

经过一番处理,他们得到关于 1899—1922 年产出量 $P$、资本 $K$ 和劳动 $L$ 的相对变化的数据(以 1899 年为基准)。令人佩服的是,在没有计算机的年代里,他们从这些数据中得到了以下的生产函数公式:

$$P = AK^{\alpha}L^{\beta}(A, \alpha, \beta > 0)$$

式中 $A$ 表示技术水平,假定为固定常数。$\alpha$ 表示资本产出的弹性,$\beta$ 表示劳动力产出的弹性。这一结果虽与现代计算机统计软件的计算结果不同,但两者无本质上的差别。从这一结果出发,他们计算出资本的边际产出和劳动的边际产出。然后,将这些边际产出乘以相应的生产要素量,得到资本的总产出为 $\frac{1}{4}P$,劳动的总产出为 $\frac{3}{4}P$。

他们显然被自己的结论吓坏了。因为他们表示千辛万苦得到的这样一个结果竟然是值得怀疑的,强调他们的文章不在于给出结论,而在于演示方法。当然,吓坏他们的,绝不是因为他们发现资本也能"创造"价值,而是因为他们发现产出的大部分,即 $\frac{3}{4}$ 的产出都应归属于劳动。

继柯布和道格拉斯之后,其他西方学者也对所谓的生产函数进行了实证研究,如霍奇等。霍奇还根据其研究的结果,计算了所谓的最优生产要素配置。根据这一配置,要大大降低劳动要素的投入,增加资本要素的投入,好像无限扩大厂房面积,就能够大大增加产出似的。

资料来源:360 百科. 柯布—道格拉斯生产函数[EB/OL]. http://baike. so. com/doc/5932098. html. (2014-06-26)

## 第二节 短期生产与决策分析

在微观经济学中,短期与中长期的区别不是简单的时间长短,而在于某些生产要素是否可变。在生产问题中,要求利润最大化时,考虑劳动和资本两种要素,那么一般就认为劳动是可变要素,厂商可以随时(以固定的工资)雇用和解雇工人;而对于资本,则认为是在短期固定不变的。

但是在中长期则可变,那么短期的最优化只取决于劳动的选择而中长期则考虑两种要素的最优组合。所以,通常以一种可变生产要素的生产函数考察短期生产理论,以两种可变生产要素的生产函数考察长期生产理论。

在短期内,假设资本数量不变,只有劳动可随产量变化,则生产函数可表示为 $Q=f(L)$,这种生产函数可称为短期生产函数。

## 案例 4-2

### 土地的边际产量递减与城市化

我国是世界上人与地关系最紧张、农业劳动集约度最高的国家之一。务农人数多,农业产出低,是我国穷的根本原因。

改革开放之后,一方面随着人口增加,土地边际产量递减规律仍然产生作用;另一方面经济建设的发展使耕地面积减少,因而有限的土地上的就业压力进一步增加。在 20 世纪 80 年代,农业剩余劳动力的转移主要以发展乡镇企业为载体,采取了"离土不离乡,进厂不进城"的内部就地转移方式。

据统计,1978—1992 年,乡镇企业共吸收 7500 多万农村劳动力。然而,进入 20 世纪 90 年代以后,乡镇企业由于技术进步加快,资本密集程度迅速提高,吸纳剩余劳动力的能力明显下降。

在农村内部就业潜力有限的情况下,农业剩余劳动力必然会离开土地,告别家乡,加入流动大军的行列。可以说,20 世纪 90 年代以来"农民工"向城市的大流动,不过是未来相当长的一个时期内农村劳动力跨地区转移的序曲。

有人估计农业剩余劳动力的转移要到 2050 年才能最终完成。我国的城镇化进程继续推进,也是改革开放三十年来我国经济保持快速增长的重要推动力。2002—2013 年,我国城镇化率从 39.09% 提高到 53.73%,累计提高了 14.64 个百分点。国家统计局数据显示,2014 年,城镇常住人口 74 916 万人,比上年年末增加 1805 万人,乡村常住人口 61 866 万人,减少 1095 万人,城镇人口占总人口比重为 54.77%。

## 一、总产量、平均产量和边际产量

为了探讨短期生产规律,需要从总产量、平均产量和边际产量这三个概念及三者之间的相互关系说起。假定生产某种产品需要两种投入要素:资本 $K$ 和劳动 $L$,其中资本 $K$ 为固定投入要素,劳动 $L$ 是可变投入要素。产量随着劳动者人数的变化而变化。

### (一)总产量

总产量是指短期内在技术水平既定条件下,利用一定数量的可变要素(如劳动)所生产产品的全部产量。一般以劳动作为可变生产要素,其表达式为

$$TP_L=Q=f(L)$$

### (二)平均产量

平均产量是指平均每一个单位可变要素所分摊的总产量。一般以劳动作为可变生产要素,其表达式为

$$AP_L=TP_L/L=Q/L$$

### （三）边际产量

劳动的边际产量是指增加一个单位可变要素的投入所导致的总产量的增加量。一般以劳动作为可变生产要素，其表达式为

$$MP_L = \Delta TP_L / \Delta L = \Delta Q / \Delta L$$

或

$$MP_L = \lim_{\Delta L \to 0} \Delta TP_L / \Delta L = dTP_L / dL = dQ / dL$$

### （四）三者之间的关系

利用表 4-1 来说明这三个概念及其关系。

如表 4-1 所示，描述了某服装公司的生产情况。对于生产服装的企业来说，其拥有的机器设备和厂房在短期内是固定的，但是所雇用的操作缝衣机器设备的劳动力是可以调整的，企业的管理人员必须根据销售情况做出雇用多少工人的决策。

表 4-1 给出了该服装公司劳动的投入与产出之间的关系。第二列表示资本固定不变，第三列表示与不同劳动投入所对应的总产出量。随着劳动投入量的增加，总产出在逐渐增加，当劳动投入达到 6 个单位时，总产出达到最大值，再增加一个单位劳动，劳动投入达到 7 个单位时，总产出没有发生变化。当投入的劳动继续增加时，总产出反而开始减少。

**表 4-1　某服装公司劳动投入量与其产出之间的关系**

| 可变投入量（L） | 固定投入量（K） | 总产量（$TP_L$） | 平均产量（$AP_L$） | 边际产量（$MP_L$） |
|:---:|:---:|:---:|:---:|:---:|
| 0 | 10 | 0 | | |
| 1 | 10 | 3 | 3 | 3 |
| 2 | 10 | 10 | 5 | 7 |
| 3 | 10 | 24 | 8 | 14 |
| 4 | 10 | 36 | 9 | 12 |
| 5 | 10 | 40 | 8 | 4 |
| 6 | 10 | 42 | 7 | 2 |
| 7 | 10 | 42 | 6 | 0 |
| 8 | 10 | 40 | 5 | —2 |

利用表 4-1 中的数据可以绘制成图 4-1。

在图 4-1 中，横轴表示劳动投入量，纵轴表示产出量。图 4-1（a）中 $TP_L$ 表示总产量曲线，从图中我们可以看出，服装公司的总产量伴随劳动投入从零开始逐渐增加，总产量曲线 $TP_L$ 先以递增的速度增加，到达拐点 b 以后，增速开始减慢，到达点 d 时总产量达到最大值，过点 d 后总产量则变为递减。

图 4-1（b）中的 $AP_L$ 和 $MP_L$ 分别表示平均产量曲线与边际产量曲线。从图中可以看出，服装公司的平均产量先随劳动投入的增加而增加，达到最高点 $c'$ 后即不断下降。而边际产量从几何意义上看即为总产量曲线上其相对应的某点的斜率。

根据总产量曲线的特点，在总产量到达拐点之前，其切线的斜率为正且递增，过拐点

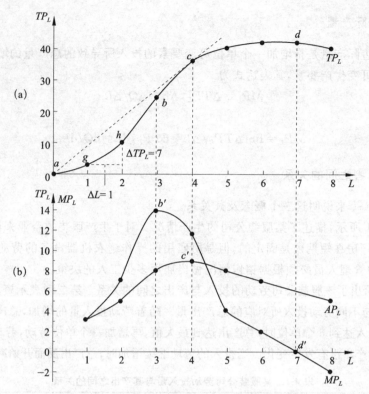

图 4-1　一种可变要素的投入与产量之间的关系

之后，切线的斜率虽为正但呈现递减趋势，达最高点之后，切线的斜率即为负。因此，与总产量相对应的边际产量 $MP_L$ 起先可能有短暂的上升，到达点 $b'$ 后即不断下降，过了点 $d'$ 后 $MP_L$ 变为负数。

从表 4-1 和图 4-1 中可以看出，随着可变投入使用量的不断增加，边际产量最终可能变为负值。比如，当企业每天雇用 8 个工人时，工作场所会变得十分拥挤，劳动者在做工作的时候会相互碍事。因此，如果增雇第 8 个工人，总产量实际上会减少，所以，边际产量变为负值。这就是所谓"人多反而误事"的现象。

综上所述，可以对各种产量曲线相互间的关系归纳如下：

(1) 当 $TP_L$ 曲线上升时，$MP_L$ 为正；当 $TP_L$ 曲线下降时，$MP_L$ 为负；因此，当 $TP_L$ 为极大时，$MP_L=0$。

(2) 当 $MP_L>AP_L$ 时，$AP_L$ 曲线上升；当 $MP_L<AP_L$ 时，$AP_L$ 曲线下降，$MP_L$ 曲线通过 $AP_L$ 曲线的最高点，此时 $MP_L=AP_L$。

为了更清楚地说明 $AP_L$ 与 $MP_L$ 的关系，不妨找一实例来说明。

假设某一班级学生的平均身高为 160 厘米（相当于 $AP_L$），若转入一位新同学，其身高为 170 厘米（相当于 $MP_L$），即原先全班的平均身高小于转入者（即 $AP_L$ 小于 $MP_L$），这样就会由于转入者的身高的"拉动"，使得后来全班的平均身高增加（相当于 $AP_L$ 呈递增）了；反之若班上转入一位新同学，其身高为 150 厘米（相当于 $MP_L$），比原班上的身高小时（$MP_L<AP_L$），则该班上新的平均身高会下降（即 $AP_L$ 此时呈递减）。这个例子比较形象

地说明了平均产量和边际产量的关系。

## 二、边际报酬递减规律

在上述服装公司的例子中,随着雇用工人的增加,当增加更多的工人时,每增加1个工人所带来的总产量的增量会越来越小。比如,该服装公司的边际产量在第4个工人之后开始递减,一直到第7个工人的边际产量为零。这一边际产量连续下降的过程被称为边际报酬递减规律或者边际收益递减规律。

### (一)边际报酬递减规律的内涵

在短期生产中普遍存在着这样一种现象:在技术水平不变的条件下,连续等量地增加一种可变生产要素,其他生产要素的投入量不变,当这种生产要素的投入量小于某一特定值时,增加该要素投入所带来的边际产量是递增的;当这种可变生产要素的投入量连续增加并超过这个特定值时,增加该生产要素投入量所带来的边际产量是递减的。这就是边际报酬递减规律,它是短期生产中的一条基本规律。

因此,边际报酬递减规律是指在其他条件不变时,连续将某一生产要素的投入量增加到一定的数量之后,总产量的增量即边际产量将会出现递减现象。

### (二)边际报酬递减规律的原因

在任何产品的生产过程中,可变生产要素投入量和固定生产要素投入量之间都存在一个最佳的组合比例。

开始时,由于可变生产要素的投入量为零,而固定生产要素的投入量维持不变,因此生产要素的组合比例远远没有达到最佳状态。

随着可变生产要素投入量的增加,生产要素的投入量逐步接近最佳的组合比例,相应的可变生产要素的边际产量呈现出递增的趋势。一旦生产要素的组合达到最佳组合比例时,可变生产要素的边际产量达到最大值。

在此之后,随着可变生产要素投入量的继续增加,生产要素投入量的组合越来越偏离最佳组合比例,相应的可变生产要素的边际产量呈现出递减的趋势。

### (三)边际报酬递减规律的条件

一般认为,边际报酬递减规律并不是根据经济学中的某种理论或原理推导出来的规律,它只是根据对实际的生产和技术情况观察所做出的经验性的概括,反映了生产过程中的一种纯技术关系。同时,该规律只有在下述条件具备时才会产生作用。

**1. 生产技术水平既定不变**

由于技术进步会使生产要素的效率提高,在短期内有可能使可变生产要素的边际产量增加,但它只是延缓了可变生产要素边际产量递减的出现,并不能改变边际报酬递减规律。

**2. 除一种投入要素可变外,其他投入要素均固定不变**

如果不是一种生产要素的投入可变,而是各种生产要素的投入都可变,由此引出的产量变化情况就不属于边际报酬的概念,而是属于"规模报酬"的概念。

### 3. 可变的生产要素投入量必须超过一定的点

事实上,在开始阶段,随着一种可变生产要素投入的增加,其边际产量是递增的,可变生产要素的投入量要达到一定程度之后,其边际产量才会出现递减的现象。

比如,在农业生产中,第一单位的劳动与一些农业机械及一块耕地结合时,开始有可能明显增加总产量,但随着劳动投入增加,过了某一点之后,下一单位劳动投入所生产的农产品数量将小于前一单位劳动投入所生产的产量。因此,边际报酬递减规律在农业生产或一些劳动密集型工作中表现得比较突出。

## 三、生产的三个阶段及企业生产决策

在短期生产函数中,除一种要素以外,其他要素固定不变。在一种要素可变的情况下,随着可变要素逐渐增加,总产量、平均产量及边际产量的变化如图 4-2 所示。

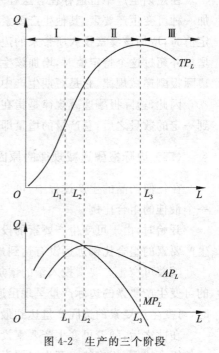

根据平均产量及边际产量的变化特点,可以将生产或者要素的投入分为三个阶段。在图 4-2 中,生产的三个阶段具有以下特点。

第 I 阶段:$(0, L_2)$,此时 $MP_L > AP_L$,$AP_L$ 递增。

第 II 阶段:$(L_2, L_3)$,此时 $AP_L > MP_L > 0$,$AP_L$ 递减。

第 III 阶段:$(L_3, \infty)$,此时 $MP_L < 0$,$TP_L$ 递减。

在第 I 阶段中,可变要素的投入量从 0 增加到 $L_2$ 个单位时,在这个阶段各种产量曲线的变化特征为:劳动的平均产量始终是上升的,并且达到最大值;劳动的边际产量达到最大值后开始递减,但其始终大于劳动的平均产量;劳动的总产量始终是增加的。所以,此阶段称为平均产量递增阶段。

图 4-2  生产的三个阶段

这说明在本阶段,固定要素投入相对过多,增加可变要素的投入有利于两者搭配比例更加合理化。因此,第 I 阶段可称为生产力尚未充分发挥的阶段,在该阶段理性厂商对可变要素的投入不会停止。

在第 II 阶段中,$AP_L$ 虽开始下降,但仍相当高;同时 $MP_L > 0$,这时继续投入生产要素,仍会有额外的产出。因此,第 II 阶段可称为生产的经济阶段,也可称为生产的合理区域。

在第 III 阶段中,$MP_L < 0$,$TP_L$ 开始下降,这表示可变生产要素投入过多,不但不能增加生产,反而使总产量减少,使生产者蒙受双重损失,一是资源的浪费;二是总产量的减少。因此,第 III 阶段可称为生产不经济的阶段。

综上所述,可知第 I 阶段中要素的生产力尚未充分发挥,不是最有利的生产阶段。第

Ⅲ阶段中要素的边际产量为负,总产量开始下降,此种情形不但无利,而且有害,因此也不是有利的生产阶段。第Ⅱ阶段则无上述两阶段的缺点,故为生产的经济阶段。

至于厂商在实际生产中会选取第Ⅱ阶段中的哪一点来安排生产,要看生产要素的价格,如果相对于资本的价格而言,劳动的价格较高,则劳动的投入量靠近点 $L_2$ 对于生产者较有利;若相对于资本的价格而言,劳动的价格较低,则劳动的投入量靠近点 $L_3$ 对于生产者较有利。无论如何,都不能将生产维持在第Ⅰ阶段或推进到第Ⅲ阶段。

 **案例 4-3**

### 短期生产函数案例

已知某企业的生产函数为 $Q=21L+9L^2-L^3$,求:

(1) 该企业的平均产出函数和边际产出函数。

(2) 如果企业现在使用了 3 个劳动力,试问是否合理? 如果不合理,那么合理的劳动使用量应在什么范围内?

(3) 如果该企业的产品的市场价格为 3 元,劳动力的市场价格为 63 元。那么,该企业的最优劳动投入量是多少?

**解:** (1) 平均产出函数为: $AP_L=Q/L=21+9L-L^2$。

边际产出函数为: $MP_L=\mathrm{d}Q/\mathrm{d}L=21+18L-3L^2$。

(2) 我们首先确定合理投入区间的左端点。令 $AP_L=MP_L$,即:

$$21+9L-L^2=21+18L-3L^2$$

整理,得

$$2L^2-9L=0$$

可解得 $L=0$(舍去)与 $L=4.5$。所以,合理区间的左端点应在劳动力投入为 4.5 的时候。

再定合理区域的右端点。令 $MP_L=0$,即:

$$21+18L-3L^2=0$$

整理,得

$$L^2-6L-7=0$$

可解得 $L=-1$(舍去)与 $L=7$。所以,合理区域的右端点为 $L=7$。

这样合理区域为 $4.5 \leqslant L \leqslant 7$。

目前的使用量 $L=3$,所以是不合理的。

(3) 劳动投入最优的必要条件为 $P \cdot MP_L=w$。所以,

$$(21+18L-3L^2) \times 3=63$$

容易解出: $L=0$(舍去)或 $L=6$。

因此, $L=6$,即使用 6 个劳动力为该企业的最优劳动投入量。

## 第三节　长期生产与决策分析

微观经济学中的长期是指生产者可以调整全部生产要素数量的时间周期。长期生产函数是指企业在此期间,所有投入要素的数量都可能发生变化,不存在固定不变的要素,

此时的生产要素投入量与产出的最大产量之间的关系。所以长期生产函数又称多变量生产函数。

在长期内,所有的生产要素投入量都是可变的,多种可变生产要素的长期生产函数可写为

$$Q = f(x_1, x_2, \cdots, x_n)$$

式中,$Q$代表产量;$x_i(i=1,2,\cdots,n)$代表第$i$种可变生产要素的投入数量。该生产函数表示:长期内在技术水平不变的条件下由$n$种可变生产要素投入量的一定组合所能生产的最大产量。

假定只使用劳动和资本两种可变生产要素,则两种可变生产要素的长期生产函数可以写为

$$Q = f(L, K)$$

式中,$Q$表示产量;$L$表示可变要素劳动的投入量;$K$表示可变要素资本的投入量。

在实际生产中,特别是长远规划中,多种投入要素之间往往是可以相互替代的。

例如,建设一定规模的生产厂房,可以采用高价的自动化机械设备与少量劳动力的组合来完成,也可以采用不太高价的普通设备机械和大量的劳动力相组合来完成。人力与机械设备在一定程度上是可以替代的。既然投入要素之间可以相互替代,这里就有一个要素组合最优化的问题。在成本一定的条件下,投入要素之间怎样组合才能使得产量最大;或者在产量一定的条件下,如何组合才能使得成本最低。

长期生产函数就是主要研究产出量与所有投入要素之间的数量关系,以确定多种要素之间的最优组合。为了寻找投入要素的最优组合,就需要利用等产量线和等成本线进行理论探讨。

### 案例 4-4

#### 福特公司产量的安排

对于许多企业来说,总成本是固定成本还是可变成本取决于时间框架。例如,考虑一个全机车公司,比如福特汽车公司。在只有几个月的时期内,福特公司不能调整汽车工厂的数量与规模。它可以额外生产一辆汽车的唯一方法是,在已有的工厂中多雇用工人。因此,这些工厂的成本在短期内是固定成本。

与此相比,在几年的时间中,福特公司可以扩大其工厂规模,建立新工厂和关闭旧工厂。因此,其工厂的成本在长期中是可变成本。由于许多成本在短期中是固定的,但在长期中是可变的,所以,企业的长期成本曲线不同于其短期成本曲线。

长期平均总成本曲线是比短期平均总成本曲线平坦得多的 U 形曲线。这一特点的产生,是因为企业在长期中有更大的灵活性。实际上,在长期中,企业可以选择它想用的那一条短期成本曲线。但在短期中,它不得不用它过去选择的那一条短期成本曲线。

当福特公司想把每天的产量从 1000 辆汽车增加到 1200 辆时,在短期中除了在现有的中等规模工厂中多雇用工人之外别无选择。由于边际产量递减,每辆汽车的平均总成

本从 1 万美元增加到 1.2 万美元。但是,在长期中,福特公司可以扩大工厂和车间的规模,而平均总成本仍保持在 1 万美元的水平上。

对一个企业来说,进入长期要多长时间呢? 回答取决于企业。对一个大型制造企业,例如,汽车公司,这可能需要一年或更长。与此相比,一个人经营的柠檬水店可以在一小时甚至更短的时间内去买一个水罐。

## 一、等产量线

### (一)等产量线的概念

由于有两种投入变量,也就是有劳动和资本两种可变的投入要素,企业可以利用劳动和资本的不同组合来组织生产。在技术水平不变的条件下,可以由不同的生产要素组合生产出相等的产量,这种在相等的产量下,投入要素所有各种可能组合的轨迹,就是等产量线。如在企业生产过程中,劳动和资本相互间存在一定的替代关系,则由表 4-2 得出的等产量线的一般形状如图 4-3 所示。

表 4-2 投入产出组合表

| 要素组合方式 | 产品等产量($Q$) | 劳动投入量($L$) | 资本投入量($K$) |
| --- | --- | --- | --- |
| A | 56 | 3 | 8 |
| B | 56 | 4 | 6 |
| C | 56 | 6 | 4 |
| D | 56 | 8 | 3 |

从图 4-3 中可以看出,在产量等于 $Q_1$ 的这条曲线上各点对应的横坐标的劳动数量和纵坐标资本的数量的各种组合,就是生产出这个相同产量的不同的劳动和资本的投入量组合。

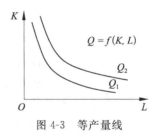

图 4-3 等产量线

所谓等产量线,是用来表示在技术水平不变的条件下,生产同一产量的两种生产要素投入量的各种不同组合的轨迹。

在图 4-3 中的 2 条等产量线,$Q_1$、$Q_2$ 分别表示可以生产出 56 单位、112 单位产量的各种生产要素的组合。生产函数如不连续,等产量线会是折线,连续性生产函数则可形成光滑的等产量线。

### (二)等产量线的特点

**1. 等产量线有无数条**

同一条等产量线代表同样的产量,不同的等产量线代表不同的产量,离原点越远的等产量线所代表的产量水平越高,离原点越近的等产量线所代表的产量水平越低,如图 4-3 中离原点最近的等产量线 $Q_1$ 代表的生产水平低,为 56 个单位,离原点最远的等产量线 $Q_2$ 代表的产量水平高,为 112 个单位。

**2. 在同一平面图中,任意两条等产量线不能相交**

这是由等产量线的性质决定的。如果相交如图 4-4 所示,由于 $A$ 和 $B$ 两点在同一条等产量线 $Q_1$ 上,$A$ 和 $C$ 两点在另一条等产量线 $Q_2$ 上,因此,依据等产量线的性质,有 $Q_A = Q_B$,$Q_A = Q_C$,据此可以推断出 $Q_B = Q_C$,但是 $B$ 和 $C$ 两点在不同的等产量线上,根据等产量线的上述第一个特征,$Q_B$ 和 $Q_C$ 不可能是相等的,所以,这里对两条等产量线相交的假设不能成立,因此我们说在同一平面图中,任意两条等产量线不能相交。

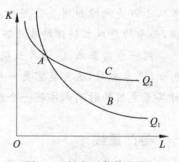

图 4-4　任意两条等产量线不能相交

**3. 等产量线一般向右下方倾斜**

等产量线一般向右下方倾斜,也就是说等产量线的斜率为负值。这说明,在企业的资源和生产要素价格既定的条件下,为了保持产量的相等,当一种可变生产要素的投入减少时,另一种可变生产要素的投入必须增加。

**4. 等产量线凸向坐标原点,等产量线的斜率的绝对值递减**

等产量线的斜率的绝对值表示增加(或减少)资本 $K$ 的数量所必须减少(或增加)劳动 $L$ 的数量。等产量线的斜率也叫边际技术替代率。

边际技术替代率是指生产企业为了维持相同的产量,增加一种生产要素的数量与可以减少的另一种生产要素的数量之比。如果一个生产企业可以通过减少一台机器和多雇用两名工人的办法生产出相同的产量,那么生产企业就有可能以两名工人来代替一台机器。在这种情况下,工人与机器之间的边际技术替代率就是 $\dfrac{1}{2}$。

**(三) 等产量线的分类**

等产量线的形状反映出两种投入要素的替代性,也就是说,在实际生产过程中,不同的生产要素之间有着相互替代性,如生产中以铝代钢,以人力代替机器等。根据生产要素之间的替代关系和替代能力划分为以下三种类型的等产量线。

**1. 生产要素的完全替代**

例如,如果发电厂的锅炉燃料既可以全部使用煤气又可以全部使用石油,就称这两种投入要素是可以完全替代的。如表 4-3 所示,为保持 10 的产出量,每增加一个单位的石油 $X$ 的投入量,就要减少 1.5 个单位的煤气 $Y$ 的投入量,这时,煤气代替石油的比例(替代率)是 1.5 : 1,是一个常数。

表 4-3　两种生产要素的完全替代

| 生产要素组合方式 | 产量($Q$) | 投入要素($X$) | 投入要素($Y$) | 替代比率($\Delta Y / \Delta X$) |
| --- | --- | --- | --- | --- |
| A | 10 | 1 | 9 | —— |
| B | 10 | 2 | 7.5 | −1.5 |
| C | 10 | 3 | 6 | −1.5 |
| D | 10 | 4 | 4.5 | −1.5 |

这时的等产量线是一条直线,如图 4-5 所示。这表明等产量线上的每一个点的斜率相等,意味着两种生产要素之间的替代比例不变,是一个常数。

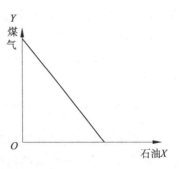

图 4-5 生产要素完全替代的等产量线

**2. 生产要素的完全不可替代**

例如,生产自行车,在投入生产要素车把和车轮之间是完全不可替代的。生产一辆自行车,需要一副车把、两个车轮;而生产两辆自行车,就需要两副车把和四个车轮。表 4-4 中表现出了自行车车把和车轮之间没有替代关系,投入要素之间必须按比例同时增加或者减少,如果单独地增加某一种生产要素的数量,产量并不会发生变化,其要素的单独增加也就没有实际生产意义。比如只有一副车把,而车轮增加为四个,但产量只能是一辆自行车。在表 4-4 中,车轮和车把的比例是固定的比例,为 2:1。

表 4-4 生产要素的完全不可替代

| 自行车产量($Q$) | 车把($X$) | 车轮($Y$) | 投入比例($Y/X$) |
| --- | --- | --- | --- |
| 1 | 1 | 2 | 2 |
| 2 | 2 | 4 | 2 |
| 3 | 3 | 6 | 2 |
| 4 | 4 | 8 | 2 |

这时的等产量线的形状是一条直角线,如图 4-6 所示。

**3. 生产要素的一般替代**

在实际生产中,投入要素之间的替代性更多的是介于以上两种替代关系之间的,即可以相互替代,但替代性并不完全。例如在生产中,机器设备和劳动力能够相互替代,但机器设备不可能替代所有的劳动力,劳动力也不可能替代所有的机器设备,就属于这种情况。这时的等产量线是一条凸向原点的曲线,如图 4-7 所示。

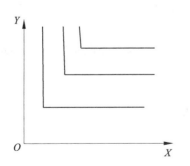

图 4-6 生产要素完全不可替代的等产量线

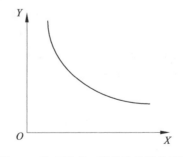

图 4-7 生产要素一般替代的等产量线

## 二、等成本线

等产量线分析的是两种投入生产要素的组合比例,研究的只是投入与产出的物质技术关系,表示为了生产既定数量的产品,等产量线上的任一点的投入要素之间的组合都是有效的。然而,生产企业究竟选择哪一种要素组合呢? 这取决于生产企业的资源约束以及企业投入的总成本。为此,必须进入成本的概念,下面可以通过等成本线来说明这种经济关系。

（一）等成本线的定义和形状

等成本线表示的是在成本和生产要素价格既定的条件下,可以购买到的两种生产要素数量的最大组合而形成的曲线。

假设生产企业投入生产要素有劳动 $L$ 和资本 $K$ 两种,现在生产总成本 $C$ 固定为 1000 元,并且已知劳动力的价格 $P_L$ 为 50 元,资本 $K$ 要素的价格 $P_K$ 为 25 元。这样,企业若将 1000 元全部用来购买 $L$ 要素,则可购买的 $L$ 要素为 20 单位;若将 1000 元全部用来购买 $K$ 要素,则可购买的 $K$ 要素为 40 单位;或者也可购买 10 单位的 $L$、20 单位的 $K$ 等,各种不同的组合,将这些组合点用线连接起来,就是一条等成本线,如图 4-8 所示。

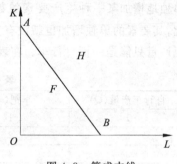

图 4-8 等成本线

可以明显看出,等成本线把坐标空间分成了三个部分:等成本线的左下方区域、等成本线本身和等成本线的右上方区域。

只有等成本线 $AB$ 本身上面的各点才是一定成本(如 1000 元)所能购买的各种投入生产要素最大数量的适当组合,也就刚好把金额用于这个数量组合,钱不多不少。

如果生产企业购买了在等成本线 $AB$ 的左下方区域内的任一点如 $F$ 点所代表的生产要素组合,既定的成本还有剩余,也就是说,所购买的 $L$ 和 $K$ 都不能充分使用可能投入的金额。

而在等成本线 $AB$ 的右上方区域,在生产企业既定的成本约束条件下,生产企业拥有投入金额不足以购买到该处某点所显示的 $L$ 和 $K$ 的组合数量,也就是如等成本线外侧的 $H$ 点,生产企业买不起该点所代表的生产要素的组合。

因此也可以说,等成本线就是用来表示企业在投入要素价格既定的条件下,用一定的成本所能购买到的各种投入要素的最大数量界限。

综合上述分析可得等成本线的方程为

$$C = P_L \times L + P_K \times K$$

式中,$C$ 为企业既定的成本;$P_L$、$P_K$ 分别为 $L$、$K$ 要素的价格。

（二）等成本线的特点

根据等成本线的定义和方程,可知等成本线具有以下性质和特点。

(1) 在要素价格不变的条件下,等成本线是一条负斜率的直线,其斜率为两种要素价格之比的相反数,即斜率为 $-P_L/P_K$,表示两种生产要素的交换比率,也就是在既定的成本约束下,生产企业在市场上增加一单位劳动的购买所必须减少的资本购买量。

（2）同一等成本线上的点所代表的两种生产要素投入组合的数量比例各不相同,但其支出费用总额均相等。

（3）对于生产企业不同的预算金额水平,存在不同的等成本线,离原点越远的等成本线代表的支出费用总额（预算金额水平）越高。

（4）等成本线上的每一个点都有一条等产量线通过,由于等产量线互不相交,表明企业用既定预算金额购买不同数量组合的投入要素,可以生产出不同产量的产品。

当然,当给定的成本变化、一种或两种生产要素价格发生变化,或者给定的成本和要素价格同时发生变化时,都会引起等成本线的移动,这里不再作细致的分析。

## 三、生产要素的最优组合

等产量线表达了技术上的限制,分析了生产企业在给定成本条件下的产量最大化问题;等成本线表达了经济上的限制,分析了生产企业在给定产量条件下的成本最小化问题;这两类问题的实质是一样的,都是在特定条件下的利润最大化问题,两者结合起来就可以说明生产企业在成本给定或者产量给定条件下的生产决策。

生产要素的最优组合就是在要素价格不变时,在存在两种以上可变生产要素的生产中（即长期中）,生产企业选择一种生产要素组合,使得在成本既定时达到产量最大化,或者在产量既定时使成本最小。

### （一）给定成本条件下的产量最大化

假设生产企业给定的总成本为 $C$,劳动的价格或者工资率为 $P_L$,资本的价格或者利息率为 $P_K$,那么在这种条件下生产企业就要选择一个能使其产量最大化的生产要素的组合。把生产企业的等产量线和等成本线描绘在同一个坐标系中,就可以确定企业在给定成本条件下实现最大产量的最优要素组合,即生产者均衡点。那么,当两条曲线相切时,切点所代表的要素组合就是生产要素投入的最优组合,如图 4-9 所示。

在图 4-9 中,由于成本既定,所以只有一条等成本线 $A_0B_0$,即等成本线是唯一的,代表目标成本水平为 $C_0$,而 $Q_1$、$Q_2$ 和 $Q_3$ 分别表示产量不同的等产量线。

除此之外,还可以画出许多等产量线,那么必定能够找出一条等产量线与既定的等成本线相切。

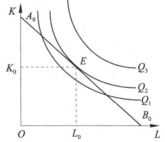

图 4-9 给定成本下产量最大的要素组合

在本图中,既定的等成本线 $A_0B_0$ 相交的等产量线是 $Q_1$,相切的等产量线是 $Q_2$,既不相交也不相切的是等产量线 $Q_3$。这表明产量 $Q_1$ 可以在既定的成本 $C_0$ 条件下生产出来,但不经济,产量水平太低;较高的产量 $Q_3$ 虽然很经济,但在既定的成本 $C_0$ 条件下无法实现;产量 $Q_2$ 和成本 $C_0$ 相结合,既有可能,又很经济。

等产量线 $Q_2$ 和等成本线 $A_0B_0$ 相切于 $E$ 点,该点代表的生产要素投入组合 $L_0K_0$ 就是既定成本（由等成本线 $A_0B_0$ 决定）产量（$Q_2$）最大的生产要素最优组合。这是因为在唯一

的一条等成本线 $C_0$ 上,除了切点 $E$ 以外的其他点所通过的等产量线相比等产量线 $Q_2$ 都要离原点更近,因此按照切点 $E$ 所示的要素数量 $(L_0K_0)$ 进行组合,能够在既定的成本下获得最大的产量。

### (二)给定产量条件下的成本最小化

生产企业在产量既定的条件下如何达到利润最大化呢?当然是企业通过降低成本,即通过成本最小的情况下达到利润最大化。

如图 4-10 所示,由于产量既定,所以只有一条等产量线 $Q_0$。而 $A_1B_1$、$A_2B_2$、$A_3B_3$ 分别表示总成本为 $C_1$、$C_2$、$C_3$ 的等成本线。当然,除此之外,还可以画出许多等成本线,那么必能找出一条与既定的等产量线相切的等成本线。这样,在等产量线和等成本线的切点 $E$ 上就实现了生产要素的最优组合。

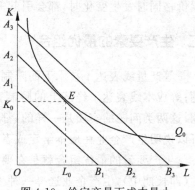

图 4-10　给定产量下成本最小的要素组合

图 4-10 中:

(1)等成本线 $A_3B_3$ 与等产量线 $Q_0$ 相交,表示用较高的成本 $C_3$ 可以生产产量 $Q_0$,但不经济。

(2)等成本线 $A_1B_1$ 与既定的等产量线既不相交,也不相切,表示较低的成本 $C_1$ 虽然经济,但不能生产出产量 $Q_0$,达不到产量条件下的要求。

(3)等成本线 $A_2B_2$ 与既定的等产量线 $Q_0$ 相切,该切点 $E$ 称作企业的投入均衡点,表明用成本 $C_2$ 生产产量 $Q_0$,既有可能,又很经济。

这是因为在等产量线 $Q_0$ 上,除了切点 $E$ 以外,其他的点所通过的成本线相比 $A_2B_2$ 都离原点更远,所以,唯有切点的成本最低,即该切点的投入要素组合 $(L_0K_0)$ 是使给定产量条件下成本最小的要素最优组合。

### (三)生产要素最优组合原则

综合上述两种情况,在生产要素的最优组合点即 $E$ 点上,等产量线和等成本线相切,从而等产量线的斜率或边际技术替代率和等成本线的斜率相等。边际技术替代率等于两种生产要素的边际产量之比,等成本线的斜率为两种生产要素价格之比。因此,生产要素最优组合的条件就是边际技术替代率等于两种生产要素价格之比,可以用公式表示为

$$MRTS_{LK} = MP_L/MP_K = P_L/P_K$$

上式就是生产者均衡的基本条件,它表示:在总成本一定的限制条件下,为获得最大产量,生产企业应该选择的最优生产要素投入的数量组合,该组合是使得两种生产要素的边际技术替代率等于两种生产要素的价格之比,以及两种生产要素的边际产量之比。

上述条件经过适当变换,可以写为

$$MP_L/P_L = MP_K/P_K$$

这个式子就是企业生产要素最优投入组合的均衡条件,或者称为生产要素最优组合原则。这意味着企业为了能在既定产量条件下所费成本最低,或在既定成本下所生产的

产量最大,必须使其单位成本支出所获得的各种要素的边际产量都相等。

 **案例 4-5**

### 较高的能源价格引起的投入要素替代

在 20 世纪 70 年代,几乎所有的能源产品的价格都急剧上涨。汽油、煤油和天然气价格的上涨比其他产品要快得多。例如,在 1971—1980 年,原油、天然气和煤的实际价格(即通过通货膨胀调整后的价格)分别增长了 240％、347％和 113％。

由于能源是许多部门的重要投入要素,经济学原理预测企业会用其他投入要素来替代相对更贵的能源产品。而实际情况也是如此,如表 4-5 所示,美国的生产者的确通过用其他投入要素来替代能源,以减少他们对能源的依赖。

正如对每一美元增加值的能源消耗的度量表示,对这一投入要素的依赖大大减轻了。即使是能源生产部门,如石油提炼业,也通过相对较多地使用其他投入要素来节约能源的消耗。

表 4-5　在一些行业中每一美元增加值的能源消耗　　　　单位:千 BTU

|  | 所有制造业 | 造纸业 | 有机化学 | 石油提炼 | 钢 | 铝 |
|---|---|---|---|---|---|---|
| 1971 年 | 52.5 | 316.2 | 277.9 | 631.4 | 314.7 | 418.5 |
| 1977 年 | 42.3 | 308.7 | 193.9 | 573.4 | 282.7 | 379.9 |
| 变化(％) | −19.4 | −2.4 | −30.2 | −9.2 | −10.2 | −9.2 |

资料来源:H. 克雷格·彼得森,W. 克里斯·刘易斯. 管理经济学[M]. 北京:中国人民大学出版社,2009:153.

## 四、生产扩展线与等斜线

### (一)生产扩展线

当其他条件既定,生产企业的产量或者成本发生变化时,管理者就需要重新选择生产要素投入的组合,可以在变化了的产量基础上寻求成本最小,也可以在变化了的成本基础上寻求产量最大,这就是生产者均衡点的调整问题。

具体来讲,在要素价格、生产函数关系和其他条件都不变的情况下,如果企业改变产量,等产量线就会发生平移;如果企业改变成本,等成本线就会发生平移。这些不同的等产量线将与不同的等成本线相切,形成一系列不同的投入均衡点,将所有的投入均衡点连接起来的曲线即所有投入均衡点的轨迹,就称为企业的生产扩展线,如图 4-11 所示。

生产扩展线是在要素价格、生产函数和其他条件都不变的情况下,企业扩大生产规模的途径。因为在该曲线上任何点都是在不同产量水平下成本最低的投入要素的最优组合。所以,当生产过程的投入(成本)增加时,理性的企业必然会沿着生产要素的最优组合来扩大

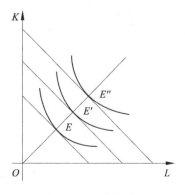

图 4-11　生产扩展线

其生产。至于企业究竟能把生产扩大到扩展线上的哪一点,还需要综合考虑产品的需求情况来定。

生产扩展线若是直线形状的,则表明劳动和资本的比例不变。如果向下弯曲,则表明随着产量的增加,要素组合中劳动的比重提高,生产扩展走的是劳动密集型的道路;如果向上弯曲,则表明随着产量的增加,要素组合中资本的比重提高,生产扩展走的是资本密集型的道路。

### (二)等斜线

等斜线是各条等产量线上边际技术替代率相等的点的连线,如图 4-12 所示。

在图 4-12 中,与等产量线 $Q_1$、$Q_2$、$Q_3$ 相切的三条直线 $AB$、$A'B'$、$A''B''$ 相互平行,$E_1$、$E_2$、$E_3$ 三个切点的边际技术替代率相等,它们的连线 $ON$ 就是一条等斜线。等斜线的形状是任意的。生产扩展线也是等斜线,生产扩展线上的各点,要素的边际技术替代率都等于要素价格的比率。由于假定要素价格不变,从而要素价格的比率不变,则要素的边际技术替代率也固定不变。所以,生产扩展线一定是等斜线。

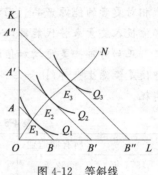

图 4-12 等斜线

## 第四节 规模经济与范围经济

## 一、规模经济

### (一)规模经济的概念

大规模生产导致的经济效益简称规模经济,是指在一定的产量范围内,随着产量的增加,平均成本不断降低的事实。规模经济是由于一定的产量范围内,固定成本可以认为变化不大,那么新增的产品就可以分担更多的固定成本,从而使总成本下降。

人们根据生产力因素数量组合方式变化规律的要求,自觉地选择和控制生产规模,求得生产量的增加和成本的降低,而取得的最佳经济效益。规模经济或生产力规模的经济性,就是确定最佳生产规模的问题。

规模经济包括部门规模经济、城市规模经济和企业规模经济。在西方经济学里,规模经济主要用来研究企业经济。但作为生产力经济学的重要范畴,规模经济的含义则更为广泛,它包括从宏观到微观的能获得经济利益的各个层次的经济规模。

🔍 **案例 4-6**

**鲍尔默:没什么比收购雅虎更具规模经济**

2008 年 2 月 1 日,微软宣布,已经向雅虎发出 446 亿美元的收购要约。微软说,希望每股 31 美元价格收购雅虎,这一价格比雅虎周四在纳斯达克股市收盘时的价格高出 62 美分。微软首席执行官史蒂夫·鲍尔默在一份声明中说:"我们对雅虎怀有很多的敬意,我们两家合二为一能够为用户、出版商、广告商提供一套令人异常兴奋的解决方案,我们也可以在网络服务市场中处于更好的竞争位置。"

有关微软将收购雅虎的传闻由来已久,在当地时间周五早上召开的一个电话会议上,有记者问鲍尔默,为何在收购了 aQuanTive 以后还需要雅虎,鲍尔默回答说:"从用户的角度讲,没有比收购雅虎更能增加我们的规模与效益的了。"微软 Windows 与网络广告部门的负责人 Kevin Johnson 说:"规模经济能够快速打开局面。"

这桩收购是微软迄今为止最大规模的收购行动。去年,微软以 60 亿美元收购的 aQuanTive,也是发生在网络广告领域。微软已经证实,从 2006 年开始,他们就在和雅虎进行收购谈判,当时受到了雅虎方面的回绝。

在给雅虎董事会的一封信中,微软方面表示:"2006 年年底、2007 年年初,我们两家公司探讨了一系列范围广阔的方法,准备合并。双方谈判的蓝图是,微软与雅虎的联合应该在网络市场创造出一种更有效率的竞争优势。我们商讨了一系列方案,从商业合作到合并都有,但你们拒绝了。"微软还在 2007 年 2 月向雅虎提出过收购,同样也遭到拒绝。

尽管当时微软已经做好了其他形式合作的打算,但到现在,微软决定完全拥有雅虎,微软方面说:"商业合作可能在一时起效,不过微软相信,现在只有微软与雅虎合并才是唯一的方法。"鲍尔默说,一年前开始与雅虎谈判时,微软相信合并将对两家都有益,他说:"我们现在更加坚信这一点了。"

微软与雅虎的合并可能会给 Google 带来更多的竞争压力,但它不会让 Google 从搜索市场的宝座上跌落下来,花旗集团的 Mark Mahaney 认为,Google 今后需要花一些时间去说服广告商,自己的平台比微软、雅虎的平台更成功。他在一份报告中指出:"如果雅虎希望保持独立,他们需要向投资者们证明,公司是愿意采取根本性、有价值的措施。"

Mahaney 说,将搜索业务外包给 Google 是雅虎的一个选择。J. P. Morgan 证券的 Imran Khan 认为,监管层会批准这一收购,他说:"雅虎在一家更大、具有更好财务状况及技术的公司当中存在会更好。"

合并会给微软与雅虎带来规模效应,比如搜索流量,这是两家公司与 Google 竞争,促进广告业务发展所需要的东西。Khan 同时认为,雅虎与 DSL(数字用户线路)提供商的关系,微软的应用程序与设备,这些结合在一起将构建出一种相当具有潜力的竞争实力。

### (二) 规模经济的分类

规模经济主要有三种类型。

**1. 内部规模经济**
一个经济实体在规模变化时由自己内部所引起的收益增加。

**2. 外部规模经济**
整个行业(生产部门)规模变化而使个别经济实体的收益增加。如行业规模扩大后,可降低整个行业内各公司、企业的生产成本,使之获得相应收益。在外部规模经济中存在一种聚集规模经济,是指生产的产品虽然不同,但在某一环节有共同指向的多家工厂、多家企业聚集而产生的某些经济效益。所以严格来说,这种聚集规模经济本身也是一种外部经济效益。

### 3. 结构规模经济

各种不同规模经济实体之间的联系和配比,形成一定的规模结构经济:企业规模结构、经济联合体规模结构、城乡规模结构等。

### (三)规模经济形成的原因

关于规模经济形成的原因,一般认为主要来自两个方面:内在原因和外在原因,对应的是西方经济学家所说的内部规模经济和外部规模经济。具体有以下几个方面的原因。

(1)专业化。从亚当·斯密的著作开始,人们认识到分工可以提高效率。规模越大的企业,其分工也必然是更详细的。

(2)学习效应。随着产量的增加,工人可以使熟练程度增加,提供效率。

(3)费用的高效利用。可以有效地承担研发费用等。

(4)经济性。运输、等购原材料等方面存在的经济性。

(5)有利地位。价格谈判上的强势地位。

### (四)制约规模经济的因素

(1)自然条件,如石油储量决定油田规模。

(2)物质技术装备,如化工设备和装置能力影响化工企业的规模。

(3)社会经济条件,如资金、市场、劳动力、运输、专业化协作对企业规模的影响。

(4)社会政治历史条件等。

在经济实体规模扩大时,产量的增加小于投入要素的增加比例,收益递减,就是规模不经济。在市场经济中,生产经营者总是追求规模经济,避免规模不经济。追求规模经济、研究取得最佳经济效益的合理规模及其制约因素和各种不同经济规模之间相互联系和配比,揭示经济规模结构的发展趋势,寻求建立最佳规模结构的主要原则和对策,对于发展社会生产力具有极为重要的意义。

### (五)规模经济的确定方法

规模经济是通过扩大规模来表现的,经过生产要素的合理配置使企业获得最佳的经济效益。企业的规模经济应通过对企业规模的分析,确定它的最佳经济规模,按照这个经济规模组织生产经营活动,以使企业获得最高经济效益。

经济规模是指在一定的生产技术组织条件下,对生产要素进行合理配置,从而使企业获得经济效益的生产能力。当经济效益达到最佳状态时所对应的经济规模,就是规模经济。确定企业最佳经济效益的方法很多,下面介绍几种常用的方法。

### 1. 会计分析计算法

会计分析计算法是对同一企业不同时期不同规模的成本,或不同规模企业同一时期的成本、利润的对比分析,从而确定企业规模经济的方法。

**2. 工程法**

工程法是依据生产技术及工艺特点,在生产能力平衡的前提条件下,综合考虑成本、运输、投资三项费用来确定企业的起始规模和最佳规模。具体操作时需列出若干可行方案。分别计算各个方案的三项费用,从中选出计算费用最小的方案为合理方案,该方案所对应的生产能力则称为企业的最佳经济规模。

各种确定方法,在实际工作中都有一定的实用价值,由于经济规模受多种因素制约,因此,也都有一定局限性。

除了企业的规模经济之说外,在波特的《竞争优势》一书中提到,规模大到一定程度将会产生规模不经济,如工厂员工过多会产生强大的工会,将会使劳工成本上升,而且规模大时管理费用也要增加。在一些行业,如高档时装,因为稀缺才贵,规模就不经济了。所以并非规模大成本就低了。

## 二、范围经济

范围经济(Economies of Scope)是指由企业的范围而非规模带来的经济,也就是当同时生产两种产品的费用低于分别生产每种产品所需成本的总和时,所存在的状况就被称为范围经济。只要把两种或更多的产品合并在一起生产比分开来生产的成本要低,就会存在范围经济。

### 🍁 小贴士

**小饭馆的范围经济**

一个中式小饭馆,原来只卖米饭炒菜,食品比较单一。现在小饭馆增加了面条、炖菜、包子等各色家常菜肴。这样饭馆在没有增加营业面积的情况下吸引更多的顾客,从而达到收入增加的目的,也就是所谓的范围经济。当然范围经济也有一定的限度,超过这一限度,新增加一种服务所带来的收益要小于提供该项服务所付出的成本,此时达到一种范围不经济的程度。

#### (一)范围经济的概念

从不同的角度理解,范围经济有两个概念。

一是指由于一个地区集中了某项产业所需的人力、相关服务业、原材料和半成品供给、销售等环节供应者,从而使这一地区在继续发展这一产业中拥有比其他地区更大的优势,从而形成范围经济。

二是指企业通过扩大经营范围,增加产品种类,生产两种或两种以上的产品而引起的单位成本的降低。与规模经济不同,它通常是企业或生产单位从生产或提供某种系列产品(与大量生产同一产品不同)的单位成本中获得节约。

这种节约来自分销、研究与开发和服务中心(像财会、公关)等部门。范围经济一般成为企业采取多样化经营战略的理论依据。范围经济是研究经济组织的生产或经营范围与经济效益关系的一个基本范畴。

### (二) 范围经济形成的原因

范围经济形成的原因表现在以下几个方面。

#### 1. 投入要素

投入要素表现为生产设备具有多种功能,可用来生产不同产品,从而提高生产设备的利用范围和使用效率,许多零部件或中间产品具有多种组装性能,可以用来生产不同的产品,因而可以增加零部件或中间产品的生产批量,取得因规模经济而引起的范围经济。

企业一项研究开发技术的成果可以用于多种产品的生产,从而降低单位产品所分摊的研发成本。企业无形资产的充分利用,表现为可以充分利用品牌优势和营销网络,例如,通过企业的声誉转化为产品的声誉,通过既有产品的营销网络来支持其他产品的销售等。

#### 2. 管理者的充分发挥

管理者的充分发挥表现为在企业扩大经营范围,增加其他产品和业务时,可以充分利用既有的管理知识,管理经验和人员来进行管理,而不必增加新的投入,节约交易费用,这一点在纵向一体化这种范围经济的特殊形式中表现得尤为明显,沿纵向一体化的产业链进行多产品生产时,企业可以减少在购买原材料和零部件、中间产品以及出售自己成品中的交易活动,即以内部市场代替外部市场,从而节约交易费用。

#### 3. 探讨的合理性

企业进行多产品联合生产时,产品种类的数量是有限度的,并不是越多越好,总是存在一个合理的范围,表现企业的一体化或多元化经营总是有限度的,而且理论上存在一个最优的经营组合。企业进行多产品联合生产时,在产品的组合上是可选择的,表现为某产品的生产对一个企业来讲不存在范围经济,但对另一个企业来讲也许存在范围经济,或者说是某产品的生产对两个企业来讲都存在范围经济,但在一个企业生产的范围经济比在另一个企业生产的范围经济要大。

专业化本身也存在一个经济与不经济的问题,即专业化不一定经济。范围经济和范围不经济的问题,实际上就是一体化(即非专业化)经济和非一体化经济的问题,或者说是专业化经济与专业化不经济的问题,企业何时存在专业化经济,何时存在专业化不经济,实际上就回答了联合生产何时存在范围经济,何时存在范围不经济,这就为联合生产合理范围的确定提供了一个量化标准。

## 三、范围经济与规模经济的差异

规模经济一般界定为初始阶段,厂商由于扩大生产规模而使经济效益得到提高的现象。而当生产扩张到一定规模以后,厂商继续扩大生产规模,会导致经济效益下降,出现规模不经济。

范围经济与规模经济是两个不同的概念,二者之间并无直接的关系。

（1）一家生产多种产品的企业，其生产过程可能不存在规模经济，但是可能获得范围经济。

（2）一家工厂用较大规模只生产某一种产品可能会产生规模经济，但是不可能获得范围经济。

（3）范围经济强调生产不同种类产品（包括品种与规格）获得的经济性，规模经济强调的是产量规模带来的经济性。

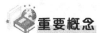 **重要概念**

生产要素　生产函数　总产量　平均产量　边际产量　边际报酬递减规律　等产量线　边际技术替代率　等成本线　生产要素的最优组合　生产扩展线　规模经济　范围经济

**复习思考**

1. 生产函数中，长期和短期的划分标准是什么？

2. 简述边际报酬递减规律的内涵和原因。

3. 简述边际技术替代率递减的原因。

4. 简述生产的三个阶段的划分，企业为什么应该选择第二阶段进行生产？

5. 简述规模经济的内涵和类型。

6. 已知生产函数为 $Q = f(L, K) = KL - 0.4L^2 - 0.26K^2$，求当 $K = 20$ 时劳动的平均产量函数和边际产量函数。

7. 已知某企业的生产函数为 $Q = 21L + 9L^2 - L^3$，其中 $L$ 代表劳动的数量。

（1）求该企业的平均产量函数和边际产量函数。

（2）如果该企业现在使用 8 个单位的劳动，试问是否合理？合理的劳动使用量应该在什么范围？

（3）如果该企业产品的市场价格为 6 元，一个单位劳动的市场价格为 126 元，该企业的最优劳动投入量是多少？

## 第五章

# 成本利润分析

### 📎 学习目标

1. 了解成本与利润的概念；
2. 了解短期成本函数和长期成本函数；
3. 掌握成本利润分析方法。

### 📎 技能要求

1. 理解成本函数的估计；
2. 理解短期成本和长期成本的关系；
3. 掌握运用贡献分析法；
4. 掌握运用盈亏平衡分析法。

### 📎 引言

任何企业的生产都是在一定的成本基础上进行的，成本水平的高低，对企业盈亏有着直接的影响，所以说成本是企业管理决策的重要经济指标之一。理性生产企业的经营目的是追求利润最大化，而利润是企业销售一定数量产品获得的收益与生产这些产品所花费的成本的差额，因此，对于企业来讲，成本利润分析具有重要的意义。

本章从成本和利润的基本概念入手，分别分析了短期和长期成本函数及其估计方法，对盈亏平衡分析法和贡献分析法的本质进行了阐述，举例介绍了盈亏平衡分析法和贡献分析法在企业决策中的具体应用。

## 第一节　成本与利润的概念

### 一、管理决策中的成本概念

在企业经营管理中，成本是一个常用的重要概念，任何一家企业的管理者在企业的创设和经营管理过程中都必须处理一系列的成本问题，如原材料涨价对成本有多大程度的影响？面对激烈的市场竞争如何消化成本？如何通过提高生产效率来降低单位产品成本？

企业在追求利润最大化的过程中必须考虑成本这一影响企业利润水平的关键因素，成本的高低决定着一个企业的市场竞争能力和利润水平。

一般来讲,成本指的是企业进行生产经营活动所使用的生产要素的价格,或者生产要素的所有者必须得到的报酬或补偿。

为了使企业在经营管理过程中做出正确的决策,管理经济学按照成本的不同标准进行划分,提出了一些独特的成本概念。

 **案例 5-1**

### 大商场平时为什么不延长营业时间

节假日期间许多大型商场都延长营业时间,为什么平时不延长?现在我们用边际分析理论来解释这个问题。

从理论上说,延长一小时时间,就要支付一小时所耗费的成本,这种成本既包括直接的物耗,如水、电等,也包括由于延时而需要的售货员的加班费,这种增加的成本就是这一模块所学习的边际成本。假如延长一小时增加的成本是1万元(这里讲的成本是西方成本概念,包括成本和正常利润),那么在延时的一小时里他们由于卖出商品而新增加的收益大于1万元,作为一个精明的企业家,他还应该将营业时间在此基础上延长,因为这时他还有一部分该赚的钱还没赚到手。

相反,如果他在延长一小时里增加的成本是1万元,增加的收益不足1万元,在其他因素不变的情况下就应该取消延时的决定。节假日期间,人们有更多的时间去旅游购物,使商场的收益增加,而平时工作紧张,人们没有更多的时间和精力去购物,即使延时也不会有更多的人光顾,增加的销售额不足以抵偿延时所增加的成本。这就是大商场在节假日期间延长营业时间而在平时不延长营业时间的经济学原理。

### (一)机会成本与会计成本

关于机会成本和会计成本的概念在本书第一章导论部分中已经作了介绍和说明,这里不再过多重复。

企业管理决策中所需要考虑的重点是机会成本,而不是账目上可以显示出来的会计成本,但是会计成本是确定机会成本的基础。管理决策所用的机会成本往往需要通过对会计数据的调整来求得,所以,会计成本数据的准确性也很重要。

机会成本是管理经济学中具有闪光点的见解之一,涉及资源的稀缺性和资源的多用途性,当资源投入某一用途后就必然丧失了作为其他最佳用途的收益,从而迫使人们作决策时要认真地进行比较分析,从而合理地分配和使用资源。

由于被放弃的用途可以有很多种,所以有些获利的情况也有很大的不确定性,机会成本的确定往往也是比较困难的。但是管理决策中的思维框架不一定都要求精确的数值,所以,机会成本在经济管理决策中对首先从整体上考虑问题、再通过比较优选这种决策理念的确立,还是很有帮助的。

### (二)显性成本与隐性成本

成本按其收回后的归属不同,可以分为显性成本和隐性成本。

**1. 显性成本**

显性成本是指账面上看得见的实际支出,是企业在生产要素市场上购买或者租用所需要的生产要素所必须支付的成本。如支付给工人和管理人员的工资、支付给贷款银行的利息、支付给土地出租者的地租、支付给电力公司和原料公司的电费和材料费等。显性成本在形式上是必须按照合同或者某种契约进行支付的成本。会计成本就是显性成本。

**2. 隐性成本**

与显性成本相对的是隐性成本,是指在形式上没有支付义务的,企业为使用自己提供的那一部分生产要素而支付的作为报酬的费用。在企业的生产过程中,为了进行生产,除了要使用他人所提供的生产要素外,还可能要动用自己所拥有的生产要素,如自有的资金和土地,并可能亲自进行生产经营管理。

经济学家认为,既然使用他人的资金需要支付利息,租用投入的土地需要支付地租,聘用他人来经营管理企业需要支付薪金,那么,同样道理,当企业使用了自有生产要素时,也需要支付相应的报酬,这笔报酬费用也应该计入成本当中。由于这部分费用在形式上没有契约规定一定要支付,所以被称为隐性成本。

虽然在会计上起支配作用的是列入账目的显性成本,但是,在管理经济学的成本概念里面,成本的概念应当包括显性成本和隐性成本的全部,作为自有经济资源的机会成本,应该被看作实际生产成本的一部分,在这一成本理念指导下,企业在生产经营过程中能够做出更科学的决策。

**(三)变动成本与固定成本**

成本按照其总额与产量的关系,可以分为变动成本和固定成本。

**1. 变动成本**

变动成本是指在一定限度内其成本总额随产量变动而变动的费用,是企业在短期内可以随意调整的可变生产要素投入的成本。如生产产品的原材料费、水电费、生产工人工资等。

**2. 固定成本**

固定成本是指在一定限度内其成本总额不随产量变动而变动的成本,是企业在短期内不能调整的固定生产要素投入的成本。例如企业租用的生产办公场所的房租、借款利息、大型机器设备的购买成本等。

把成本划分为变动成本和固定成本,便于确定管理决策分析时的相关成本。

需要注意的是,变动成本与固定成本的划分是相对而言的,只有在短期内,企业的生产成本才有变动成本和固定成本之分,总成本等于变动成本和固定成本之和;而从长期来看,企业全部投入都是可变的,所以企业的全部成本都是变动成本。同时,不同行业在短期和长期的界定上也存在着一定的差异性。

**(四)边际成本与总成本**

**1. 边际成本**

边际成本是指每增加一个单位的产品所引起的成本增量。

**2. 总成本**

企业的总成本是随产量的变化而变化的。

表 5-1 的数字说明了产量、总成本和边际成本之间的清晰关系。

表 5-1　产量、总成本和边际成本之间的关系

| 产量($Q$) | 总成本($TC$) | 边际成本($MC$) |
| --- | --- | --- |
| 0 | 0 | |
| 1 | 8 | 8 |
| 2 | 14 | 6 |
| 3 | 18 | 4 |
| 4 | 20 | 2 |

从表 5-1 可以看出,当产量从 2 增加到 3 时,总成本从 14 增加到 18,边际成本就等于 4。所以,边际成本说明了在一定产量水平上单位产量的变化对总成本的影响程度,如当产量从 3 增加到 4 时,其边际成本为 2,比产量从 2 增加到 3 时这一产量水平上的边际成本要小。

边际成本对于研究分析产量和成本之间的动态关系十分重要。利用边际分析法来进行管理决策分析,也是管理经济学的一大特色。

**（五）增量成本与沉没成本**

**1. 增量成本**

增量成本是短期决策时的重要概念,指的是由于某项生产决策而产生的相关成本,即总成本的增加量。例如,某个企业当前新接一个客户订单,因生产该订单产品所引起的总成本的变化就是增量成本。

需要注意的是,增量成本和边际成本虽然都表示总成本的增加,但两者的区别在于,边际成本主要是按单位产品的增加来计算的,而增量成本则主要是按总产量的增加来计算的。但产量不是增加一个单位,而是增加许多单位时,这时引起的总成本的增加量就是增量成本,所以增量成本的概念包括边际成本。

另外,企业实施某一项目的管理决策所引起的总成本的变化都属于增量成本。例如,当企业引进一条新的生产线,或者开展一项新的广告宣传活动等引起的总成本的变化都属于增量成本。

**2. 沉没成本**

沉没成本是指企业已经发生而无法收回,或不因生产决策有所改变的成本。例如,某企业生产销售某项产品必须花费一定数额的资金购买政府许可证,同时政府不会购回政府许可证而且不允许企业再出售这个许可证,那么该企业花费购买这个许可证的一定金额就是沉没成本。

沉没成本提供了与当前企业决策有关的成本信息,但与决策所要考虑的具体成本本身无关。当无法改变过去的决策时,已经花出去的钱没有了。一旦成本沉没,它也就不再是机会成本,从而与决策无关了。

因此,沉没成本是决策的非相关成本,在进行管理决策时无须考虑。相对的,新增成本即增量成本是决策相关成本,在管理决策时必须考虑。

在短期中,企业的固定成本就是沉没成本,企业在决定生产多少数量的产品时可以不考虑这些成本。因为固定成本的大小对当前决策的制定无关紧要。例如,一个企业为生产销售一款新产品已经支付了一笔高额的产品包装设计费用,当第一批产品销售完毕之后,正在考虑增加生产第二批 10 000 件产品的生产销售,那么此时决策是否要考虑这笔已经支付出去的包装设计费用? 当然不用考虑了。因为已经支付出去的这笔包装设计费用是一种沉没成本,与决策无关。企业在做出决策时应该忽略沉没成本。

### 🍁 小贴士

#### "做好人"的个体成本与社会成本

"在当下社会,你还愿不愿意不顾成本地做好人?"面对这一问题,调查中 36.8% 的人表示愿意,也有 30.1% 的人表示不愿意,33.1% 的人表示不好说。调查中,77.9% 的受访者痛感在当下社会做好人的成本高。(2012 年 5 月 22 日《中国青年报》)

由于市场经济深入我国社会生活的各个方面,很多人愿意用市场的价值尺度来衡量一切行为标准,不管是符合市场经济规律的行为,还是完全不适用市场经济规则的行为,比如做好人的道德诉求。既然大家愿意用市场经济的成本原则来衡量做好人,那么笔者就替大家算算做好人的成本。

首先,需明确做好人的成本具体是什么。一般认为做好人的成本大致可分为个人付出的物质成本与精神成本。精神成本也就是被怀疑、被嘲笑等;物质成本则是为做好人付出的物质代价,比如做好人耽误自己的工时而影响的收入,或者承担的责任法律风险等。

其次,做好人的成本,需从个人成本与社会成本来分析比较。诚然,做好人作为道德付出,从个人来说,就一件好事而言,大多数情况下可能是不利己的行为,是个人对社会公共道德的付出和贡献。比如让座就是对安全和舒适的让渡。从个体来说,将会承担较多的风险和成本,但是换来了社会成本的降低。就让座这件简单的做好人为例说明,你的让座行为让他人感觉到好人的存在,让大家对社会做好人的公共道德产生认同感。这样,他人就会效仿你的行为,进而参加到让座的行列中来。这样,让座道德文化蔚然成风。公共交通道德文化良好,秩序井然,就会降低我们出行的生活成本,比如减少陪伴老人出行的成本、减少老人乘车出行事故进行医疗的社会成本等。

如果每个人都按照社会公共道德要求自己的行为,在遵守规则的前提下,尽可能地做好人做好事,那么,做好人的整个社会成本就会降低。我们国家也就没有必要花纳税人的钱养活那么多警察和政府机关工作人员。社会运行的费用会大幅度降低。

现在,如果每个人都计算做好人的个人成本,认为做好人成本太高而放弃做好人,那么将最终推高做好人的社会总成本。如果做好人的社会总成本提升,反过来对于每一个社会个体来说,都是一种伤害,因为小成本而付出大成本。

这方面,最典型的案例就是"小悦悦事件",18 名路人路过但都视而不见,漠然而去。的确,由于有了"彭宇案"的影响,很多人会考虑抱起小悦悦将承担包括误解和说不清责任的赔偿等各种成本风险。可是,如果我们始终盘算做好人的个人成本,都像对小悦悦那样漠然无视,我们的社会会充满小悦悦式悲剧,我们也就失去了杜绝"小悦悦事件"再次重演的社会道德基础。

资料来源:"红辣椒评论．做好人"的个体成本与社会成本[EB/OL]. http://hlj. rednet. cn/c/2012/05/23/2622875. htm.(2012-05-23)

### (六)个体成本与社会成本

**1. 个体成本**

个体成本是从企业生产者角度所考虑的成本,如上文所述,人们对于个体成本的理解,都一般会局限在会计成本的概念上,即企业生产者按照市场价格支付出去的一切费用。实际上,在管理经济学中个体成本还应当包括生产者自有要素的投入成本,即隐性成本,隐性成本也是从企业生产者角度应该考虑的成本。

**2. 社会成本**

社会成本就是从全社会的角度来考虑的成本,它不仅包括生产者为某一生产经营过程所必须投入的成本,还应该考虑整个社会为此所付出的代价,这代价就成为社会的外在成本,当然从全社会的角度出发也要考虑全社会从企业的生产经营活动所获得的收益。

最典型的社会成本的例子就是对环境污染的治理费用。一个企业,在产品生产经营过程中,对社会环境造成了很大污染。而企业支付的排污费用往往不够社会为了危害广大社会群众的健康进行环境治理而支付的高额费用。其实,香烟的生产也存在着巨额的社会成本,吸烟造成的疾病使社会每年损失大量的劳动力并花费了巨额的医疗费用,由此造成的损失就是烟草行业的社会外在成本。

同时,一些行业的生产经营活动也会给社会带来除了企业个体收益以外的社会收益。例如,集成电路制造业的发展,除了本行业得利之外,由于集成电路应用十分广泛,很多行业产品的更新换代也从中受益,这就是社会外在利益。

从全社会的角度考虑,作决策时,特别是关于重大项目的决策时,要考虑社会成本。

## 二、管理决策中的利润概念

在管理经济学中,利润的含义和企业生产经营过程中利润含义也有所不同,下面就对比介绍几个不同的利润概念。

### (一)正常利润

正常利润是企业家才能的报酬,是承担风险的报酬,是企业家才能的价格,是企业家才能的机会成本。

企业家的才能使得劳动、资本和土地能够结合在一起生产出更多的产品,因此,市场对企业家才能需求很大,而企业家才能实际上供给不多。也就是说,并不是每个人都具有企业家的经营管理天赋和才能。只有那些有胆识、有能力又受到良好教育的人才具有企业家才能。企业家才能的这种特点,决定了企业家才能的价格——正常利润是很高的。也可以说，正常利润是一种特殊的工资，其特殊性就在于其数额远远高于一般劳动所得的工资。

如果企业家是经营自己的企业，那么就是自己雇用自己，正常利润就是隐性成本。如果一个企业老板雇用他人，也就是购买他人的企业家才能而支付的薪金也构成正常利润，但其是显性成本。

由此可见，在企业的经营管理决策中，应该把正常利润计入企业的成本。由于企业的利润等于总收益减去总成本，所以，当企业的利润为零时，企业仍然可以得到全部的正常利润，因而企业才可能会选择继续生产。

正常利润是吸引企业家在生产经营中承担风险而不致流失的报酬，其数值大小等于企业家才能的机会成本。不同行业风险不同，所以一般风险大的行业企业家才能报酬也就是正常利润通常要稍微高一些。如果企业得不到正常利润，对于一个特定的行业来说，也就是企业家才能得不到正常的报酬，那么这个行业的企业家才能供应就会减少，这个行业就会出现企业数量减少和行业萧条的结果。

### 小贴士

#### 业绩超预期 惠普 CEO 惠特曼薪水从 1 美元提高到 150 万美元

CNET 科技资讯网 2013 年 12 月 18 日  国际报道  据周二公布的一份由惠普公司提交至美国证券交易委员会的文件显示，由于惠普公司股价超出华尔街预期，作为奖励，公司董事会决定大幅提高总裁兼首席执行官梅格·惠特曼（Meg Whitman）的工资水平，由之前的仅 1 美元提高到 150 万美元。

这份文件称，公司董事会打算"把惠特曼的工资水平提高到能够与惠普同行公司 CEO 薪水标准竞争水平"。据悉，惠特曼工资增长决定自 11 月 1 日起施行。

分析人士认为，惠普股价在过去的一年里的强劲表现，或许才是促使董事会做出调高惠特曼薪水标准的最主要原因。由于在公司多个部门、产品线削减成本，尽管公司第四季度营收下降，但其每股赢利超出预期。在过去的一个季度里，《惠普财报》显示公司赢利 14 亿美元，每股合 73 美分。惠特曼在 2011 年接管惠普 CEO 职位时，她加入了硅谷"1 美元薪水高管团队"当中。而且这位前 eBay 首席执行官，根据惠普 2004 年制订的员工股票激励计划还自主选择购买 190 万股的惠普股票期权，前提是公司股价增长 120% 才得以行使这些股票期权。

尽管惠特曼薪水微薄，但在年终，其被授予了丰厚的年终奖金。去年，她收到了 170 万美元的年终奖金和额外的股票期权。

在过去十年时间里，硅谷诸多科技公司的高管都象征性地领取了"1 美元薪水"，这在硅谷已经成为一种普遍现象，选择领取这种象征性 1 美元薪水的高管包括苹果公司前 CEO 史蒂夫·乔布斯（Steve Jobs）；谷歌的埃里克·施密特（Eric Schmidt）、谢尔盖·布林（Sergey Brin）和拉里·佩奇（Larry Page）以及雅虎的卡罗尔·巴茨（Carol Bartz）和特里·塞梅尔（Terry Semel）；思科系统公司的约翰·钱伯斯（John Chambers），甲骨文公司的拉里·埃里森（Larry Ellison）等。

惠普对此报道未作其他评论。

## （二）会计利润

正如在第一章导论中已经介绍过的，日常生产经营中企业所说的利润通常指的是会计利润。会计利润是指企业在会计账目上反映出来的已经实现的经营成果，反映企业的过去。会计利润的计算方法是用已取得的销售收入减去会计账目上已经发生的各种费用，所得的差额就是会计利润。

会计利润＝销售收入－会计成本

因为会计成本等于显性成本，所以会计利润的计算公式也可以写为

会计利润＝销售收入－显性成本

会计利润是企业已经取得的经营成果，不管怎样计算，只要账目数据和计算方法正确，其结果不会有任何改变。

对企业管理者来说，在生产经营活动决策中仅仅考虑会计利润是不够的，因为会计利润只考虑了企业表面发生的成本费用，即显性成本，没有考虑隐性成本，也没有考虑企业的资产升值或贬值。

## （三）经济利润

经济学家所分析的利润指的是经济利润，管理经济学中面向决策的利润也是经济利润。经济利润的计算方法是企业获得的销售收入减去企业所有投入可能付出的代价即机会成本。

经济利润＝销售收入－机会成本

由于所有投入付出的代价即机会成本不仅包括显性成本，还包括隐性成本，所以，经济利润的计算公式也可以写为

经济利润＝销售收入－（显性成本＋隐性成本）

经济利润与资源的配置状况有关，资源配置的方式和水平不同，其经济利润就可能出现较大差异。

在管理经济学中，经济利润是决策者决策的基础。决策者的重要职责就是在于通过资源的合理配置，将企业内部的利润潜力充分地挖掘出来，将其转化为账面利润也就是会计利润。

现代企业建立以价值管理为核心的财务管理体系，经济利润法已成为越来越热门的理财思想，它的诱人之处在于：以经济利润为企业目标，它既可以推动价值创造的观念深入企业上下，又与企业股东和债权人要求比资本成本更高的收益目标相一致，从而有助于实现企业价值和股东财富最大化。

 **案例 5-2**

### 王某创业究竟赚了几何

王某是某公司销售部经理，年薪 8 万元，存入银行可得利息 0.5 万元。现决定开一家百货超市，将自己所拥有的一店面房作为超市营业用房，原店面房租收入 3 万元，还需要

雇用 5 名员工,经营 1 年后,账目如下:总销售收入 25 万元;而超市商品成本 6 万元,雇员工资 3 万元,水电杂费 1 万元,那么总(显性)成本是 10 万元。

根据会计利润的计算公式:

$$会计利润 = 销售收入 - 会计成本$$
$$= 销售收入 - 显性成本$$
$$= 25 - 10$$
$$= 15(万元)$$

但是这一会计利润不能准确显示企业的经济状况,因为它忽略了隐性成本:王某提供了金融资本、店面和劳动力,发生了隐性成本(放弃的收入)。则经济利润的计算就要考虑隐性成本:其中会计利润是 15 万元,另放弃的薪金收入是 8 万元、放弃的利息收入是 0.5 万元、放弃的租金收入是 3 万元,总隐性成本 11.5 万元。

根据经济利润的计算公式:

$$经济利润 = 销售收入 - 机会成本$$
$$= 销售收入 - (显性成本 + 隐性成本)$$
$$= 销售收入 - (会计成本 + 隐性成本)$$
$$= 25 - (10 + 11.5)$$
$$= 3.5(万元)$$

显然,一般情况下,会计利润大于经济利润。

### (四)利润贡献

所谓利润贡献,是指销售收入减去变动成本后的余额,常被通俗地称为"毛利",是管理会计中一个经常使用的重要概念。利润贡献一般可以分为单位产品的利润贡献和全部产品的利润贡献。

全部产品的利润贡献计算公式为

$$D = Q \times (P - V)$$

式中,$Q$ 为销售数量;$P$ 为销售单价;$V$ 为单位变动成本;$D$ 为利润贡献总额。

单位产品的利润贡献计算公式为

$$d = P - V$$

式中,$P$ 为销售单价;$V$ 为单位变动成本;$d$ 为单位利润贡献。

利润贡献是企业生产经营活动中的最低限度的经济要求,如果一种产品不能提供利润贡献,那么就应该放弃对这种产品的生产经营。显然,利润贡献越大越好。利润贡献的作用一是补偿成本;二是形成利润。

企业在进行生产结构、产品定价等经营决策时,要根据产品的利润贡献作为重要的决策依据之一进行效益的分析和评价。

## 第二节　短期成本函数

成本函数是从货币形态研究投入和产出之间的关系,通过对其变化管理的了解,有助于提高企业管理决策的科学水平。

生产函数表明投入与产量之间的技术关系,这种技术关系与投入要素的价格相结合,就决定了产品的成本函数。那么假定要素价格与技术水平不变,成本的高低就取决于要素投入量的多少。因此可知,成本函数来源于生产函数,只要知道某个产品的生产函数,以及生产投入要素的价格,就可以推导出其成本函数。也就是说,成本函数反映的是企业一定量的产出与其生产成本之间的关系。

与生产函数一样,成本函数也可以分为短期成本函数和长期成本函数。

在短期内,一部分生产投入要素固定不变,所以,短期成本函数中除了包括变动成本外还包括固定成本,其公式为 $C = f(Q) + b$。短期成本函数通常用来反映现有企业中产量与成本的关系,所以,它主要用于企业的日常生产经营决策。

而在长期中,所有的生产投入要素都是可变的,因而没有固定成本和变动成本之说,其公式为 $C = f(Q)$。长期成本函数表示的是从长期看企业有可能调整它的各种资产、寻求最优要素组合的成本函数,所以,长期成本函数一般用于长期规划。

## 一、短期总成本

正如本章第一节相关内容所介绍,在短期内,企业根据生产要素的投入能否随意进行调整可以将其投入的成本划分为固定成本和变动成本两个组成部分。

### (一)固定成本

固定成本也称为不变成本,是指企业在短期内对不能调整的不变生产要素所支付的总成本,一般用 $TFC$ 来表示。由于在短期内,不论企业的产量是多是少,总固定成本总是一个常数,即使产量为零,也需要支付同样数量的总固定成本。

所以,固定成本用公式表示就是:$TFC = b$。如果用横轴表示产量 $Q$,纵轴表示成本 $C$,则固定成本 $TFC$ 曲线为一条平行于横轴的直线,它表示在短期内,无论产量如何变化,固定成本都是不变的,如图 5-1 所示。

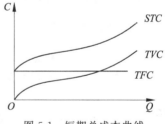

图 5-1　短期总成本曲线

### (二)变动成本

变动成本也称为可变成本,是企业在短期内可以随意调整的可变生产投入要素的总成本,一般用 $TVC$ 来表示。在短期内,企业根据产量的变化来不断调整可变生产投入要素的投入量,所以,总变动成本是随着产量的变动而变动的。当产量为零时,总可变成本也为零。当产量大于零时,总可变成本随着产量的增加而增加,随着产量的减少而减少。

变动成本的函数形式为:$TVC = TVC(Q)$。在图形上,变动成本 $TVC$ 的曲线是一条由原点出发向右上方倾斜的曲线,该曲线先下凹后上凹,表示随着产量的增加,变动成本先以递减的速度增加,再以递增的速度增加,如图 5-1 所示。

### (三)短期总成本

短期总成本是指短期内企业对全部生产要素投入所支付的总成本,一般用 $STC$ 或者

$TC$ 来表示。短期总成本等于短期固定成本和短期变动成本的加总,所以,短期总成本的函数公式可以表示为

$$STC(Q) = TVC(Q) + TFC$$
$$= TVC(Q) + b$$

在同一个坐标系中,短期总成本 $STC$ 的曲线是将变动成本 $TVC$ 的曲线向上垂直平移总固定成本 $TFC$ 的距离所得到的,理论上 $STC$ 形状与 $TVC$ 形状一致,如图 5-1 所示。

## 二、短期平均成本

平均成本是每单位产品所分担的成本,有平均固定成本、平均变动成本和短期平均成本之分。

### (一)平均固定成本

平均固定成本也称为平均不变成本,是指短期内企业平均每生产一单位产品所耗费的固定成本,一般用 $AFC$ 来表示。其公式为

$$AFC = TFC/Q$$

由于总固定成本是一个常量,所以平均固定成本 $AFC$ 会随着产量的增加而降低,所以其曲线表现为由左上方向右下方伸展,渐渐与横轴接近,是一条以横轴为渐近线的曲线,如图 5-2 所示。

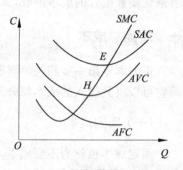

图 5-2 短期平均成本曲线

### (二)平均变动成本

平均变动成本也称为平均可变成本,是指短期内企业平均每生产一单位产品所耗费的变动成本,一般用 $AVC$ 来表示。其公式为

$$AVC = TVC/Q$$

短期平均变动成本 $AVC$ 随着产量的增加,生产投入要素的效率逐渐得到发挥,使得成本不断减少。但产量增加到一定程度之后,由于边际报酬递减规律显著地起作用,短期平均变动成本会随着产量的增加而增加。所以,平均变动成本 $AVC$ 的曲线是一条先下降后上升,呈 U 形的曲线,如图 5-2 所示。

### (三)短期平均成本

短期平均成本是企业在短期内平均每生产一个单位产品所耗费的全部成本,一般用 $SAC$ 或者 $AC$ 来表示。其公式为

$$SAC = AC = STC/Q$$

由于

$$STC = TVC + TFC$$

所以

$$SAC = (TVC + TFC)/Q$$
$$= AVC + AFC$$

因此,短期平均成本 SAC 曲线也是一条先下降后上升,呈 U 形的曲线,如图 5-2 所示。

## 三、短期边际成本

短期边际成本是指企业在短期内每增加一单位产品时所增加的总成本,一般用 $SMC$ 或者 $MC$ 来表示。其公式为

$$SMC = MC = \Delta STC / \Delta Q$$

我们知道,短期总成本 STC 由短期变动成本 TVC 和短期固定成本 TFC 组成,而短期固定成本 TFC 是固定不变的一个常量,不会随着产品的变化而发生变化。所以,当产量发生变化时,短期总成本的变化完全可以用短期变动成本 TVC 的变化来代替,因此,又可以得到:

$$SMC = \Delta STC / \Delta Q = \Delta TVC / \Delta Q$$

当产量的变动量趋近于零时,短期边际成本就是短期总成本对产量的导数,即

$$SMC = \mathrm{d}STC / \mathrm{d}Q$$
$$= \mathrm{d}TVC / \mathrm{d}Q$$

短期边际成本 SMC 的曲线也是一条呈 U 形的曲线,这同样也是边际报酬递减规律作用的结果,如图 5-2 所示。

## 四、短期成本之间的关系

### (一) 短期平均成本的边际成本之间的关系

可以通过图 5-2 来形象说明平均成本与边际成本之间的关系。

(1) AFC 是一条向右下方倾斜的曲线,表明随着产量的增加,分摊到每件产品中的固定成本减少。

(2) AVC、SAC、SMC 曲线都呈 U 形,表面这三种成本,最初随着产量的增加而下降,当下降到一定程度后,又随着产量的增加而上升。这是边际报酬递减规律作用的结果。

(3) SMC 曲线与 SAC 曲线一定相交于 SAC 曲线的最低点(E 点)。在相交之前,边际成本低于平均成本,平均成本下降;在相交之后,边际成本高于平均成本,平均成本上升。

SMC 曲线与 SAC 曲线的交点 E 称为盈亏平衡点。表明企业在短期内如果其产量小于 E 点所对应的产量,或者市场价格低于平均成本,则企业将亏损;若企业的产量大于该点所对应的产量,或者市场价格高于平均成本,则企业将会赢利;而在 E 点,企业盈亏平衡。

(4) SMC 曲线与 AVC 曲线相交于 AVC 曲线的最低点(H 点)。

SMC 曲线与 AVC 曲线的交点 H 称为停止营业点或者生产关闭点。当企业在短期内其生产经营处于亏损状态时,是否停产就由停止营业点所决定。

停止营业点表明,若企业的产量小于该点所对应的产量,或市场价格低于平均变动成本,则企业应该停止生产或者交易;若企业的产量大于该点所对应的产量,或者市场价格高于平均变动成本,虽然亏损,但企业应该继续生产或者继续交易;若在停止营业点上,企业生产或者停止生产所遭受的亏损额是一样的。

（二）短期成本表

对于本节所介绍的七个成本概念,可以通过图表来表示它们之间的关系,表 5-2 是某个企业生产某种产品的短期成本表,表中每一个产量 $Q$ 对应的总固定成本 $TFC$、总变动成本 $TVC$ 是经验数据,短期总成本 $STC$、平均固定成本 $AFC$、平均变动成本 $AVC$、短期平均成本 $SAC$ 和短期边际成本 $SMC$ 是计算出来的数据。该表体现了各种短期成本之间的变动关系。

**表 5-2　短期成本表**

| 产量 $(Q)$ | 总固定成本 $(TFC)$ | 总变动成本 $(TVC)$ | 短期总成本 $(STC=TFC+TVC)$ | 平均固定成本 $(AFC=TFC/Q)$ | 平均变动成本 $(AVC=TVC/Q)$ | 短期平均成本 $(SAC=STC/Q)$ | 短期边际成本 $(SMC=\Delta STC/\Delta Q)$ |
|---|---|---|---|---|---|---|---|
| 0 | 90 | 0 | 90 | — | — | — | — |
| 1 | 90 | 30 | 120 | 90 | 30 | 120 | 30 |
| 2 | 90 | 40 | 130 | 45 | 20 | 65 | 10 |
| 3 | 90 | 45 | 135 | 30 | 15 | 45 | 5 |
| 4 | 90 | 55 | 145 | 22.5 | 13.75 | 36.25 | 10 |
| 5 | 90 | 75 | 165 | 18 | 15 | 33 | 20 |
| 6 | 90 | 120 | 210 | 15 | 20 | 35 | 45 |

## 五、短期成本函数的估计

为了进行成本利润分析,需要对短期成本函数进行估计。

（一）由生产函数推导出成本函数

企业的生产函数和成本函数存在着紧密的联系。生产函数反映的是生产要素投入量与产出量之间的物质技术关系;成本函数反映的是生产成本与产出量之间的关系,而各种生产要素投入的价值总和就是企业的生产成本。因此,利用企业的生产函数,结合各种投入要素的价格,就可以推导出企业的成本函数。

（二）用统计方法估计成本函数

在短期中,由于固定成本不随产量的增减而变动,它的大小不会影响决策,所以在进行短期成本函数估计时一般只估计全部变动成本函数,而不是估计总成本函数。

估计短期成本函数的统计方法主要有简单外推法和回归分析法。

**1. 简单外推法**

简单外推法就是根据现有基本数据的内在联系来推测基本数据外部其他数据的值。简单外推法是成本估计的最简便方法,使用这种方法就是假定边际成本和平均变动成本在一定产量范围内保持不变,以这个假定为基础,根据目前的边际成本和平均变动成本,来推测其他产量水平上的边际成本和平均变动成本的值。

需要指出的是,边际成本和平均变动成本在一定产量范围内保持不变这个假设并不是很精确的,所以,用简单外推法来估计成本函数,其结果只能是近似值。

**2. 回归分析法**

回归分析法是常用的估计短期成本函数的方法。由于它只是用来估计某个企业的成本函数,所以一般只能使用时间序列数据。用回归分析法估计成本函数与使用回归分析法估计需求函数、生产函数在原理和步骤上相似,这里不再赘述。

# 第三节　长期成本函数

在经济学的长期状态中,企业可以根据需求的预测和现行的技术以及生产方法,选择企业生产规模、设备类型、各种劳动技能和原材料,使得各个生产要素达到最优配置,使成本达到最低。也就是说,在长期中,企业可以改变所有的生产要素投入,因此在长期中企业成本的最大特点是没有固定成本和变动成本之分,一切成本都是可变的。下面就通过长期总成本、长期平均成本和长期边际成本的概念与曲线来分析各长期成本之间的关系。

## 一、长期总成本

长期总成本函数并不是由长期本身所确定的,它实际上是根据各个不同经营规模的短期成本函数而形成的。只要企业可以自由地改变其生产规模,则长期总成本函数就能给出生产各种产出水平的最小成本。对于一种既定的产量水平,可以计算出各种可能生产规模的总成本,从而选定总成本最小的生产规模。因此,长期总成本 LTC 是指企业在长期各种产量水平上通过改变生产规模所能达到的最低总成本。其函数形式为

$$LTC = LTC(Q)$$

根据长期总成本函数的特征,可以由短期总成本曲线出发,推导出长期总成本曲线,如图 5-3 所示。

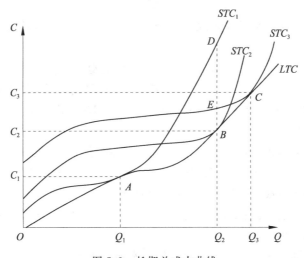

图 5-3　长期总成本曲线

在图 5-3 中,有三条短期总成本曲线 $STC_1$、$STC_2$ 和 $STC_3$,它们分别代表三种不同的生产规模。从三条短期总成本曲线所代表的生产规模看,$STC_1$ 曲线最小,$STC_2$ 曲线居中,$STC_3$ 曲线最大。

假定企业生产的产量为 $Q_2$,那么企业应该如何调整生产要素的投入量以降低总成本呢?在短期内,企业可能面临 $STC_1$ 曲线所代表的过小的生产规模或 $STC_3$ 曲线所代表的过大的生产规模,于是,企业只能按较高的总成本来生产产量 $Q_2$,即在 $STC_1$ 曲线上的 $D$ 点或在 $STC_3$ 曲线上的 $E$ 点进行生产。但若长期如此,情况就会发生变化。

企业在长期内可变动全部的生产要素投入量,选择最优的生产规模,于是,企业必然会选择 $STC_2$ 曲线所代表的生产规模进行生产,从而将总成本降低到所能达到的最低水平,即企业是在 $STC_2$ 曲线上的 $B$ 点进行生产。类似地,在长期内,企业会选择 $STC_1$ 曲线所代表的生产规模,在 $A$ 点上生产 $Q_1$ 的产量;选择 $STC_3$ 曲线所代表的生产规模,在 $C$ 点上生产 $Q_3$ 的产量。这样,企业都实现了既定产量下的最低总成本。

虽然在图中只有三条短期总成本曲线,但在理论分析上可以假定有无数条短期总成本曲线。这样一来,企业在任何一个产量水平上都可以找到一个相应的最优的生产规模,都可以把总成本降到最低水平,即可以找到无数个类似于 $A$、$B$、$C$ 的点,把这些点的轨迹连起来就形成了图中的长期总成本曲线 $LTC$。$LTC$ 曲线表示长期内企业在每一个产量水平上由最优生产规模所带来的最小生产总成本。

图 5-3 中,长期总成本曲线是从原点出发,向右上方倾斜的。它表示长期总成本随着产量的增加而增加,没有产量时就没有总成本。在开始时,要投入大量生产要素,而产量少时,这些生产要素无法得到充分利用,因此成本增加的比率大于产量增加的比率。当产量增加到一定程度后,生产要素开始得到充分利用,这时成本增加的比率小于产量增加的比率,这也是规模经济的效益。最后,由于规模收益递减,成本增加的比率又大于产量增加的比率。因此产量在 $O \sim Q_1$ 时,长期总成本曲线比较陡峭,说明成本增加的比率大于产量增加的比率;产量在 $Q_1 \sim Q_2$ 时,曲线平坦;产量在 $Q_2$ 以后,曲线比较陡峭。

## 二、长期平均成本

长期平均成本等于长期总成本除以产量。根据长期总成本函数可以得到长期平均成本函数:

$$LAC(Q) = LTC(Q)/Q$$

长期属于计划期,一个长期是由多个短期构成的,因此,长期平均成本是企业的计划平均成本,它对于企业的长期决策至关重要。追求利润最大化的企业在制订生产计划时,必然设法把长期平均成本降到最低点。

长期平均成本函数可以通过长期总成本函数来推导,同样,长期平均成本曲线也可以通过长期总成本曲线来推导。在分析长期总成本曲线时我们知道,企业可以在每一个产量水平上实现最小的总成本。因此,可以推论企业在长期实现每一个产量水平上的最小总成本的同时,必然也就实现了相应的最小平均成本。所以,长期平均成本曲线可以根据长期总成本曲线来画出。

长期平均成本曲线还可以根据短期平均成本曲线求得。

平均成本的高低与企业规模的大小、产出水平的高低有关。如果以太大的规模生产较低的产量,或以太小的规模生产较高的产量,都会产生较高的平均成本。为了使每一产量水平上都能达到最低的平均成本,企业在长期要为每一个产出水平选择一个最适宜的生产规模。借助于图 5-4,我们来看企业是如何选择生产规模的。

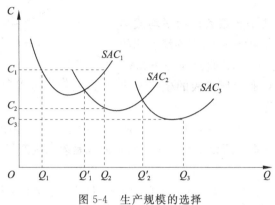

图 5-4 生产规模的选择

假设某企业可以利用大、中、小三种生产规模进行生产,在图 5-4 中有三条短期平均成本曲线 $SAC_1$、$SAC_2$ 和 $SAC_3$,它们分别代表了三种不同的生产规模,$SAC_1$ 是小规模生产所产生的短期平均成本曲线,$SAC_2$ 是中规模生产所产生的短期平均成本曲线,$SAC_3$ 是大规模生产所产生的短期平均成本曲线。

企业若打算生产 $Q_1$ 的产量,就应该选择 $SAC_1$ 代表的小生产规模,因为对于产量 $Q_1$ 而言,平均成本 $OC_1$ 低于其他任何生产规模下的平均成本。同样,企业若打算生产 $Q_2$ 的产量,就应该选择 $SAC_2$ 代表的中等生产规模,相应的最小平均成本为 $OC_2$;企业若打算生产 $Q_3$ 的产量,就应该选择 $SAC_3$ 代表的大生产规模,相应的最小平均成本为 $OC_3$。

有时某一种产量水平可以用两种规模中的任何一种规模生产,而产生相同的平均成本。例如,如果企业生产的产量为 $Q_1'$,则企业既可选择 $SAC_1$ 曲线所代表的小生产规模,也可选择 $SAC_2$ 曲线所代表的中等生产规模。因为这两个生产规模都能以相同的最低平均成本生产这一产量水平。

企业究竟选择哪一种规模生产,要由长期产品的销售量而定。若长期产品的销售量会在 $Q_1'$ 的基础上进一步扩张,则应该选择与 $SAC_2$ 曲线对应的中等生产规模,以便今后产量的扩张;若长期产品的销售量会在 $Q_1'$ 的基础上收缩,则应该选择与 $SAC_1$ 曲线对应的小规模进行生产,该生产规模相对较小,企业的投资也可以少一些。企业的这种考虑和选择对于其他类似的每两条短期平均成本曲线的交点,如 $Q_2'$ 的产量,也是同样适用的。

企业长期决策与短期决策不同。短期内,由于生产规模不能变动,因此企业要做到在既定的规模下使平均成本降到最低。长期决策则要在相应的产量下使成本最低。例如,在图 5-4 中,假定企业现有的生产规模由 $SAC_1$ 曲线所代表,要生产 $Q_2$ 的产出水平,在短期内企业只能以 $C_1$ 的成本来生产,这一成本在短期内是能生产 $Q_2$ 产量的最低成本。

在长期,企业可以将生产规模调整到 $SAC_2$ 曲线上,就可以更低的成本 $C_2$ 来生产同样的产量。由以上的分析可见,沿着图中所有的 $SAC$ 曲线的外沿部分,企业总是可以找到长期内生产某一产量的最低平均成本的。由于在长期内可供企业选择的生产规模是很多的,在理论分析中,可以假定生产规模无限细分,从而可以有无数条 SAC 曲线,于是,便得到图 5-5 中的长期平均成本曲线 LAC。

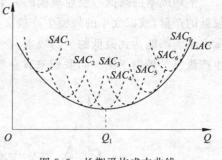

图 5-5　长期平均成本曲线

长期平均成本曲线是无数条短期平均成本曲线的包络线。在这条包络线上,在连续变化的每一个产量水平,都存在 LAC 曲线和一条 SAC 曲线的相切点,该 SAC 曲线所代表的生产规模就是生产该产量的最优生产规模,该切点所对应的平均成本就是相应的最低平均成本。LAC 曲线表示企业在长期内每一产量水平上可以实现的最小的平均成本。所以说长期平均成本曲线是表示生产每一种可行产量水平的最低单位成本曲线。

图 5-5 中长期平均成本曲线呈先下降后上升的 U 形,这种形状和短期平均成本曲线是很相似的。但是,两者形成 U 形的原因并不相同。短期平均成本曲线呈 U 形的原因是受到短期生产函数的边际报酬递减规律的作用。长期平均成本曲线的 U 形特征主要是由长期生产中的规模经济和规模不经济所决定的。

## 三、长期边际成本

长期边际成本表示企业在长期内每增加一个单位产量所引起的长期总成本的增加量。长期边际成本函数可以写为

$$LMC(Q) = \Delta LTC(Q)/\Delta Q$$

当 $\Delta Q$ 的变量极小时,也可写为

$$LMC(Q) = dLTC(Q)/dQ$$

长期边际成本 LMC 曲线可以由长期总成本 LTC 曲线得到。因为 $LMC = dLTC/dQ$,所以,只要把每一个产量水平上的 LTC 曲线的斜率值描绘在产量和成本的平面坐标图中,便可得到长期边际成本 LMC 曲线。长期边际成本 LMC 曲线也可以由短期边际成本 SMC 曲线得到,但它并不是由许多短期边际成本曲线的包络线所形成的,以下具体说明推导的过程。

在长期内的每一个产量水平上,LTC 曲线都与一条代表最优生产规模的 STC 曲线相切,这说明这两条曲线的斜率是相等的。由于长期总成本 LTC 曲线的斜率是长期边际成本 LMC 的值,因为 $LMC = dLTC/dQ$,而短期总成本 STC 曲线的斜率是短期边际成本 SMC 的值。因为 $SMC = dSTC/dQ$,因此可以推知,在长期内每一个产量水平上,LMC 值都与代表最优生产规模的 SMC 值相等。根据这种关系,便可以由短期边际成本 SMC 曲线推导出长期边际成本 LMC 曲线。

如图 5-6 所示,长期边际成本 LMC 曲线呈 U 形,它与长期平均成本 LAC 曲线相交于长期平均成本 LAC 曲线的最低点,这与短期边际成本 SMC 曲线和短期平均成本 SAC 曲线的关系是一样的。当 $LMC = LAC$ 时,LMC 曲线在 LAC 曲线的最低点相交,且在交点处有 $LMC = LAC = SAC = SMC$。

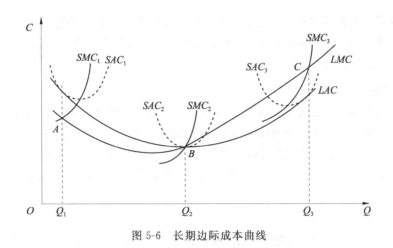

图 5-6　长期边际成本曲线

## 四、长期成本函数的估计

长期成本函数的估计必然要包括全部成本,估计长期成本函数主要有回归分析法和技术法,使用方法的选择取决于所掌握的成本资料。

### (一)回归分析法

运用回归分析法估计长期成本函数与估计短期成本函数的方法相似,不过,在估计短期成本函数时常用时间序列数据,而估计长期成本函数时则较常使用横截面数据。在使用横截面数据对长期成本函数进行估计时,就数据的收集和处理需要注意以下几个问题。

(1)对生产要素的价格进行调整。由于使用的是横截面数据,因此不同地区的生产要素价格可能不同,所以在使用数据前,需要对价格进行调整。

(2)对不同企业的成本数据进行调整。不同企业的成本核算和分摊方法有可能不同,因此需要对不同企业的成本数据进行调整。

(3)尽可能选择经营效率高的生产企业收集观察数据。只有每个企业的观察点正好处于短期成本曲线与长期成本曲线的切点上,长期成本函数的估计才能准确。为了满足这一要求,要求收集观察数据的企业都必须是这一规模企业中经营效率最高的企业,以保证观察点尽可能接近这一规模企业短期成本曲线的最低点。

### (二)技术法

技术法中包含生存技术法和工程技术法两种具体方法。

#### 1. 生存技术法

生存技术法的基本思路是:如果一个行业内规模较大的企业和规模较小的企业能够长期并存,则意味着大企业并没有成本优势,该行业的规模报酬可以近似地认为是不变的。如果该行业存在着规模报酬递增,则长期内大企业依赖较低的平均成本可以将小企业排挤出去,也就只有大企业能够生存下去。

这样,如果按照生产规模对一个行业的企业进行分类,就可以计算不同规模类别的厂商在长期内所占有的市场份额变化,当发现在考察期内小企业的市场份额下降而大企业的市场份额提高,就可以证明该行业存在着规模经济,如果生产份额变化不大,则可以证明该行业的规模报酬不变。

### 2. 工程技术法

工程技术法主要是依据生产函数表达的技术关系,再结合各种生产要素投入价格来推导企业的长期成本函数。运用这种方法的基础在于准确地估计出生产函数,当给定要生产的产量水平时,将生产该产量的各种投入要素乘以价格就可以求解出该产量的长期成本。这种方法的优点是不受技术水平变化、物价水平变化和估计区域要素价格差异的影响。

## 第四节  成本利润分析的应用

### 一、收益与利润概述

#### (一)收益

收益是指企业销售产品所得到的全部收入。所以收益中既包含了成本,又包括了利润。

收益可以分为总收益(TR)、平均收益(AR)和边际收益(MR)。总收益(TR)是企业销售一定量产品的全部收入。平均收益(AR)是企业销售每一单位产品所得到的收入。边际收益(MR)是企业每增加销售一单位产品所增加的收入。它们的计算公式分别为

$$TR = AR \times Q$$
$$AR = TR/Q$$
$$MR = \Delta TR/\Delta Q = dTR/dQ$$

在理解收益的含义时必须注意以下几个问题。

(1)收益并不等于利润,不是出售产品所赚的钱,而是销售产品所得到的钱。

(2)收益是产量与价格的乘积,若不考虑价格因素,收益就是产量。因此,总收益、平均收益、边际收益的变动规律与曲线形状与总产量、平均产量、边际产量的变动规律与曲线形状是相同的。

(3)在不同的市场结构中,收益变动的规律并不完全相同,边际收益曲线和平均收益曲线的形状也并不相同。

#### (二)利润和利润最大化原则

管理经济学中所讲的利润,一般指的是经济利润,也叫超额利润,也就是企业总收益和总成本的差额。而企业的正常利润包含在企业的总成本当中,即为前述隐性成本的一部分。

利润最大化原则是指企业从事生产或出售商品的目的是为了赚取利润。如果总收益等于总成本,企业不亏不赚,只获得正常利润;如果总收益小于总成本,企业便要发生亏损。企业从事生产或出售商品不仅要求获取利润,而且要求获取最大利润。

　　企业利润最大化原则就是产量的边际收益等于边际成本的原则。边际收益是最后增加一单位销售量所增加的收益,边际成本是最后增加一单位产量所增加的成本。

　　如果最后增加一单位产量的边际收益大于边际成本,就意味着增加产量可以增加总利润,于是企业会继续增加产量,以实现最大利润目标。如果最后增加一单位产量的边际收益小于边际成本,就意味着增加产量不仅不能增加利润,反而会发生亏损,这时企业为了实现最大利润目标,就不会增加产量而会减少产量。

　　只有在边际收益等于边际成本时,企业的总利润才能达到极大值。所以 $MR=MC$ 成为利润极大化的条件,这一利润极大化条件适用于所有类型的市场结构。

## 二、贡献分析法的应用

### (一)贡献分析法

　　贡献分析法实际上是增量分析法在成本利润分析中的应用。一个方案的贡献是该方案能够给企业带来的利润。通过对某方案贡献的计算和比较,来分析判断这个方案是否可以被接受的方法,就是贡献分析法。根据贡献的定义可以知道,某项决策的贡献表示为该决策所引起的增量收入减去该决策所引起的增量成本。其公式为

贡献(增量利润)=增量收入-增量成本

　　管理经济学者运用增量分析法来对决策进行判别时,主要看增量利润。如果存在正的增量利润值,也就是贡献大于零,说明该决策可以使利润增加,因此该决策是可以接受的;如果两个以上的方案的贡献都大于零,那么贡献大的方案就是较好的方案;反之,如果该决策不能带来增量利润,也就是贡献小于零,那么该决策是不可接受的。

　　如果企业生产的产品市场价格不变,则增加单位产品销售的增量收入就是产品的价格,而增加单位产量销售的增量成本就是企业的变动成本。因此,单位产品贡献就可以表示为价格与平均变动成本之间的差额,即价格减去平均变动成本,也就是出售一个单位产品得到的收入,在补偿了变动成本之后,剩下的部分就是增量利润,也就是贡献。

单位产品的贡献=价格(收入)-单位变动成本

　　由于价格是由变动成本、固定成本和利润三个部分组成,因此,单位产品的贡献也等于固定成本加上利润,其经济含义是:企业得到的贡献首先用来补偿固定成本的支出,剩下的部分就是企业的利润。当企业的利润为零时,贡献值等于固定成本值。

　　贡献分析法主要用于企业的短期决策。因为在短期决策中,企业的设备、厂房等支出构成其固定成本,即使企业不生产,也仍然要支出,所以在决策时不用加以考虑。因此,在短期决策中,衡量决策的标准应该是贡献(增量利润),而不是利润。

## 【例 5-1】

　　某文具生产企业单位产品的变动成本为 3 元,总固定成本为 10 000 元,原来市场销售单价为 5 元,现在有客户愿意以 4 元的价格订货 5000 件,这个企业如果不接受这笔订单则无活可干。请问企业是否应该接受该订单?

　　**解:**该企业如果接受订单,则接受订单后的利润是:

$$利润＝销售收入－（总变动成本＋总固定成本）$$
$$＝5000×4－（3×5000＋10\ 000）$$
$$＝－5000（元）$$

企业接受订单后的贡献为：

$$贡献＝单位产品贡献×产量$$
$$＝（价格－单位变动成本）×产量$$
$$＝（4－3）×5000$$
$$＝5000（元）$$

如果该文具企业根据利润来决策，由于企业接受订单进行生产销售后的利润为负值，也就是企业要亏损 5000 元，因此企业不应该接受此订单。但这种做法是错误的，因为在利润的计算中，企业把固定成本考虑进去了，而固定成本在这里是沉没成本，不应加以考虑。

企业应该按照该订单有无贡献来进行决策，贡献是指利润的变化。如果企业不接受该订单，同时企业也没有其他活干，企业仍然要支出固定成本，即企业利润为 －10 000 元。接受订单后，企业的利润为 －5000 元。两者比较，企业若接受该订单可以减少亏损 5000 元，这就是利润的变化量，即贡献，贡献在这种情况下大于零，所以企业应该接受此订单。

贡献是企业短期决策的依据，但这并不是说企业的利润不重要。当企业进行长期决策时依据的是利润，如某企业是否要新建一家工厂，就属于长期决策。如果企业长期利润为负值，情况得不到扭转，企业最终就要破产。所以，对于企业管理者而言，长期决策和短期决策的依据标准是不一样的。

### （二）贡献分析法的应用

贡献分析法应用得非常广泛，可以作为企业制定各种决策的依据，下面主要从几个方面来进行探讨。

### 1. 是否接受订单

如果企业面临一个订单，其订货价格低于单位产品的全部成本，那么对于这种订货，企业要不要接受？一般情况下乍一看，订货价格低于单位产品的全部成本，肯定会增加企业的亏损，企业不应该接受该订单。但事实是在一定条件下完全可以接受这种订货价格低于单位全部成本的订单，这种订单也能增加企业的利润。这就需要用贡献分析法来进行分析。这些一定的条件包括：

（1）企业有剩余的生产能力。

（2）接受这个订单不影响企业的正常销售。

（3）虽然这个订单的订货价格低于单位产品的全部成本（包括固定成本在内），但其订货价格高于产品的单位变动成本。

### 【例 5-2】

某计算器生产小企业生产 CA 和 CB 两种型号的计算器，有家文具店愿意按照 8 元的单价订购 CA 计算器 2 万个，该企业现在每年生产 CA 型计算器 16 万个，如果接受这个 2 万个的 CA 计算器的订单,必须减少 CB 型号的计算器 6000 个。CA 计算器和 CB 计算机器两个型号的产品成本、价格如表 5-3 所示。

表 5-3　CA 计算器和 CB 计算器两种计算器的成本与价格　　　　　单位:元

| 核 算 项 目 | CA 计算器 | CB 计算器 |
|---|---|---|
| 直接材料费 | 2 | 1.5 |
| 直接人工工资 | 2 | 2 |
| 变动间接费用 | 1 | 2 |
| 固定间接费用 | 5 | 5.5 |
| 利润 | 2 | 2 |
| 批发价格 | 12 | 13 |

**解**:对于该计算器生产企业来说,是否接受这个订单,取决于两种情况下贡献(增量利润)的比较:

$$贡献(增量利润)＝20\,000×[8－(2＋2＋1)]－6000×[13－(1.5＋2＋2)]$$
$$＝60\,000－45\,000$$
$$＝15\,000(元)$$

尽管这个 8 元的订货价格低于其批发价格 12 元,但是由于接受这个订单的贡献值大于零,为 15 000 元,说明接受这个订单能够使得企业的利润增加,所以企业应该接受这个订单。

**2. 选择自己生产还是外购**

企业在日常生产经营中经常需要进行这样的选择:产品中的某个零配件是自己生产还是从企业外购买? 对于企业而言,究竟选择自己生产还是外购,通常取决于两种行为成本的高低。一般来说,企业通常选择成本更低的行为方案。

**【例 5-3】**

某企业生产自己产品中所需要的某种螺丝 3000 个,其成本数据如表 5-4 所示。如果企业从外面购买这种螺丝,每个的价格为 10 元,并且可以节省固定间接费用 3000 元(固定的管理人员可以调配去做其他工作,节省 3000 元),不做这个螺丝时一些闲置的机器设备可以出租,租金收入是 4000 元。那么,这个企业是应该自己生产这 3000 个螺丝还是应该外购?

表 5-4　3000 个螺丝的生产成本　　　　　单位:元

| 核 算 项 目 | 总成本 | 单位成本 |
|---|---|---|
| 直接材料费 | 3000 | 1 |
| 直接人工工资 | 12 000 | 4 |
| 变动间接费用 | 6000 | 2 |
| 固定间接费用 | 12 000 | 4 |
| 合　计 | 33 000 | 11 |

**解**:对于该企业而言,选择自己生产还是进行对外采购,取决于这两种行为方案成本

的高低。但是需要注意的是,在计算自己生产的增量成本时,不应该包括固定间接费用,因为它是沉没成本。但是要把发生的两笔机会成本(外购时可以节省的固定间接费用3000元和闲置的机器设备可能的租金收入4000元)包括进去。

如果选择自己生产:

$$增产成本＝3000＋12\,000＋6000＋3000＋4000＝28\,000(元)$$

如果选择外购:

$$增量成本＝10×3000＝30\,000(元)$$

由于30 000元大于28 000元,说明企业进行外购的增量成本大于企业自己生产的增量成本,所以,虽然企业自制的单位成本11元大于外购成本10元,企业更理性的选择还是应该自己生产。

### 3. 扩展哪种新产品的生产

如果企业打算用剩余的生产能力增加新产品生产时,如果有几种新产品可供选择,那么企业究竟应该选择哪种新产品进行生产呢? 拿什么作为选择的依据? 显而易见,企业应该用贡献分析法来选择贡献更大的产品。

### 【例 5-4】

某工厂原来只生产产品A,现在B和C两种新产品可以上马。但是因为企业的剩余生产能力比较有限,只允许将其中一种产品投入生产。该工厂每月的总固定成本是100 000元,增加一种新产品的生产也不会增加固定成本。新、老产品有关成本价格数据如表5-5所示。

表 5-5　新、老产品的成本价格数据

| 项　目 | 产品 A | 产品 B | 产品 C |
|---|---|---|---|
| 月销售量(个) | 40 000 | 20 000 | 100 000 |
| 销售单价(元) | 10 | 20 | 6 |
| 单位变动成本(元) | 4 | 10.8 | 4 |

**解**:该工厂究竟选择上马生产哪一种新产品,取决于其贡献的大小。

新产品B的贡献:　　$(20-10.8)×20\,000=184\,000$ (元)

新产品C的贡献:　　$(6-4)×100\,000=200\,000$ (元)

显而易见,新产品C的贡献大于新产品B的贡献16 000元(200 000-184 000),所以应该选择新产品C进行生产,因为它比选择新产品B能够多得利润16 000元。

### 4. 亏损产品是否要停产

企业通常面临这样的选择:企业同时生产几种产品,其中一种产品是亏损的,那么企业是否应该停止生产该种产品? 企业亏损说明该产品的销售价格低于该产品的单位总成本,那么企业是否停止这种产品的生产主要取决于该产品的贡献。如果其贡献大于零,则企业应该继续生产;如果这种产品的贡献小于零,那么企业应该停止生产它。

**【例 5-5】**

假定某企业同时生产 A、B、C 三种产品,其中产品 C 是亏损的,三种产品每月的销售收入、成本和利润数据如表 5-6 所示。

表 5-6　三种产品每月的销售收入、成本和利润数据　　　单位:万元

| 核算项目 | 产品 A | 产品 B | 产品 C | 总　计 |
|---|---|---|---|---|
| 销售收入 | 500 | 750 | 1250 | 2500 |
| 变动成本 | 350 | 500 | 1100 | 1950 |
| 固定成本 | 100 | 150 | 250 | 500 |
| 利润 | 50 | 100 | —100 | 50 |

**解:**企业是否要停止产品 C 的生产,不能单看它是否亏损,还要看生产产品 C 是否能够为企业提供贡献,如果产品 C 的贡献大于零,就应该继续生产;如其贡献为负值,就应该停止生产。

产品 C 的贡献:　　　　　　1250－1100＝150(万元)

所以,不应该停止产品 C 的生产,因为这样反而会使企业的总利润减少 150 万元。

需要说明的是,这个不停止产品 C 的生产是基于两个假设为前提的:一是停止一个产品的生产后企业的总固定成本保持不变,在上述例子中,停产产品 C 后企业的总固定资本还是 500 万元;二是假定停产某产品后,生产这个产品的生产能力被闲置不用。在这个例子中,如果停止生产产品 C,会使企业从原来的盈利 50 万元变为亏损 100 万元,使得企业净减少利润 150 万元(具体数据分析见表 5-7)。

表 5-7　是否停产产品 C 对企业的影响　　　单位:万元

| 核算项目 | 企业合计 | | |
|---|---|---|---|
| | 继续生产产品 C | 停止生产产品 C | ＋差额 |
| 销售收入 | 2500 | 1250 | |
| 变动成本 | 1950 | 850 | |
| 固定成本 | 500 | 500 | |
| 利润 | 50 | —100 | —150 |

**5. 有限资源如何最优使用**

企业的资源一般是指企业进行产品生产所不可缺少的原材料、设备、资金和人力等。有时由于某种原因企业某种生产资源十分有限,如果企业是同时生产多种产品的,就会面临如何把有限资源有效分配给各种产品的生产才能使企业获利最多的问题,因此,生产安排中必须进行取舍或顺序安排。

这里需要指出的是,有限资源应当优先用于哪种产品的生产以及使用的先后顺序,不是根据每种产品的单位利润的多少,也不是根据某种产品的单位贡献的大小,而是应当根据单位有限资源能提供的贡献大小来决定。

同时,企业实际决策是不是完全从盈利角度进行考虑的,还需要兼顾企业形象、市场

风险、营销战略等非利润因素。

## 三、盈亏平衡分析法的应用

### (一)盈亏平衡分析法

盈亏平衡分析法也叫作量本利分析法、盈亏分析点分析法或者保本分析法。它是根据企业的产量(或销售量)、成本、利润三者之间的相互关系,进行综合分析,用以提高企业经济效益;盈亏平衡分析法是实用性很强的数学方法。其计算公式为

利润 $\pi$ = 总收益($TR$)-总成本($TC$)

= 商品价格($P$)×商品数量($Q$)-[固定成本($F$)+变动总成本($V \times Q$)]

根据上述公式可以得出:

$$Q = (F+\pi) \div (P-V)$$

进行盈亏平衡分析,关键是确定盈亏分界点。所谓盈亏分界点,是指企业销售收入与总成本相等的这一点,在此点上利润为零,企业既无盈利也不亏损。这一点可以是生产量、销售量,也可以是其他平衡收支点。

这一点是盈利与亏损的转折点,高于此点则盈利,低于此点则亏损,掌握这一分界点,对管理决策十分重要。在上个公式中我们假定:$\pi=0$,则盈亏分界点的产量(销售量)$Q_0$为

$$Q_0 = F \div (P-V)$$

根据盈亏分界点的思路,可绘出相应的盈亏平衡图,如图 5-7 所示。

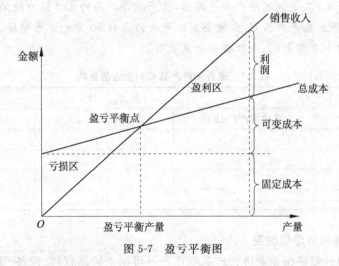

图 5-7　盈亏平衡图

### (二)盈亏平衡分析法的应用

盈亏平衡分析法的应用很广泛,下面将从两个方面来探讨。

#### 1. 保本点和目标利润销售量的确定

【例 5-6】

国际青年旅行社希望经营广州到西双版纳一带旅游的业务,往返 10 天,由旅行公司

为旅客提供交通、住宿和伙食。根据其他旅行社经营和该旅游公司进行核算可知,往返一次所需成本数据如表 5-8 所示。问:

(1) 如果每位旅客收费 6000 元,至少要多少旅客才能保本? 如果每位旅客收费 7000 元,至少要多少旅客才能保本?

(2) 如果收费 6000 元,预期旅客数量为 50 人。如果收费 7000 元,预期旅客数量为 40 人。那么,收费 6000 元和收费 7000 元时的安全边际和安全边际率各是多少?

(3) 如果往返一次的目标利润是 10 000 万元,定价为 6000 元,至少要有多少旅客才能实现这个利润? 如果定价 7000 元,至少要有多少旅客才能实现这个利润?

(4) 如果每位旅客收费 6000 元,往返一次的利润是多少? 如果收费 7000 元,往返一次的利润是多少?

**表 5-8　广州到西双版纳往返一次所需成本数据**　　　　　　　　单位:元

| 固定成本 | |
| --- | --- |
| 折旧 | 12 000 |
| 职工工资(包括司机等) | 24 000 |
| 其他 | 4000 |
| 往返一次的固定成本合计 | 40 000 |
| 变动成本 | |
| 每个旅客的住宿和伙食费用 | 4 750 |
| 每个旅客的其他变动费用 | 250 |
| 每个旅客的变动成本合计 | 5000 |

**解**:(1) 根据盈亏分界点的产量(销售量)$Q_0$ 的计算公式,即 $Q_0 = F \div (P - V)$。

如果每位旅客收费 6000 元,则:

$$Q_0 = 40\ 000 \div (6000 - 5000) = 40(人)$$

所以保本的旅客数量为 40 人。

如果每位旅客收费 7000 元,则:

$$Q_0 = 40\ 000 \div (7000 - 5000) = 20(人)$$

所以保本的旅客数量为 20 人。

(2) 根据题意可知,企业的安全边际指的是企业预期(或实际)销售量与盈亏分界点销售量之间的差额。即:

$$安全边际 = 预期销售量 - 保本销售量$$

$$安全边际率 = 安全边际 \div 预期销售量 \times 100\%$$

如果每位旅客的旅行定价为 6000 元,则:

$$安全边际 = 50 - 40 = 10(人)$$

$$安全边际率 = 10 \div 50 \times 100\% = 20\%$$

如果每位旅客的旅行定价为 7000 元,则:

$$安全边际 = 40 - 20 = 20(人)$$

$$安全边际率 = 20 \div 40 \times 100\% = 50\%$$

从这里也可以知道,安全边际和安全边际率较大,说明当市场需求大幅度下降时,企业仍有可能免于亏损,所以它的经营就较为安全。

(3)如果每位旅客的旅行定价为 6000 元,则:

$$Q=(F+\pi)\div(P-V)=(40\,000+10\,000)\div(6000-5000)=50(人)$$

也就是说,要想获得 10 000 元的目标利润旅客数量应该达到 50 人。

如果每位旅客的旅行定价为 7000 元,则:

$$Q=(F+\pi)\div(P-V)=(40\,000+10\,000)\div(7000-5000)=25(人)$$

也就是说,要想获得 10 000 元的目标利润旅客数量应该达到 25 人。

(4)如果每位旅客的旅行定价为 6000 元,则:

利润 $\pi$ = 总收益(TR) - 总成本(TC)

$\quad\quad$ = 商品价格(P) × 商品数量(Q) - [固定成本(F) + 变动总成本(V×Q)]

$\quad\quad$ = 6000 × 50 - (40 000 + 5000 × 50)

$\quad\quad$ = 10 000(元)

如果每位旅客的旅行定价为 7000 元,则:

利润 $\pi$ = 总收益(TR) - 总成本(TC)

$\quad\quad$ = 商品价格(P) × 商品数量(Q) - [固定成本(F) + 变动总成本(V×Q)]

$\quad\quad$ = 7000 × 40 - (40 000 + 5000 × 40)

$\quad\quad$ = 40 000(元)

从上面的计算结果可知,每位旅客定价 7000 元时比定价 6000 元时的利润多,所以,价格应该定为每位旅客 7000 元。

### 2. 最优价格和质量的确定

【例 5-7】

假定某企业生产产品每月平均的总固定成本为 9000 元。如果消费者对这种产品的质量要求相对较高,达到高标准的每件产品的变动成本为 30 元。如果消费者对这种产品的质量要求相对较低,这时低标准的每件产品的变动成本为 20 元。两种质量高低不同的产品价格和销售量数据预期如表 5-9 所示。请确定企业产品的最优价格和质量标准。

表 5-9　两种质量高低不同的产品价格和销售量数据预期

| 高质量产品 | | 低质量产品 | |
| --- | --- | --- | --- |
| 销售价格(元) | 销售数量(件) | 销售价格(元) | 销售数量(件) |
| 50 | 1000 | 50 | 800 |
| 40 | 1200 | 40 | 1000 |

**解**:(1)如果企业生产销售高质量的产品:

此时单位平均变动成本 $V=30$ 元

销售价格为 50 元时:

利润 $\pi$ = 总收益($TR$)-总成本($TC$)

     = 商品价格($P$)×商品数量($Q$)-[固定成本($F$)+变动总成本($V×Q$)]

     = 50×1000-(9000+30×1000)

     = 11 000(元)

销售价格为 40 元时:

利润 $\pi$ = 总收益($TR$)-总成本($TC$)

     = 商品价格($P$)×商品数量($Q$)-[固定成本($F$)+变动总成本($V×Q$)]

     = 40×1200-(9000+30×1200)

     = 3000(元)

(2)如果企业生产销售低质量的产品:

此时单位平均变动成本 $V$ = 20 元

销售价格为 50 元时:

利润 $\pi$ = 总收益($TR$)-总成本($TC$)

     = 商品价格($P$)×商品数量($Q$)-[固定成本($F$)+变动总成本($V×Q$)]

     = 50×800-(9000+20×800)

     = 15 000(元)

销售价格为 40 元时:

利润 $\pi$ = 总收益($TR$)-总成本($TC$)

     = 商品价格($P$)×商品数量($Q$)-[固定成本($F$)+变动总成本($V×Q$)]

     = 40×1000-(9000+20×1000)

     = 11 000(元)

通过以上计算可知,我们知道该企业的最优价格和质量标准的确定应该是生产销售低质量的产品,其价格定为 50 元,因为在上面四个价格水平和质量高低的组合中,只有确定这种低质量和高价格的生产销售组合,才能实现其利润最大化,达到了 15 000 元。

## ★ 重要概念

显性成本  隐性成本  变动成本  固定成本  增量成本  沉没成本  个体成本
社会成本  利润贡献  短期成本函数  简单外推法  长期总成本  生存技术法  总收益
平均收益  边际收益  利润最大化原则  盈亏平衡分析法

## ? 复习思考

1. 企业在进行面对未来的决策时,应该如何对待沉没成本?请联系实际加以说明。

2. 利润最大化的原则是什么?为什么?

3. 在短期生产决策中,企业为什么不应该使用利润而要用贡献作为决策的依据?

4. 简述长期平均成本的形成以及其呈 U 形的原因。

# 第六章

# 市场结构与企业经济行为

1. 了解四类市场结构的含义；
2. 了解四类市场结构的特征；
3. 掌握完全竞争市场下的短期均衡与长期均衡；
4. 掌握完全垄断市场下的价格。

**技能要求**

1. 掌握四类市场结构条件下企业价格与产量如何确定；
2. 能够分析四类市场结构条件下企业的均衡问题。

**引言**

根据微观经济学"经济人"的基本假设,任何企业进行经营的最终目的都是为了实现既定条件下的利益最大化,也就是企业利润最大化。所以,在任何市场结构下,企业都必然基于利润最大化这一根本目的进行经营管理决策,其中企业产品价格和生产产量的规划确定是生产经营中最重要的两个决策。

因此,本章在简单介绍市场结构基本理论的基础上,阐述了四类市场结构条件下企业价格与产量的确定,分析了不同市场结构下企业的短期均衡和长期均衡问题。

## 第一节  市场结构基本理论

### 一、市场与市场结构

#### （一）市场的含义

微观经济学中的市场是指进行某种商品交易的场所或空间。

市场可以是一个有形的建筑场所,如人们常见的百货商场、超市、批发市场、零售商店等,也可以是一个利用现代通信信息工具进行商品买卖的电子虚拟空间,如现在流行的电子商务市场、网络商店等。

任何商品都有一个与其对应的市场,有多少种商品,就会有多少个市场,如农产品的种类多种多样,有小麦、玉米、大豆、棉花、各种蔬菜水果等,那么相应的就有多种多样的农产品市场;同样工业产品多种多样、五花八门,相应的存在着五花八门的工业产品市场,如汽车、机床、仪器、自行车、电梯等。

在管理经济学中,与市场概念紧密相连的另一个概念是行业。行业指的是所有生产和提供同一种商品的企业集合体。如无数生产自行车的企业形成了自行车行业,同样许多生产汽车的企业形成了汽车行业,无数生产石材产品的企业形成了石材行业。

市场和行业是相对应的,类型是一致的。通俗地说,一个行业就是一个市场。

### (二)市场结构的含义与分类

企业生产经营的最终目的在于追求利润最大化,所以,为了应对不同的市场竞争和市场结构,企业必然采取不同的竞争目标、竞争手段及经营决策。因此,市场结构对企业的经营决策和经济行为必将产生重要的影响。

市场结构是反映市场竞争与垄断程度以及市场关系的概念。根据市场上企业之间不同的竞争和垄断程度以及市场关系特征,形成不同的市场结构。

从 20 世纪 30 年代西方现代市场结构理论形成开始,经济学家就从不同视角对市场结构进行了类型划分。当前广为接受的是对市场结构四种基本类型的划分:完全竞争的市场结构、完全垄断的市场结构、寡头垄断的市场结构以及垄断竞争的市场结构。

## 二、市场结构的影响因素

划分市场结构类型的最基本标准在于市场的竞争程度和垄断程度。影响市场竞争程度和垄断程度的因素很多,如市场上企业数目的多少、产品之间的差别程度、产品的替代性、企业进出市场的难易程度、规模经济、产品成本结构、市场需求情况等。总体可以归纳为以下三类。

### (一)市场集中度

**1. 市场集中度的含义**

市场集中度是划分市场结构类型的一个主要决定因素。市场集中度是反映市场相对规模结构的指标,用来表示某一市场上大企业所具有的控制程度,这种控制程度以这些大企业的市场占有份额来表示。

一般来说,一个市场,企业的规模越大,在既定的市场容量前提下,市场上企业的数目越少,大企业的市场占有份额就越高,这些大企业对市场的控制程度也就越高,也就是市场集中度越高,这个市场的垄断程度越强而竞争程度越弱;反之,一个市场,企业的规模越小,在既定的市场容量前提下,企业的数目越多,大企业在企业数目众多的市场中占有份额越少,这些大企业对市场的控制程度越低,也就是市场集中度越低,相应地市场垄断程度越低而市场竞争程度越强,如表 6-1 所示。

表 6-1　市场集中度与市场垄断程度和市场竞争程度关系

| 市场集中度 | 市场企业数目 | 市场垄断程度 | 市场竞争程度 |
| --- | --- | --- | --- |
| 越高 | 越少 | 越高 | 越低 |
| 越低 | 越多 | 越低 | 越高 |

**2. 影响市场集中度的因素**

1) 企业规模

如果企业规模都较小,那么就没有对市场形成一定控制程度的企业存在,这时,市场集中度就较低;反之市场集中度就较高。

2) 市场容量

如果少数几个企业生产提供的产品就能满足整个市场容量,即市场容量较小,那么市场集中度相对就高,市场垄断程度就越高。反之,市场容量很大,需要许许多多的企业存在才能满足市场需求,在利益的驱动下就会有很多企业进入这个市场,众多的企业数目形成了较低的市场集中度,这时市场垄断程度就会比较低而市场竞争程度就会比较高。

3) 该行业的技术经济特征

如果某类产品是专有技术产品,那么只有拥有该技术的企业才能生产,这时其他企业进入这个市场存在着一定的技术壁垒,这个市场就会由拥有该项技术的企业所控制,从而形成较高的市场集中度。

4) 该行业的资金需求特征

对需要大规模资金才能投资生产的产品来说,资金实力较弱的中小企业进入这类市场就存在着经济壁垒,从而使该市场控制在资金雄厚的大企业手中,也就形成了较高的市场集中度。

5) 其他因素

其他影响市场集中度的因素还有一定时期基于国家发展需要的政策和法制因素以及市场的变化等。

**(二) 产品差别度**

**1. 产品差别度的含义**

同一行业不同企业生产提供的同一类产品,由于在质量、款式、性能、包装形式、品牌、售后服务以及消费者的心理偏好方面存在差异,从而导致产品之间不能完全替代,而存在不同程度、不同方面的差别。

**2. 产品差别度的形成原因**

1) 产品的物理属性

人们消费某种产品,首先在于这种产品的物理属性能够满足人们的实际需要。例如,冬天的保暖衣能够满足人们保暖避寒的基本需要,所以,高质量的保暖衣和质量低劣的保暖衣之间形成了产品差别,人们一般愿意付出较高价格购买质量好的产品,久而久之,高质量的保暖衣就会吸引更多消费者,在消费者之中形成自己的垄断地位。也就是说,产品的差别引起了市场的垄断,产品差别度越高,市场垄断程度也越高。

2)消费者的心理偏好

不同社会地位、经济阶层以及不同的文化背景必然要形成市场上消费主体的心理偏好。一般来讲,高收入阶层比较喜欢时尚的品牌产品,中等收入阶层倾向购买质量好而实惠的物品,而低收入的人们在消费时更注重产品价格的低廉,这些不同层次的消费者对产品会形成自己的主观印象。

所以,产品的差别正好满足了不同消费者的心理偏好,反过来,不同消费者的心理偏好形成了对不同产品的实际需求,从而导致了市场上同种产品之间存在着不同程度的差别。

3)销售的差别

销售的差别包括销售区域、销售手段以及售后服务的差别。企业通过不同的市场定位、选定目标销售区域、实施不同的销售手段及售后服务,吸引消费者对其产品形成消费偏好,从而把自己的产品与其竞争企业的同类产品有效地区分开,形成自己的产品与同类产品的差别,这种差别越高,越容易加固对其产品具有心理偏好的消费者的吸引力,从而形成自己产品在市场上的竞争优势。

### (三)市场进出难易程度

**1. 市场进出难易程度的含义**

通过市场进出难易程度对市场结构影响的分析,可以知道,一般从新企业进入市场的角度考察市场内原有企业和准备进入的新企业之间的竞争关系,以及最终表现出来的市场结构的变化。一个市场的进入门槛越低,进入的限制越少,新企业越容易进入,从而市场竞争程度越高。反之,一个市场的进入门槛越高,进入的限制越多,新企业的进入就越困难,从而这个市场垄断程度就越高。

**2. 市场进出难易程度的形成原因**

市场进出难易的原因特别是造成新企业进入难度的原因主要有两类,自然经济的原因和法律政策的原因。

1)自然经济的原因

自然经济的原因包括由于区域资源性壁垒、规模经济壁垒、成本性壁垒、技术性壁垒等。

资源性壁垒方面。例如,由于中东地区石油资源储量丰富的自然资源原因,使其成为世界上输出石油量最大的原油产品输出区,其他地区的企业由于没有这样的资源优势,很难加入原油生产行业;南非国家的一些大公司拥有世界上绝大多数的钻石资源,其他企业没有资源条件进入钻石行业。

在一些行业中,规模经济和成本优势的要求很高,如通信行业和自来水行业,这些行业中的企业只有通过极大的产量才能把成本降到最低,从而满足市场的需求,这样,市场上能够持续生存的就是少数几个规模极大而成本极低的大企业,一些打算进入该市场上的中小企业由于资本要求、规模限制根本无法涉足该行业领域。

技术性壁垒方面。例如,在啤酒行业,由于此行业是一个技术密集型以及机械化程度要求很高的行业,在中国,建一个具有较为先进设备、年产 10 万吨的啤酒厂需投资 5 亿元人民币,这样就形成较高的技术性壁垒。

2) 法律政策的原因

法律政策的原因是指政府为了防止这个行业过度发展,或者保护行业现有竞争优势而制定的各种法律、法规,主要包括专利制度、特许经营管理制度以及许可证制度。

专利制度。如大多数国家都实行专利法,拥有专利的某些企业通过专利法的保护得到了某些产品生产的排他权,在专利期内,其他企业不能进行这种产品的生产,从而无法进入这个产品市场。

特许经营管理制度。政府管理部门通过规章制度把某个行业的市场经营权交给某些企业,其他企业不能从事这个行业。如北京市的出租车市场实行特许经营,只有获得北京运输管理局特许经营的几家运输公司才能从事北京出租车市场经营活动,其他运输公司则无权进入这个市场。

许可证制度。某些行业由政府发放许可证,没有许可证不得进行某些产品的经营。如在我国改革开放早期经济管理部门实行过进出口经营的许可证制度,没有许可证的企业不得进出口某些特定产品,这样就增加了其他企业进出某些产品的难度。

## 三、市场结构的四种基本类型

在上述因素影响下,市场表现出不同的竞争程度和垄断程度,从而可以把市场结构分为四种基本类型。它们的特点如表 6-2 所示。

表 6-2　市场结构的类型和特点

| 市场结构 | 市场企业数目 | 市场集中度 | 产品差别程度 | 市场进出难易度 | 典型例子 |
| --- | --- | --- | --- | --- | --- |
| 完全竞争 | 很多 | 零 | 完全无差别 | 无难度 | 一些农产品 |
| 垄断竞争 | 很多 | 零 | 有差别 | 较容易 | 餐饮 |
| 寡头垄断 | 几个 | 高 | 有差别或无差别 | 较困难 | 钢铁、汽车 |
| 完全垄断 | 一个 | 最高 | 唯一的产品,没有接近的替代品 | 极困难,几乎不可能 | 公用事业,如水、电 |

### (一)完全竞争

完全竞争又叫纯粹竞争,是指竞争不受任何阻碍和干扰的市场结构,这种市场上没有任何垄断。完全竞争的基本特征如下:

(1) 企业数目很多。市场上有无数的产品购买者和企业,并且产品生产者的规模都很小。

(2) 产品无差别。市场上的产品没有任何质量、款式、包装、品牌等方面的差别,人们消费起来的感觉和效用也不存在差异。

(3) 进出无限制。市场上不存在进出这个市场的壁垒,任何企业和生产要素都能自由流动,自由进出市场。

(4) 信息完全化。市场上产品的生产者和消费者都能获得关于这个市场的任何信息。

完全竞争市场下,市场集中度低,企业规模实力相当,它们各自的交易额占某种产品交易总额的比重微不足道,没有任何企业能够控制市场。同时,产品无差别和进出无限制使市场上不可能形成垄断,不可能影响产品的价格。大家在完全竞争市场条件下都是市场价格的被动接受者,不能通过改变自身的产量影响市场价格。

完全竞争是一种理想化的市场结构形态,在现实生活中很难找到同时满足以上四个特征的市场。许多农产品的市场被认为是接近于完全竞争。

🍁 小贴士

### *世界小麦市场——近似完全竞争市场*

世界小麦市场由于市场规模巨大,任何单个的生产商和购买商进行小麦买卖的数量占整个市场买卖量的比例都极小,因此,单个的买者或卖者都无法影响整个小麦市场的价格。同时,小麦这一农产品基本上是无差别的,而且许多小麦的生产国都实行的是自由经营的农产品经营政策,也就是说,生产小麦的企业和生产要素可以自由流动。最终,每个生产小麦的企业都是小麦既定市场价格的接受者,它的产量变化不能影响市场价格。

#### (二)垄断竞争

垄断竞争是指市场上有许多企业生产和销售有差别的同类产品,是既有竞争又有垄断的市场结构。垄断竞争的基本特征如下:

(1)企业数目较多。与完全竞争市场相同,垄断竞争市场上有许多生产企业和购买者,同时,每个企业的生产规模都比较小。

(2)产品有差别。与完全竞争市场不同,垄断竞争条件下不同企业生产出的同类产品在形态、品牌、质量、包装、销售等某一方面或某些方面存在差别。消费者能够觉察出同类产品是出自不同企业的产品差别之处。

(3)进出市场较容易。垄断竞争市场企业进入或退出存在一些小的障碍,但是市场的进出相对比较容易。

(4)信息比较完全。市场上消费者和生产者能够比较容易地获得关于这个市场比较完全的信息。

因此,垄断竞争市场和完全竞争市场很相似,但是,关键在于完全竞争市场的产品无差别,而垄断竞争市场的产品有差别,并且消费购买者能够感觉和知晓这些产品的差别之处。正是由于消费者对不同产品的偏好和喜爱,使得这种差别形成了生产企业在某些方面的垄断地位,使企业可以在某种程度上轻微地控制自己产品的价格。

同时,这些有差别的产品又是同类产品,具有同种效用,相互之间可以相互替代,所以,这个市场上仍然存在很激烈的竞争。企业规模较小、进出市场较容易以及信息比较全面这些特征也保证了市场上竞争的存在。

### 小贴士

#### 饭店餐饮市场——近似垄断竞争市场

在现实生活中垄断竞争市场结构广泛存在,如饭店餐饮就是一个例子。市场上存在着数目众多的各类饭店,它们提供同类产品即饭菜和饮品,但是由于其提供饭菜的风味、地点、服务水平不同,就消费者而言,这些饭菜是有差别的,正是这些差别在消费者中形成了基于某种消费偏好的垄断,使得这些具有特色和优势的饭店能够实行小幅度的价格变化。

一般来讲,进入餐饮业的壁垒较少,同时市场信息也比较容易获得,所以市场上饭店的数目很多,竞争也比较激烈。

### (三)寡头垄断

寡头垄断是指市场上少数几个企业控制整个市场的生产与销售的市场结构。形成这种市场结构的关键在于规模经济。根据产品的差别程度,寡头垄断还可细分为有差别的寡头垄断和无差别的寡头垄断。有差别的寡头垄断生产非标准化的产品,无差别的寡头垄断生产标准化的产品。寡头垄断的基本特征如下:

(1)企业数目较少。在寡头垄断市场结构下,由于规模经济的要求,市场上只存在为数不多的几家大企业,这几家大企业生产和销售的产品数量占据了整个市场容量的绝大部分。

(2)产品可以有差别或无差别。如钢铁市场上,产品是标准化无差别的,世界上任何的钢铁市场实行的都是同一标准;而在汽车市场上,产品表现出了品牌、外形设计、质量、性能以及销售方面的差异。

(3)进出市场比较困难。由于规模经济的要求,一个潜在的生产者要想进入这个市场并生存下去,必须拥有庞大的资金、较高的技术水平等,因此,其他企业很难进入这个市场。

寡头垄断市场条件下,市场由为数不多的企业控制,市场集中度较高,这些企业可以通过变动自己的产量影响市场价格,这些企业就形成对市场垄断程度较高的寡头。但由于这个市场上不是只存在单个企业,因此在几家寡头之间必然存在激烈的竞争。同时,只要寡头中的一位改变其产品的价格,另外的寡头就会做出反应,因此各个寡头的价格和产量决策必然要求相互依存。

### 小贴士

#### 20世纪中期美国的汽车市场——近似寡头垄断市场

现实中存在很多寡头垄断市场结构,例如,20世纪中期美国的汽车市场,所谓的汽车制造业四巨头——通用汽车公司、福特汽车公司、柯里斯勒汽车公司和美国汽车公司,它们的汽车产量几乎占据了美国汽车总数量的100%。

这四家汽车公司就是美国汽车市场具有很大控制力的寡头,同时,由这四家巨大的寡

头来争夺汽车市场的份额,它们之间的竞争也十分激烈,同时其中一家产量和价格的变化
必然影响其他厂家价格的制定和产量的决策。

### （四）完全垄断

完全垄断是指整个市场中只有一家企业存在的市场结构。完全垄断的基本特征
如下:

(1)市场上只有一家企业。也就是说,如果只有一家企业生产某种产品,即一家企业
就代表一个行业时,就会出现完全垄断。

(2)产品不能替代。企业生产的产品没有替代品。产品的性能和效用对全部消费者
来说是唯一的,其他任何企业生产的任何产品都无法替代这种产品。

(3)其他企业不能进入。形成垄断的关键在于进入市场的限制,由于自然经济的原
因和法律政策的原因,任何其他企业都无法进入这个市场。

(4)差别价格策略。垄断企业针对不同市场实行不同价格。

完全垄断市场条件下,由于进入限制,市场上只有一个企业,并且它的产品没有相似
的替代品,就不存在任何来自其他企业的竞争,完全垄断企业就能够根据自身的需要独自
决定产品的价格和生产数量,根据需要的不同实行差别价格策略。

与完全竞争市场结构相同,完全垄断市场机构主要是经济理论上的概念。在现实生
活中一种产品只有一家企业生产的现象几乎不存在。只是在一些公用事业如自来水市场
存在着类似完全垄断市场结构的现象。

## 第二节　完全竞争与企业经济行为

企业经济行为指的是通过确定企业自身产品价格和产量从而实现利润最大化。因
此,在不同的市场结构下,企业需要制定不同的竞争目标,实施不同的手段。从本节开始,
分别对不同市场结构下的企业经济行为进行分析,重点分析单个企业产量和价格的决定。

### 一、完全竞争市场的需求曲线

#### （一）行业的需求曲线与行业均衡

首先,行业是指完全竞争市场条件下某种产品所有生产企业的集合体。

对整个行业来讲,根据需求原理,产品价格越高,消费量越少,随着价格的不断降低,
人们会增加对该产品的需求量,所以,整个行业的需求曲线是一条从左上方向右下方倾斜
的曲线;而根据供给原理,随着价格的升高,整个行业愿意生产提供给市场更多的产品,所
以,整个行业的供给曲线是从左下方向右上方倾斜的曲线。整个行业的需求曲线和供给
曲线相交之点决定了这种产品的市场价格。如图 6-1 所示,交点 $E$ 对应的价格 $P_0$ 是整个
市场的价格,对应的产量是整个行业均衡时的产量 $Q_0$。

（二）单个企业的需求曲线

对单个企业来讲，根据完全竞争市场的特征，当整个市场的价格由行业的需求和供给确定以后，由于单个企业的生产量对整个市场来讲微乎其微，因此，单个企业产量的增加和减少不能影响市场价格，只能是既定市场价格的被动接受者。反过来说，在既定的市场价格条件下，市场对单个企业的产品的需求是无限的。因此，单个企业的需求曲线是一条与横坐标相平行的直线，如图 6-2 所示。

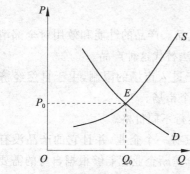
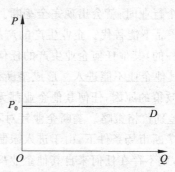

图 6-1　完全竞争市场的行业需求
曲线与行业均衡

图 6-2　完全竞争市场下单个
企业的需求曲线

值得指出的是，在既定的市场价格下，单个企业想卖多少产品，就能卖出去多少产品，但是由于完全竞争市场上产品的无差别性以及信息的完全性，只要单个企业把它的售价提高一点，那就什么也卖不出去。同时既然单个企业按照既定的市场价格能够把想要卖出去的产品全部卖掉，它当然也不会去降价出售自己的产品。

那么，对单个企业来讲，最关键的问题就是要按照当前市场上的既定价格去确定自己的最佳产量水平，从而获得利润最大化。

## 二、完全竞争市场的平均收益和边际收益

（一）平均收益

在完全竞争市场条件下，单个企业按照既定的市场价格 $P_0$ 来销售产品，每单位的产品售价也就是每单位产品的平均收益。

例如，单个企业甲生产销售数量 $Q$ 为 5 件的某种产品，这时市场的既定价格 $P_0$ 为 6 元，企业的总收益为

$$TR = P_0 \times Q = 6 \times 5 = 30（元）$$

平均收益是总收益与销售数量的商，所以平均收益为

$$AR = TR \div Q = P_0 \times Q \div Q = P_0 = 6（元）$$

所以，在完全竞争市场条件下，平均收益 $AR$ 必然等于既定价格 $P_0$。

（二）边际收益

边际收益是指企业每增加一个单位的销售所获得的增加收益。在完全竞争市场条件

下,无论单个企业增加多少产品的销售量,整个市场的价格总是固定不变的,所以单个企业的边际收益必然等于既定的市场价格。即:

$$边际收益\ MR = d(TR) \div dQ = d(P_0 \times Q) \div Q = P_0$$

（三）平均收益曲线与边际收益曲线

根据上文内容推导,有平均收益等于既定的市场价格,同时,边际收益也等于既定的市场价格,所以有 $AR = P_0 = MR$,即平均收益和边际收益是同时等于既定常量的产品价格。因此在完全竞争市场条件下,单个企业的平均收益曲线、边际收益曲线与需求曲线是同一条曲线,如图 6-3 所示。

上文表述的完全竞争市场下总收益、平均收益、边际收益和市场价格的关系如表 6-3 所示。

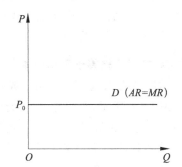

图 6-3　完全竞争市场下单个企业的平均收益曲线和边际收益曲线

表 6-3　完全竞争企业的收益

| 价格($P_0$) | 销售量($Q$) | $TR = P_0 \times Q$ | $AR = TR/Q$ | $MR = d(TR)/d(Q)$ |
|---|---|---|---|---|
| 6 | 0 | 0 | 0 | 0 |
| 6 | 1 | 6 | 6 | 6 |
| 6 | 2 | 12 | 6 | 6 |
| 6 | 3 | 18 | 6 | 6 |
| 6 | 4 | 24 | 6 | 6 |
| 6 | 5 | 30 | 6 | 6 |
| 6 | 6 | 36 | 6 | 6 |

从表 6-3 可以清晰地看出,企业的平均收益 $AR$ 和边际收益 $MR$ 始终等于市场价格 $P_0$,所以在完全竞争市场下,企业的平均收益曲线、边际收益曲线和企业的需求曲线三线合一,如图 6-3 所示。而企业的总收益曲线为一条始于原点的直线,而该条直线的斜率正好等于既定的市场价格 $P_0$。

## 三、完全竞争市场的短期均衡

这里"均衡"的概念指的是当企业获得利润最大化时保持既定产量不变的一种状态。根据前面的知识,我们知道,企业要获得利润最大化,就必须使产品的产量达到单位产品的边际成本与边际收益相等的水平($MC = MR$)。由于在完全竞争市场上($MR = AR = P_0$),单个企业获得最大利润的必要条件是要使其单位产品的边际成本等于市场价格($MC = MR = AR = P_0$)。

（一）企业的短期均衡

短期中完全竞争的企业所面临的价格是由整个行业的供求决定的,在既定的价格之下,企业可能面临的情况如图 6-4 所示。

### 1. 市场价格高于平均成本

这时企业可以获得经济利润（超额利润）如图 6-4 所示。当价格大于最低平均总成本时（$P_1$＞最低 $ATC$），企业的利润 $\pi$＞0，这时企业要扩大生产。

### 2. 市场价格等于平均成本

这时企业没有经济利润，成本等于收益，如图 6-4 所示，当价格等于最低平均总成本时（$P_2$＝最低 $ATC$），企业的利润 $\pi$＝0，但从会计学的角度看仍然有利润，这时企业会维持原有产量。

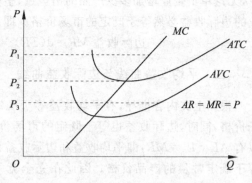

图 6-4　完全竞争下的企业短期均衡

### 3. 市场价格低于平均成本，但仍高于平均可变成本

这时企业可以弥补全部可变成本与部分固定成本。因为固定成本短期内没有产量也仍然要支出，所以，只要能弥补固定成本，企业仍要进行生产。如图 6-4 所示，最低 $ATC$＞$P_3$＞最低 $AVC$，企业的利润 $\pi$＜0，短期内企业之所以继续生产是因为企业收入在补偿可变成本后，还可以抵消部分固定成本。

### 4. 市场价格低于平均成本，但等于平均可变成本

这时企业生产仍不能减少固定成本的损失，只是可以弥补可变成本。这时企业可以生产也可以不生产。无论生产与否损失是相同的（固定成本）。所以，当价格等于平均可变成本时，就是停止营业点。

### 5. 市场价格不仅低于平均成本，而且低于平均可变成本

这时如果进行生产连可变成本也得不到补偿，只要进行生产就绝对损失。所以，这时企业只有停止生产。

在有经济亏损时，也要分为可部分补偿固定成本、可以补偿全部可变成本和不能补偿全部可变成本。企业的生产最多进行到收支相抵点，即补偿全部可变成本时。

从以上的分析可以知道，企业短期内进行生产的条件有两个：平均收益（价格）大于或等于平均可变成本；边际收益等于边际成本。如果企业以利润最大化为目标，则应实现边际收益与边际成本相等。因此，所生产的产量应达到这一条件的满足。但在较短时间内，只要平均收益大于或等于平均可变成本，企业也仍然可以维持生产。

### （二）企业的短期供给曲线

竞争企业的短期供给曲线是边际成本曲线在平均可变成本曲线以上的那一部分，如图 6-5 所示。

企业进入或退出一个行业的长期决策如下：当 $\pi$＞0 时，更多企业进入，直到 $\pi$＝0。

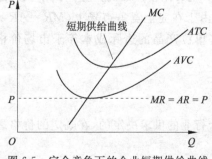

图 6-5　完全竞争下的企业短期供给曲线

当 π＜0 时,部分企业退出,直到剩下的企业 π＝0。

在短期中,企业调整产量的可能性是有限度的。在长期中,企业就要以利润最大化为目标,即根据边际收益与边际成本相等的原则来调整产量。这种调整就是企业的长期生产决策。调整的结果是实现了长期均衡。当价格低于平均成本时,只要不低于可变平均成本,就仍会继续生产。但在长期中,企业不会满足于这种状态,因为它们有退出该行业进入其他行业的自由。因此,如果长期中价格低于平均成本(即有亏损),企业就会退出。反之,如果价格高于平均成本,有经济利润就会吸引其他企业进入该行业。

企业在这种调整中必然对整个行业的供给产生影响,从而引起行业供给曲线移动,企业的均衡价格变动。最后价格等于边际成本,任何一家企业都处于边际收益等于边际成本,不存在经济利润,但有会计学利润的状态。这时,没有一家企业进入与退出,整个行业和其中的每一家企业都实现了长期均衡。

## 四、完全竞争市场的长期均衡

### (一) 企业的长期均衡

在长期内,如果行业内的单个企业可以获得利润,则会吸引其他新的企业加入该行业的生产。随着新企业的加入,行业内的企业数目增加,整个行业的供给就会增加,市场价格就会下降,市场价格会一直下降到使单个企业的利润消失为止。相反,如果行业内的单个企业的生产是亏损的,则行业内原有企业中的一部分就会自动退出生产。

随着原有企业的退出,行业内企业的数目就会减少,整个行业的供给也会减少,市场价格就会上升,且一直上升到使单个企业的亏损消失为止。最后,由于行业中的每一家企业都处于一种既无利润又无亏损的状态,行业内企业的进入和退出也就随之停止,如图 6-6 所示。

当企业的利润都为零时,完全竞争市场达到长期均衡,如图 6-6 所示。此时,$P = MR = MC = LATC = SATC$。其中,$LATC$ 为长期平均成本,$SATC$ 为短期平均成本。

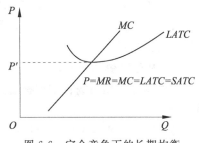

图 6-6　完全竞争下的长期均衡

### (二) 企业的长期供给曲线

长期中行业的供给曲线要分三种情况:成本不变行业、成本递增行业与成本递减行业。

**1. 成本不变行业**

成本不变行业是指行业产量的增加或减少不会引起长期平均成本的变动,从而该行业长期供给价格不变。这种情况下,行业的长期供给曲线是一条水平线。行业长期供给价格是在企业不再进入或退出,每个企业的产量实现了最优规模,即该行业实现了长期均衡时,达到每一种产量水平所需要的最低价格。

成本不变行业就是该行业所用的生产要素的市场是完全竞争的,生产要素并不是特定的(特定的生产要素具有垄断性),供给是充分的(或者该行业的长期供给价格不变的行业,实现成本不变行业的条件是该行业对生产要素的需求在要素市场上只占一个微不足道的比例),从而该行业产量的增加不会引起生产要素价格的上升。

成本不变,长期供给价格也不变。该行业需求增加时,产量会增加,但产量的增加不会使生产要素价格及供给价格上升。所以,只有产量增加而没有价格上升,长期供给曲线就是一条水平线。这种行业一般是小行业。

**2. 成本递增行业**

成本递增行业是指行业产量的增加使长期平均成本增加,从而使该行业长期供给价格上升。

在这种情况下,行业的长期供给曲线是一条向右上方倾斜的曲线。这是由于该行业产量增加时引起了生产要素价格上升,或者产生了外在不经济。

**3. 成本递减行业**

成本递减行业是指行业产量的增加使长期平均成本减少。成本行业递减的原因是外在经济的作用。这主要可能是因为生产要素行业的产量的增加,使得行业内单个企业的生产效率提高,从而使得所生产出来的生产要素的价格下降。在这种情况下,行业的长期供给曲线是一条向右下方倾斜的曲线。

## 五、对完全竞争市场的评价

### (一)完全竞争市场的优点

(1)从资源配置效率来看,市场的总供给等于市场的总需求,从而使社会经济资源得了最合理的配置和最有效的利用。因为,此时生产者生产的产品既不过剩,也没有不足,刚好满足消费者的需求。

(2)从生产效率来看,完全竞争市场中,生产要素可以自由流动,通过生产数量和市场规模的调整达到市场长期均衡时产品平均成本最低,使生产要素的效率得到了最有效的发挥。

(3)从产品效用来看,长期均衡条件下平均成本最低所决定的最低的产品价格也对消费者有利,使他们在既定的购买力条件下获得更多的消费效用。因此,完全竞争市场是最理想化的市场形态。

### (二)完全竞争市场也有其不可避免的缺点

(1)在实际生活中,市场中很难长期保持完全自由竞争的状态,完全竞争市场只是建立在严格假设条件下的理论抽象。一般来讲,竞争必然会导致垄断。

(2)单个企业的平均成本最低并不一定整个社会成本最低,许多企业的生产成本中并不包括社会成本。

(3)无差别的产品无法满足消费者多种多样的消费需求。

(4)完全竞争市场中企业的规模很小,它们没有能力去实现重大的科技突破,从而不利用技术的发展与创新。

# 第三节　垄断竞争与企业经济行为

垄断竞争市场广泛存在于服务业、零售业以及轻工业品市场等领域。垄断竞争市场结构既有竞争的特征，又有垄断的特征。竞争的特征表现在这种市场结构和完全竞争市场结构一样，存在着许多的生产企业，这些生产同种有别产品的企业之间既有价格竞争，又有产品质量、服务等方面的差异造成的非价格竞争；垄断的特征表现在这些企业生产的产品是有差别的，由产品的差别造成对价格高低的影响。

总体上讲，在垄断竞争市场结构中，竞争的特征要大于垄断的特征，市场整体竞争激烈。

## 一、垄断竞争市场的需求曲线

在完全竞争和完全垄断中，存在生产同质的无差别的产品的企业，我们通常把这些企业的总和称为行业。在完全垄断市场结构中，由于只有一个企业，行业就是这个企业；在完全竞争市场结构中，所有企业生产的产品都是无差别的、同质的、完全可替代的，行业的产品总量完全可以由所有企业的产品数量加总而得。

但在垄断竞争市场结构中，市场中的产品虽然相近，但是不同企业之间的产品存在差别。通常我们把市场上大量的、生产非常接近的、同种产品的企业总和称为产品集团。本书把这些产品集团近似地看作一个行业。

由于不能通过把这些有差别的产品数量简单相加而取得市场产品总量，所以，无法加总构造整个市场的需求曲线和供给曲线。因此在垄断竞争市场结构中，只能讨论某个企业的供给曲线和需求曲线。

由于在垄断竞争中，每一个企业生产的产品与其他企业生产的产品稍有不同。如果企业提高其产品的价格，其中的一部分消费者就会转向购买其他类似产品，另外的消费者会忠实地购买这些产品。如果企业降低其产品的价格，就会吸引一部分喜欢较低价格的消费者，但是不会吸引所有的消费者。如市场上两种品牌的牙膏。

因此，垄断竞争市场结构中企业所面临的需求曲线是向右下方倾斜的。也就是说，企业提高价格会减少销售量，降低价格会增加销售量。

与完全竞争市场中企业则不同，完全竞争中企业面临着一条水平的需求曲线，增加或减少销量都不会影响价格。

同时与完全垄断市场中企业的需求曲线相比，垄断竞争市场中企业的需求曲线平缓。这是由于垄断竞争者的产品有很多接近的替代品，稍微提价就会失去很多买主。

如图 6-7 所示，水平的需求曲线 $D_0$ 是完全竞争市场中企业所面临的需求曲线，稍微倾斜的需求曲线 $D_1$ 是垄断竞争市场中企业所面临的需求曲线，陡峭的需求曲线 $D_2$ 是完全垄断市场中企业所面临的需求曲线。

另外，垄断竞争市场企业需求曲线的倾斜程度与需

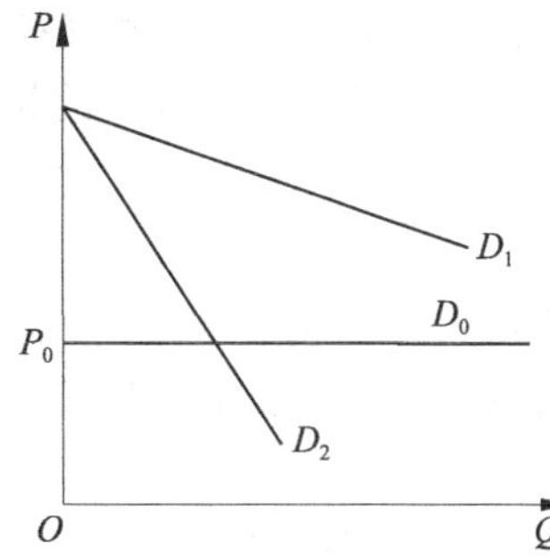

图 6-7　三种不同的需求曲线比较

求价格弹性有关。根据企业产品的需求价格弹性不同,可以形成两种需求曲线。

(1)一个企业单独变动价格时,而该行业的其他企业都不变动价格。曲线比较平缓,说明其价格需求弹性大。

(2)一个企业单独变动价格时,本行业中的其他企业也对价格作同样的变动。曲线比较陡峭,说明其价格需求弹性小。

## 二、垄断竞争市场的短期均衡和长期均衡

### (一)短期中价格与产量的决定

在短期中,垄断竞争企业与垄断企业一样可以获得经济利润,也就是超额利润。这里需要注意的是,尽管完全竞争企业短期中也可以获得经济利润,但这种经济利润是整个行业供小于求,价格高的结果,并不是个别企业自己控制价格与产量的结果。

在垄断竞争下,短期经济利润的产生原因与垄断下的一样,是个别企业控制价格与产量的结果。这是因为在短期中,垄断竞争的企业可以以有自己特色的产品在部分消费者中形成垄断地位,从而就可以像垄断者一样行事。图 6-8 可以说明垄断竞争市场上的短期均衡以及经济利润的产生。

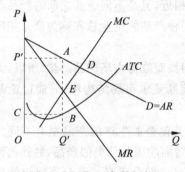

图 6-8　短期经济利润产生

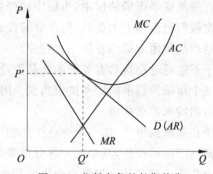

图 6-9　垄断竞争的长期均衡

### (二)长期中价格与产量的决定

由于没有进入限制,垄断竞争企业在长期中不能像垄断企业那样保持经济利润。长期中,新企业可以加入,模仿原有企业的特色产品或创造自己的特色产品,也可以利用广告、价格等方式参与竞争,最后的结果必然是经济利润消失,实现了零经济利润。图 6-9 可以说明垄断竞争市场上的长期均衡实现。需求曲线向左方移动说明由于其他企业的竞争,原来企业的需求减少(即市场部分被其他企业占有)。

但应注意的是,垄断竞争的长期中无经济利润与竞争企业并不相同。在完全竞争的长期均衡时,长期平均成本达到最低点(即 $MR=MC=AR=AC$,当 $MC=AC$ 时,$AC$ 为最低点),但在垄断竞争的长期均衡时,长期平均成本并不是最低点。

从图 6-9 可以看出,这时 $AC=AR$,由于 $AR>MR$,所以 $AC>MC$。这时就存在能力过剩,即产量没有达到平均成本最低水平。这就说明,在垄断竞争的长期均衡时,效率低于完全竞争的长期均衡,需求曲线向右下方倾斜。

### 三、对垄断竞争市场的评价

在经济学中,垄断竞争和完全竞争都属于有效竞争。但是,垄断竞争和完全竞争不同,存在垄断的特征,所以,可以把垄断竞争市场与完全竞争市场相比较,从而有助于正确评价垄断竞争市场。

首先,从平均成本来看,垄断竞争市场上平均成本比完全竞争时高,说明垄断竞争时由于有垄断的存在,在垄断竞争市场中成本消耗和资源浪费比较高,总体的生产效率要低于完全竞争市场的生产效率。

其次,从价格来看,即使在长期中,垄断竞争时的价格也高于完全竞争时的价格,因为这时平均成本是高的。但是,对消费者来说,付出高于完全竞争时的价格,得到的是丰富多彩、各具特色的产品,可以满足不同的消费要求。

最后,从产量来看,垄断竞争时的产量一般要低于完全竞争时的产量,这说明垄断竞争下资源的利用程度不如完全竞争下资源的利用程度。

但是,由于有消费者不同消费需求可以得到满足,因此不能简单地得出完全竞争市场优于垄断竞争市场的结论。

在分析垄断竞争时,还要注意以下两点。

第一,垄断竞争有利于鼓励进行创新。因为企业可以通过生产与众不同的产品在短期内获得垄断地位以及超额利润,从而激发了企业进行创新的内在动力和愿望。而长期中的竞争又使这种创新的动力经久不衰。

第二,在垄断竞争下,会使销售成本,主要是广告成本增加。广告竞争是垄断竞争市场的一大特色。各企业要使自己的产品成为有特色的产品,必须进行广告宣传。广告对生产和消费有促进作用,但同时也增加了销售成本,增加了总成本和平均成本。

经济学家们认为,垄断竞争从总体上看是利大于弊的。而在现实中,垄断竞争也是一种普遍存在的市场结构。

### 四、垄断竞争市场上的非价格竞争

在垄断竞争市场结构中,由于不同企业之间的产品存在差别,这些产品差别包括产品质量、服务、包装等方面。因此,在垄断竞争市场中,企业之间不仅存在着价格竞争,而且存在着广泛的非价格之间的竞争,这些非价格竞争表现在优质的服务、产品质量保证、免费送货安装、时尚漂亮的包装、吸引人的广告等方面。

在短期中,垄断竞争中的企业可能通过首先进行的非价格竞争手段获得超额利润。但在长期中,由于新企业的进入相对容易和自由,同时非价格竞争手段表现在各个方面,竞争很激烈,最终会使其平均成本曲线与需求曲线相切,使企业的超额利润为零。

## 第四节　寡头垄断与企业经济行为

在寡头垄断市场结构中,根据生产产品的有无差别,可以把寡头分为纯粹寡头和差别寡头,即生产无差别产品的寡头是纯粹寡头,例如生产钢铁、水泥、铜等产品的寡头;

而生产有差别产品的寡头是差别寡头,例如生产汽车、飞机、香烟、计算机产品的寡头。

### 案例 6-1

#### 阿里腾讯百度争霸 平台竞争迎来"三国"寡头时代

导读:通过对行业资源的重新分配和整合,阿里巴巴、腾讯、百度这三大互联网公司,早已将平台战略演绎得淋漓尽致,并将互联网行业引入"三国争霸"的寡头竞争时代。

互联网社会的进化史正在重新诠释有关开放与自由的概念。从简单的 APP 聚合到应用开发商的生态圈聚合,互联网平台战略已经演变为大企业积极构建的一种全新商业模式。通过对行业资源的重新分配和整合,阿里巴巴、腾讯、百度这三大互联网公司,早已将平台战略演绎得淋漓尽致,并将互联网行业引入"三国争霸"的寡头竞争时代。

在三大巨头形成的"BAT"阵营中,搭建吸引第三方开发商的开放平台成为三家企业不约而同的选择。以电商贸易起家的阿里巴巴可以说最早开始平台战略思维,从 2009 年开始至今,通过对 B2B(阿里巴巴)、C2C(淘宝、天猫)、一淘网、云计算(阿里云)等业务整合,不断升级旗下电商平台。与此同时,马云在近年不断推出阿里大数据、阿里金融、阿里物流等大平台概念,被业内视为互联网企业标准意义的"搅局者"。

相比之下,2010 年年底开始实行的百度开发者平台则更愿意走"技术派路线",诸如百度开放云充分开放了应用引擎(BAE)、云推送、LBS 云等多项服务,以提高开发者生产力。同时,百度也在不断强化其自身渠道分发能力,将大部分精力整合手机助手、贴吧、地图、个人云等用户端入口,以切合开发者的需求。立足社交与游戏的腾讯则喜欢将开放平台变成多元化的"产品超市",腾讯媒体、游戏、云平台,都是通过产品和账号接入层面的开放来提供服务。而拥有庞大用户群的微信更是将腾讯的平台价值放大数倍,在平台生态圈形成的基础上,腾讯与开放者共同分享平台收益。

伴随着移动互联网发展以及智能手机的普及,三大"寡头"的平台竞争也在不断升级,并走到了如今白热化的局面。从近期开始的收购事件来看,百度、阿里巴巴、腾讯各自布局移动业务的频繁动作,也无疑被视为大佬们为自身的平台帝国攒足实力的表现。

在平台战略的主导下,三大巨头平台化竞争格局日渐清晰,不过开放平台能否如预期所言,对互联网生态系统进行重新定义,从而为所有企业带来共赢的机会,这种形如乌托邦的理想也许仍有待时间考验。

## 一、寡头垄断市场上产量的决定

在博弈论运用之前,传统寡头理论在假设对手的反应为既定的情况下分析寡头企业价格和产量的确定。由于寡头间反应和对策的不确定,实际上存在多种解释寡头企业经济行为的模型。

寡头垄断市场上产量的决定主要分为两大类情况。

一是当寡头之间存在相互勾结和妥协时,各个寡头产量的决定由寡头之间通过协商来进行确定。协商的结构有利于谁,取决于各寡头的实力。这种协商可能是对产量的限定(如石油输出国组织对各产油国规定的限产数额),也可能是对销售市场的瓜分,即不规定具体产量的限制,而是规定各寡头的市场范围。当然这种勾结往往是暂时的,当各寡头的实力发生变化之后,就会要求重新瓜分市场或确定产量,从而引起激烈的竞争。

二是当寡头之间不存在勾结和妥协时,由于寡头之间存在很强的相互依存性,各个寡头是根据其他寡头的产量决策来调整自己的产量从而达到利润最大化的根本目的。

古诺模型阐述了相互竞争而没有相互协调的厂商的产量决策是如何相互作用,从而产生一个位于竞争均衡和垄断均衡之间的结果。古诺模型的结论可以很容易地推广到三个或三个以上的寡头厂商的情况中。

经济学家通过对寡头市场的长期观察发现,某些带有寡头特征的市场产品的价格即使在成本有一定量的改变时,价格却相当稳定,寡头之间也不是通过相互压价的策略争夺市场。这就是说,寡头市场上的价格存在刚性,这种情况在钢铁、汽车等寡头市场上存在。

美国经济学家 P.斯威齐通过拐折的需求曲线模型描述了寡头垄断市场这种价格刚性情况。斯威齐模型通过对市场上存在的价格刚性的解释,但是没有说明寡头垄断市场上产量和价格是如何确定的。因此,需要进一步解释寡头垄断市场上价格的确定。

(一)价格领先制

价格领先制又称价格领袖制,是指某个寡头充当价格领袖首先变动价格,其他寡头充当价格随从,按照价格领袖确定的价格而变动确定各自的价格。如果产品是无差别的,则价格变动幅度可能相同;如果产品是有差别的,则价格变动可能相同,也可能不同。

作为价格领袖的寡头企业有三种情况。

1)支配型价格领袖

领先确定价格的企业是本行业中最大的、具有支配地位的企业。它在市场上占有份额最大,因此,对价格的决定举足轻重。它根据自己利润最大化的原则确定产品价格,其余规模较小的寡头则根据这种价格来确定自己的价格和产量。

2)效率型价格领袖

领先确定价格的企业是本行业中成本最低,从而效率最高的企业。它对价格的确定也使其他企业不得不随之变动。

3)晴雨表型价格领袖

企业在本行业中不一定是规模最大,效率最高,但在掌握市场行情或其他信息方面明显优于其他企业。该企业价格的变动实际是传递了某种信息。因此,它的价格在该行业中具有晴雨表的作用,其他企业会参照这一价格变动而调整自己的价格。

(二)成本加成法

成本加成法是寡头垄断市场上一种最常用的方法,就是在估算平均成本的基础上加一个固定的百分率的利润。这种价格确定方法的平均成本可以根据长期中成本变动的情况来定,而利润比率要参照全行业的利润率情况确定。这种定价方法可以避免各寡头之间由于价格竞争而两败俱伤,使价格相对稳定。

### 🍁 小贴士

**石油输出国组织(欧佩克)**

石油输出国组织由 14 个成员国组成,是一个典型的世界石油寡头垄断组织。1973 年的阿以战争后,几乎全由阿拉伯国家组成的欧佩克大幅削减石油出口,使世界原油价格暴涨。1978 年伊朗发生革命,紧接着又爆发了两伊战争,许多石油设施遭到破坏,促使世界石油价格由 1973 年的 2.91 美元/桶上升到 20 世纪 80 年代初的约 40 美元/桶。欧佩克向世人展示了卡特尔的威力。但是,从 80 年代开始,卡特尔的作用开始削弱,其原因主要有以下三个方面。

(1) 石油价格的提升促使人们使用耗能低的汽车、取暖设施、生产设备等,同时寻找其他能源来代替石油,使得石油的需求弹性变大了。

(2) 世界其他地区的石油产量在高价格的激励下高速增长。一些开发成本较高的油田在限定的高价条件下也开始盈利(例如英国的北海油田),结果使得欧佩克石油产量占世界原油总产量的份额由 1974 年的 55% 下降至 1991 年的不足 30%,近年来俄罗斯等国的石油输出数量也在不断增长,进一步改变了世界石油供应结构。

(3) 卡特尔内部一直为分配产量配额争执不休,内部欺骗时有发生。欧佩克内部石油储量较少的成员国,如印度尼西亚、伊朗,希望提高价格来获得更多的短期利润,而一些石油储量丰富的成员国,如沙特阿拉伯、科威特等则希望降低价格,阻止非欧佩克国家侵占市场,以获得长期利润最大化。实际的结果是,所有成员国每年都突破了各自的产量配额。

### (三) 卡特尔

各寡头之间进行公开的勾结,组成卡特尔,协调它们的行动,共同确定价格。所以卡特尔是企业通过明确的协议所组成的共同确定产品价格与产量以获得超额利润的一种合作团体。卡特尔往往是一种国际性的组织,所以,一个国家的反垄断法通常不能限制卡特尔的存在和发展,如 OPEC 石油输出国组织就是一个国际石油卡特尔。

卡特尔组织能否有效控制价格和产量,依赖两个重要的条件:其一是卡特尔潜在的垄断力。因为很少有一种卡特尔组织能够把本行业中所有的生产企业都包括在内。其二是卡特尔组织成员之间能否遵守它们之间所签订的关于产量与价格的协议。所以,由于卡特尔成员之间的矛盾,有时达成的协议也很难兑现,或引起卡特尔解体。

在不存在公开勾结的情况下,各个寡头还可以通过暗中勾结(又称默契)来确定价格。

## 二、博弈论的运用

在寡头垄断市场上,只存在少数几家大的企业,寡头企业之间相互影响。一个寡头经济行为的变化往往引起其他寡头企业价格或产量的变化。因为它们都知道,它的利润不仅取决于自身的产量和价格的确定,而且必须考虑其他寡头的情况。因此,寡头在进行价格和产量的决策时必须考虑外界竞争对手情况,选择适当的策略,以便在竞争中取得优势,这就是人们通常所说的博弈。

博弈论(Game Theory)是数学的一个分支,是研究人们在各种策略的情况下如何行事。这里的"策略"是指每个人在决定采取什么行动时,必须考虑其他人对这种行动会做出什么反应的状况。

"囚徒困境"是博弈论中最经典的例子之一。完整的博弈过程包括参与者、规则、各自的决策以及最后的结构。我们可以通过揭示这个经典案例来说明博弈论的基本思想。

有 A、B 两名合作盗窃汽车的嫌疑犯作案后被警察抓住,被隔离审讯,这两个囚徒无法实现订立攻守同盟。由于警察对他们的犯罪掌握得不十分确切,对于两个囚徒的定罪就取决于两个囚徒对于犯罪事实的供认。于是,警察就明确告诉两个囚徒,警方的政策是"坦白从宽、抗拒从严",如果两人都坦白则各判 4 年;如果一人坦白另一人不坦白,坦白的判 1 年,不坦白的判 8 年;如果都不坦白则因证据不足各判 2 年。

由于每个囚徒选择的行为有两种:坦白或不坦白。并且由于无法勾结,各自选择的结果要取决于对法的选择策略。两名囚徒就陷入坦白或不坦白的困境中。可以通过表 6-4 所示的矩阵列表来分析最后两名囚徒的博弈过程。

表 6-4　囚徒困境下的策略选择

| B ＼ A | 坦白 | 不坦白 |
|---|---|---|
| 坦白 | (4,4) | (1,8) |
| 不坦白 | (8,1) | (2,2) |

从表 6-4 中看,两个囚徒共有四种可能的决策和四种可能的结果。最后两个囚徒选择哪一种结果的可能性大呢?

如果两个囚徒都坦白,各判 4 年。

如果两个囚徒都不坦白,各判 2 年。

如果 A 坦白,B 不坦白,A 判 1 年,B 判 8 年。

如果 A 不坦白,B 坦白,A 判 8 年,B 判 1 年。

由于每个囚徒都从个人的利益最大化出发,选择对自己最有利的决策。他们可以很快推想出来,如果选择不坦白,要冒很大的风险。因为一旦自己不坦白而对方坦白,将使自己处于极为不利的处境,即遭受 8 年的重刑。而无论对方是否坦白,自己选择坦白最为有利。如果对方坦白,则自己坦白要比抗拒少判 4 年徒刑;如果对方抗拒,则自己坦白只有 1 年的刑期。显然,两个囚徒最终都会"聪明"地选择坦白。也就是说,囚徒困境反映了个人理性追求利益最大化的自利行为将导致集体非合作策略。

寡头在力图达到垄断结果时的博弈也类似于两个处于困境的囚徒的博弈。垄断结果对寡头是共同理性,但每个寡头都有违背协议的激励。正如利己使囚徒困境中的囚犯坦白一样,利己也使寡头难以维持低产量、高价格和垄断利润的合作结果。

### 三、对寡头垄断市场的评价

在完全竞争市场、垄断竞争市场和完全垄断市场上企业之间是相互独立的,也就是说每个企业在做决策时不需要考虑其他企业的反应。而在寡头垄断市场中,由少数几家大的企业及寡头来分割市场,每个寡头生产的产品数量在整个市场份额中的比例都不小,所以,每个企业的行为都对其他企业和整个市场产生重要影响。因此,企业各自在价格上或产量方面决策的变化都会影响整个市场和其他竞争者的行为。

所以,寡头垄断市场上各企业之间存在着极为密切的关系。每家企业在做出价格与产量的决策时,不仅要考虑到本身的成本与收益情况,而且要考虑到这一决策对市场的影响,以及其他企业可能做出的反应。这就是寡头之间的相互依存性。

因此,寡头垄断市场的均衡表现出不同于其他市场的特点。

第一,在寡头垄断市场中,由于市场中只存在少数几家大企业,在这些寡头企业之间存在着较强的依存性和相互影响性,使它们之间更容易形成某种形式的勾结和妥协。但各寡头之间利益又是矛盾的,这就决定了勾结并不能代替或取消竞争,寡头之间的竞争往往会更加激烈。既有价格竞争,也有非价格竞争。

第二,寡头企业的决策相互影响,其决策产生什么样的结果具有很大的不确定性。因为任何一个寡头企业在做出决策时,都必须考虑竞争对手对其做出的反应。在寡头垄断市场上,很难对产量与价格问题做出像其他三种市场那样明确的答案。这是因为,各个寡头在做出价格和产量决策时,都要考虑到竞争对手的反应,而竞争对手的反应可能是多种多样的。在各寡头都保守自己的商业秘密的情况下,这种反应很难捉摸。这就使价格与产量问题难以确定。

第三,价格和产量一旦确定之后,就具有相对稳定性。也就是说,各个寡头由于难以捉摸对手的行为,一般不会轻易变动已确定的价格与产量水平。

寡头垄断在经济生活中十分重要,有其积极的一面。首先,寡头垄断可以实现规模经济,从而降低成本,提高经济效益。其次,寡头垄断有利于促进技术进步。各寡头为了在竞争中取胜,就要提高生产率创造产品,这就成为寡头企业进行技术创新的动力。

此外,寡头企业实力雄厚,可以用巨额资金与人力进行科学研究。例如,微软公司的研究机构,则成为微软开发新产品的最重要基地。但是,寡头垄断市场也会由于寡头之间的勾结,抬高价格,从而损害消费者的利益和社会经济福利。

## 第五节　完全垄断与企业经济行为

完全垄断市场是相反于完全竞争市场的另一个市场结构的极端,指的是市场上只有一个企业的市场结构,在这种市场结构中,只有一个产品供给者,同时这个产品没有任何替代品。与完全竞争市场一样,完全垄断市场在现实经济生活中几乎是不存在的。因为完全垄断市场是只有一家企业的市场结构,因此,一个企业就是一个市场,企业的需求曲线、短期均衡和长期均衡就分别是整个市场的需求曲线、短期均衡曲线和长期均衡曲线。

**小贴士**

**垄断的形成**

第二次世界大战之前的美国制铝公司,从 19 世纪末至 20 世纪 30 年代一直控制着全美铝矾土矿的开采,从而成为美国制铝行业的垄断者。南非的"德比尔"公司拥有并控制了地球上钻石矿的 4/5,成为世界钻石市场上的垄断者。再如,全部铬矿都集中在南非,并被少数生产者控制。这也就形成了自然垄断。

美国微软公司,为研制"Windows 2000"计算机操作系统软件耗时 4 年,投入了 10 多亿美元的费用,但是,一旦新产品发明出来,仿制的成本要低得多,如果没有专利制度,那么谁愿意投资研究开发新产品呢?不过,专利带来的垄断地位是暂时的,因为专利有法律时效,在我国,专利有效期为 15 年,美国是 17 年。

## 一、完全垄断市场的需求曲线

由于在完全垄断市场上只有一个产品供给者,也就是垄断企业,所以整个市场的需求曲线也是垄断企业的需求曲线。从需求法则可知,市场需求曲线一般都是由左上方向右下方倾斜的曲线,因此企业所面临的需求曲线的需求量与价格呈反方向变动。

这表明垄断企业要想扩大销量,必须降低价格,也就是说垄断企业必须遵循"价高少销、价低多销"的原则来确定商品价格。其根本原因在于垄断企业虽然是价格的制定者,但是它也不能随心所欲地盲目定价,必须根据市场的整体需求情况来定价。

## 二、完全垄断市场的平均收益和边际收益

在完全垄断市场中,每一单位产品的价格就是该产品的平均收益,所以,价格与平均收益相等。根据需求法则,随着销售量的增大,产品价格也就是平均收益是下降的。所以企业的平均收益曲线就是其需求曲线,也是一条向右下方倾斜的曲线($D=AR$)。

由于随着销售量的增加,产品的价格也就是平均收益是下降的,所以,边际收益肯定小于平均收益,所以,企业的边际收益曲线是位于平均收益曲线同时也是需求曲线下方的一条向右下方倾斜的曲线。

垄断企业平均收益和边际收益以及平均收益曲线和边际收益曲线的关系可以分别用表 6-5 和图 6-10 清晰地表示出来。

表 6-5 垄断企业价格、总收益、平均收益与边际收益

| 价格($P$) | 销售量($Q$) | $TR=P \times Q$ | $AR=TR/Q$ | $MR=d(TR)/d(Q)$ |
|---|---|---|---|---|
| — | 0 | 0 | — | — |
| 6 | 1 | 6 | 6 | 6 |
| 5 | 2 | 10 | 5 | 4 |
| 4 | 3 | 12 | 4 | 2 |
| 3 | 4 | 12 | 3 | 2 |
| 2 | 5 | 10 | 2 | −2 |
| 1 | 6 | 6 | 1 | −4 |

### 三、完全垄断市场的短期均衡

#### （一）企业短期的生产决策

在短期中，垄断企业的生产决策也依照两个原则：平均收益大于或者等于平均可变成本，以及边际收益等于边际成本。但由于短期产量的调整要受到一定限制，而价格要由企业与消费者共同决定，所以可能出现有经济利润、零经济利润和亏损三种情况。

垄断企业按照边际收益等于边际成本的原则进行生产决策，调整产量直到边际收益等于边际成本时，达到利润最大，如图 6-11 所示。

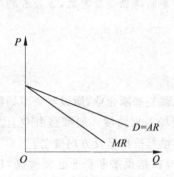

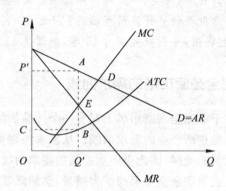

图 6-10　完全垄断市场的平均收益
曲线与边际收益曲线

图 6-11　完全垄断的生产决策

#### （二）垄断企业的短期均衡

$$MR = MC$$

当 $P > ATC$ 时，企业获得垄断利润，其垄断利润数额等于图 6-11 中矩形 $P'ABC$ 的面积。

当 $P = ATC$ 时，企业垄断利润为零。

当 $AVC < P < ATC$ 时，企业利润为负。

当 $P < AVC$ 时，企业停止生产。

如果价格高于平均成本，可以有经济利润；如果价格等于平均成本，经济利润为零；如果价格低于平均成本，则有亏损。但只要价格高于或等于平均可变成本，垄断企业就会维持生产。由于在短期内不能调整全部要素，所以，短期出现这三种情况。

### 四、完全垄断市场的长期均衡

在长期中，垄断企业可以通过对价格和产量的调整来实现利润。这与完全竞争市场下长期中无经济利润不同，其原因则在于垄断企业可以在相当程度上影响市场价格。价格取决于供求。由于垄断企业控制了供给，所以，也就能影响价格的决定，根据边际成本加价原则定价。当然，这种定价能力的大小要受需求价格弹性的影响，某种产品需求价格弹性越小,垄断企业对定价的控制就越大。

在长期中,垄断企业还要调整自己的产量,这种调整就要使长期边际成本与边际收益相等,而且这时也与短期边际成本相等。所以,

$$MR = LMC = SMC$$

由于价格可以由垄断企业控制在大于边际成本的水平,所以就存在经济利润。又由于没有其他企业的进入与竞争,这种经济利润可以长期存在。与完全竞争市场不同,垄断下无供给曲线。这也就是说,一种产量水平并不与唯一的价格相对应。这是因为垄断者在实现利润最大化时把成本作为既定的,同时调整价格与产量,在不同的价格时有不同的需求曲线,从而即使在同一产量时,也会有不同的供给价格。不同的价格与一种产量相对应,这就无法作出供给曲线。

## 五、完全垄断市场的价格歧视与垄断利润

价格歧视是指垄断企业为了实现垄断利润最大化,在同一时间内对同一种产品向不同的购买者索取不同的价格。价格歧视一般是依据顾客的不同或产品特点,制定不同的价格,如我们生活中存在的电力部门对工业用电、农业用电和城市居民用电采用不同的收费标准就是一个依据顾客不同而制定不同价格的价格歧视现象。

### (一)实行价格歧视的前提条件

垄断企业要想使价格歧视得以实现,市场必须具备三个条件。

#### 1. 市场的可分割性

市场的可分割性是指垄断企业面对的市场能够分割。或者是不存在竞争,或者是消费者不能获知完全的市场信息,或由于其他原因使市场不能成为一个完整的均质市场,也就是说,消费者或者不了解自己所在市场外市场的价格,或者即使了解也无法到另外的市场去消费。市场不存在竞争,市场信息不畅通,或由于其他原因使市场分割,也就是说,消费者不了解其他市场的价格,这样垄断者就可以实行价格歧视。

#### 2. 各个市场上需求价格弹性不同

如果被分割的各个市场的需求价格弹性相同,那么垄断企业最佳的定价策略是对同一种产品索取相同的价格。只有各个市场的需求价格弹性不同,垄断企业才能够根据不同的需求价格弹性索取不同的价格。

也就是说,在需求价格弹性较小的市场上实行高价格,因为市场对它的价格不敏感,抬高价格对其销售量影响不太大,从而可以获取高额的垄断利润;反之,在需求价格弹性较大的市场上实行低价格,因为市场对它的价格很敏感,稍微降低价格就能极大地提高其销售量,从而实现薄利多销的经营策略,同样可以获取高额的垄断利润。

#### 3. 企业具有价格制定权

在完全竞争市场上,企业只能是市场价格的被动接受者和执行者,只有在垄断因素存在的条件下,在一定领域具有一定程度垄断因素的企业才有制定价格的权力。也只有具有制定价格的权力,企业才有在各个市场实行价格歧视的可能。

### （二）价格歧视的类型

#### 1. 一级价格歧视

一级价格歧视又称完全价格歧视，是指垄断企业对每售出一单位的产品都收取不同的价格。一级价格歧视在现实中很少见，因为严格地说，垄断企业不可能对每一个微小的销售增量都收取不同的价格。在一级价格歧视下，垄断企业需要把每一单位的产品出售给愿意支付最高价格的消费者，这样，垄断企业能够完全剥夺消费者获得的消费者剩余。由于垄断企业不可能完全获知每位消费者的准确信息，所以，现实中很难实行一级价格歧视。

#### 2. 二级价格歧视

二级价格歧视是指垄断企业对不同购买数量的消费者实行不同价格。通常情况下，为了多销售产品，消费者购买的数量越多企业实行的价格越优惠，例如，消费者购买100个某类产品是一种价格，当购买100～200个实行相对低一些的价格，购买200个以上实行更低的价格。与一级价格歧视相比较，二级价格歧视下，消费者获得的消费者剩余要多一些，从而二级价格歧视的实施要更普遍一些。但也有一些相反的二级价格歧视，例如，在缺水型城市北京，为了达到节约用水的目的，实行消费越多价格越高的价格歧视。

🔍 **案例 6-2**

**居民用水的价格歧视**

人民网北京 2014 年 4 月 29 日电　据北京市发展和改革委员会网站消息，北京发改委今日发布《北京市发展和改革委员会关于北京市居民用水实行阶梯水价的通知》。通知明确，按年度用水量计算，将居民家庭全年用水量划分为三档，水价分档递增。

第一阶梯用水量不超过 180 立方米，水价为每立方米 5 元；第二阶梯用水量在 181～260 立方米，水价为每立方米 7 元；第三阶梯用水量为 260 立方米以上，水价为每立方米 9 元。该水价方案自 2014 年 5 月 1 日起执行。

#### 3. 三级价格歧视

垄断企业对不同市场或不同消费者实行不同的同一产品的销售价格。其最终目的是使每一市场上出走的商品能够得到相等的边际收益。例如，电力部门针对不同的消费者，对工业用电、农业用电、商业用电、居民用电，实行不同的收费标准。再比如国际贸易中常存在的某一企业的产品在国内和国外索取不同的价格。在这种情况下，企业就可以在实行高价格的市场上获得超额利润，即把这个市场上的消费者剩余变为超额利润。

🔍 **案例 6-3**

**公园票价的价格歧视**

如 2014 年北京颐和园门票淡季 20 元、旺季 30 元，联票淡季 50 元、旺季 60 元。并有如下优惠减免规定。

一、1.2 米以下儿童免费。

二、六一儿童节,儿童免收入园门票。集体游园的儿童和小学生,其带队的老师不超过所带儿童 10% 的,亦可免费入园(不含园中园)。

三、大中小学生、外国留学生(不含成人教育)凭学生证门票半价优惠(不含园中园)。

四、三八妇女节、五四青年节,对持有单位介绍信集体游园的,门票半价优惠(不含园中园)。

五、70 岁以上老年人凭老年证门票(不含园中园)半价优惠。

六、本市居民凭身份证购买月票;外省市居民凭本市暂住证或街道所开的常住证明也可购买月票。

七、残疾人持残疾证免收入园门票(不含园中园)。

八、退伍军人、现役军人和武警官兵凭有效证件免费入园(不含园中园)。

九、持有社会保障金领取证的人员凭证门票半价优惠。

十、持离休证者凭离休证免费入园(不含园中园)。

十一、省、部级以上劳模,凭相关部门颁发的证件可免费入园(不含园中园)。

十二、导游带团来园必须悬挂国家核发的正式导游证方可入园。无证导游或证件不符合者,一律购票入园。

十三、持有北京市"公园管理检查证"证件的人员,可准予免费入园。

十四、本市园林职工和园林学会会员凭本人证件可准予免费入园(不含园中园和举办游园活动)。

十五、票售出后概不退换。

## 六、对完全垄断市场的评价

许多经济学家认为完全垄断不利于经济发展,原因如下:

第一,在完全垄断下,垄断企业由于有价格制定权,即使销量不多,但同样可以利用垄断高价获取超额利润,这样就不能使资源利用效率得到充分的发挥,引起资源浪费。同时,与完全竞争相比,垄断企业的平均成本也较高。

第二,在完全垄断下,垄断企业完全控制了市场和价格,实行价格歧视,并且其所定价格往往高于完全竞争时的价格,这就引起消费者剩余的减少和社会经济福利的损失。

第三,高额垄断利润的存在是垄断企业对整个社会的剥削,使社会贫富差距进一步拉大。

另外,一些经济学家认为,在某些特定的行业中,垄断也有其有利的一面。例如,一些公共事业如自来水行业往往投资大、投资周期长而利润率低,但它又是经济发展和人民生活所必需的。这样的公用事业由政府实行完全垄断,属于规模经济引起的自然垄断,会极大地实现平均成本最低化,造福全社会。

一些垄断企业可以利用自身雄厚的人力、物力、财力,实现技术上的突破,更有利于促进全社会的技术进步。当然,垄断必然导致一些效率的损失,究竟如何取舍,完全需要具体情况具体分析,两利相比取其重,两弊相比取其轻。

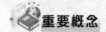 重要概念

市场结构　卡特尔　市场集中度　完全竞争　垄断竞争　寡头垄断　完全垄断　均衡
纯粹寡头　差别寡头　价格歧视

 复习思考

1. 实现完全竞争的条件有哪些？

2. 如何理解垄断竞争市场结构下非价格竞争的表现和结果？

3. 简述寡头垄断市场结构下价格决定的类型。

4. 简述完全垄断厂商实行价格歧视的前提条件。

5. 结合当前市场现行，举例说明现实经济生活中人们常遇到的价格歧视现象，并说明为什么会出现这种价格歧视。

# 第七章

# 企业产品定价方法

## 学习目标

1. 了解企业产品定价目标；
2. 掌握成本导向定价法；
3. 掌握需求导向定价法；
4. 掌握竞争导向定价法。

## 技能要求

1. 能够进行基本定价方法的计算；
2. 根据内外部环境分析,科学选择和运用具体的定价策略。

## 引言

市场经济中,产品价格的竞争是一种重要的竞争手段,企业产品定价决策常常是决定企业成功或失败的一个主要因素。而企业面临的市场和现实情况又复杂多样,在企业追求利润最大化的过程中,企业需要根据国内外市场竞争情况、企业生产成本信息、产品供求信息、企业产品经营策略以及边际成本等于边际收益的利润最大化原则等各种因素进行综合考虑,灵活多样地运用产品定价方法,实施不同的定价策略。

因此,本章从企业产品定价目标出发,简要介绍、分析了现实经济生活中企业常用的三类定价方法和具体定价策略。

企业定价,就是企业依据产品成本、市场需求以及市场竞争状况等影响因素,为其产品制定适宜的价格,使其产品在保证企业利益的前提下,最大限度地为市场接受的过程。产品定价是一门科学,也是一门艺术,为自己的产品制定一个合适的价格,是当今每一个企业都需要面对的问题。

虽然随着经济的发展和人民生活水平的提高,价格已不是市场接受程度的主要因素。但是,它仍然是关系企业产品和企业命运的一个重要筹码,在营销组合中,价格是唯一能创造利润的变数。

### 案例 7-1

#### 索尼的彩电定价策略

1990 年,当索尼在日本市场首先引入高清晰度彩电(HDTV)时,这个高科技产品价值 43 000 美元,这种电视机定位于那些可以为高科技负担高价格的顾客。

其后的三年,索尼不断降低价格以吸引更多的顾客,到 1993 年,日本顾客只要花费 6000 美元就可以购得一台 28 英寸的高清晰度彩电。2001 年,日本顾客仅需 2000 美元就可以买到 40 英寸的高清晰度彩电,而这个价格是大多数人都可以接受的。索尼以此种方式从不同的顾客群中获得了最大限度的利润。

价格策略的成功与否,关系着企业产品的销量、企业的盈利,关系着企业和产品的形象。因此,企业经营者必须掌握定价的原理、方法和技巧。

# 第一节 企业产品定价目标

在市场经济体制下,价格竞争是一种重要的竞争形式。企业确定最优价格的问题在本书前面已有部分交代。但那是基于企业面临单一市场、生产单一产品以及企业追求利润最大化的假设,使价格确定在 $MC=MR$ 处。

然而,在现实中,企业往往面临市场、目标、产品的多元化以及相关信息的不可获得性,这些给企业的价格确定带来诸多问题,企业的定价方法也是多样化的。但不论如何定价,都是企业一种有计划、有步骤的经济活动,是实现企业总体战略目标的具体工作。因此,企业如何定价的前提是明确本企业进行产品定价的目标。

企业产品定价目标是企业通过制定一定水平的价格,所要达到的预期目的。定价目标一般可以分为利润目标、销售额目标、市场占有率目标和稳定价格目标。

## 一、利润目标

利润目标是企业定价目标的重要组成部分,获取利润是企业生存和发展的必要条件,是企业经营的直接动力和最终目的。因此,利润目标为大多数企业所采用,由于企业的经营哲学及营销总目标不同,这一目标在实践中有两种形式。

### (一)以追求最大利润为目标

最大利润有长期和短期之分,还有单一产品最大利润和企业全部产品综合最大利润之别。一般而言,企业追求的应该是长期的、全部产品的综合最大利润,这样,企业就可以取得较大的市场竞争优势,占领和扩大更多的市场份额,拥有更好的发展前景。当然,对于一些中小型企业、产品生命周期比较短的企业、产品在市场上供不应求的企业等,也可以谋求短期最大利润。

最大利润目标并不必然导致高价,价格太高,会导致销售量下降,利润总额可能因此而减少。有时,高额利润是通过采用低价策略,待占有市场后再逐步提价来获得的;有时,企业可以采用招徕定价艺术,对部分产品定低价,赔钱销售,以扩大影响,招徕顾客,带动其他产品的销售,进而谋取最大的整体效益。

### (二)以获取适量利润为目标

以获取适量利润为目标是指企业在补偿社会平均成本的基础上,适当地加上一定量的利润作为商品价格,以获取正常情况下合理利润的一种定价目标。以最大利润为目标,尽管从理论上讲十分完美,也十分诱人,但实际运用时常常会受到各种限制。所以,很多企业按照适度原则确定利润水平,并以此为目标制定价格。

以获取适量利润为目标有各种原因,以获取适量利润为目标使产品价格不会显得太高,从而可以阻止激烈的市场竞争,或某些企业为了协调投资者和消费者之间的关系,树立良好的企业形象,而以获取适量利润为目标。由于以获取适量利润为目标指导的价格不仅可以使企业避免不必要的竞争,又能获得长期利润,而且由于价格适中,消费者愿意接受,还符合政府的价格指导方针,因此这是一种兼顾企业利益和社会利益的定价目标。

需要指出的是,适量的利润的实现,必须充分考虑销量、投资成本、竞争格局和市场接受程度等因素。否则,适量利润只能是一句空话。

 **案例 7-2**

### 十元店为何风潮再起

街边小百货、杂货店已经从北京市场上渐渐消失,但是另外一种开在购物中心里的杂货店却越来越多,它们有统一的品牌、标准化的产品、低廉的价格,最低仅有 10 元钱,相比其他冷清的零售业态,这些店经常人流涌动。最具代表性的是一家名为名创优品的连锁品牌,而模仿名创优品的品牌更多,这些披着日韩风格外衣、纯国内制造的十元小商品店为何突然再次站上了消费风口?

**祭出价格杀手**

与十元小百货店到处开花形成鲜明对比的是,国内零售业包括购物中心、超市、专业店等在内的多个业态尚处低谷期。当然,零售业低迷经常被认为是受到了电商的重创,尤其是电商价格战对零售价格体系的破坏,培养了消费者对价格的敏感度,而这恰恰是十元店兴起的一个消费端基础。

**跟上消费升级**

消费者惯常“以貌取人”,曾经的街边两元店虽然价格便宜,但门店又小又乱,整体低端,即使涵盖了日常所需的小商品种类,也不是所有人都会去逛去买。十元小百货店虽然依旧坚持低价,但是在门店上有着比商品更高的要求,大都开在购物中心里面,北京市的购物中心基本 90% 以上全开了这种十元店。

十元店和传统的两元店截然不同。从商品组合来看,它们对目标消费群体的选购清晰和消费习惯还是有一定的研究,价格低、单次消费不高,增加了消费者随机购物的频率,同时,商品又保证了新奇有趣或者实用,在网络已经成为人们刚性消费主要渠道之后,这种边逛边买的小商品反而会成为线下购物的一个热点。

## 二、销售额目标

销售额目标是在保证一定利润水平的前提下,谋求销售额的最大化。某种产品在一定时期、一定市场状况下的销售额由该产品的销售量和价格共同决定,因此,销售额的最大化既不等于销量最大，也不等于价格最高。

对于需求价格弹性较大的产品，降低价格所导致的损失可以由销售量的增加而得到补偿，因此企业适宜采用薄利多销策略，保证在总利润不低于企业最低利润的条件下，尽量降低价格，促进销售，扩大盈利；反之，若商品的需求价格弹性较小，降价会导致收入减少，而提价会使销售额增加，企业应该采用高价、厚利、限销的策略。

采用销售额目标时，确保企业的利润水平尤为重要。这是因为销售额的增加，并不必然带来利润的增加。有些企业的销售额上升到一定程度，利润就很难上升，甚至销售额越大，亏损越多。因此，销售额和利润必须同时考虑。在两者发生矛盾时，除非是特殊情况（如为了尽量地回收现金），应以保证最低利润为原则。

## 三、市场占有率目标

市场占有率目标也称市场份额目标，即企业把保持和提高市场占有率（或市场份额）作为一定时期的定价目标。

在许多情况下，市场占有率的高低，比投资收益率更能说明企业的营销状况。无论大、中、小企业，都希望用较长时间的低价策略来扩充目标市场，尽量提供企业产品的市场占有率。保持市场占有率的定价目标的特征是根据竞争对手的价格水平不断调整价格，以保证足够的竞争优势，防止竞争对手占有自己的市场份额。

扩大市场占有率的定价目标就是从竞争对手那里夺取市场份额，以达到扩大企业销售市场乃至控制整个市场的目的。

## 四、稳定价格目标

稳定价格目标是以保持价格相对稳定、避免正面价格竞争（即指企业间的以竞相降价为压倒对方的手段）为目标。当企业准备在一个行业中长期经营时，往往该行业中的大企业或占主导地位的企业率先制定一个较长期的稳定价格，其他企业的价格与之保持一定的差距。这样，大企业的地位不会受到太大冲击，中小企业也可避免遭受由于大企业随时、随意提价而带来的冲击。石油、钢铁、化工行业常常采用此定价方法。

稳定的价格通常是大多数企业获得一定目标收益的必要条件，市场价格越稳定，经营风险也就越小。稳定价格目标的实质是通过本企业产品的定价来左右整个市场价格，避免不必要的价格波动。按照这种目标进行定价，可以使市场价格在一定较长的时期内相对稳定，减少企业之间因为价格竞争而发生的损失。

为达到稳定价格的目的，通常情况下由那些拥有较高的市场占有率、经营实力较强或较具有竞争力和影响力的领导者先制定一个价格，其他企业的价格则与之保持一定的距离和比例关系。对大企业来说，这是一种稳妥的价格保护政策；对中小企业来说，由于大企业不愿意随便改变价格，竞争性减弱，其利润也可以得到保障。

企业确定其定价目标以后，综合考虑其产品成本和特点、市场需求以及竞争变化情况等因素，就会按照一定的科学步骤来进行产品的具体定价。

# 第二节　成本导向定价法

成本导向定价法是以产品的成本为中心,制定对企业最有利的价格的一种定价方法。

## 一、成本加成定价法

成本加成定价法是一种最简单的定价方法,即在产品单位成本的基础上,加上预期利润作为产品的销售价格。售价与成本之间的差额就是利润。由于利润的多少是有一定比例的,这种比例就是人们俗称的"几成",因此这种方法就成为成本加成定价法。

采用这种定价方式,一要准确核算成本;二要确定恰当的利润百分比(即加成率)。依据核算成本的标准不同,成本加成定价法可分为两种:平均成本加成定价法和边际成本加成定价法。

定价的具体步骤如下:首先估计单位变动成本;其次固定费用的标准产量分摊(生产能力的 2/3 或 4/5);最后汇总成本,并加上目标利润率的基准利润额。

运用这种定价方法要注意两点:一是根据市场情况进行价格调整;二是对会计成本的决策和预期调整。

成本加成定价法的优点:一是有利于价格稳定。变动价格经常诱发竞争者不利反应;二是所用的信息较少;三是为价格变动提供正当理由。

成本加成定价法的缺点:一是定价只是考虑成本,没有考虑需求条件;二是使用的常常是会计成本或历史成本,而非增量成本或机会成本;三是共同成本均摊不能真实反映成本状况。

成本加成定价法得到了企业的广泛使用,特别是在零售业中,大都采用成本加成定价法,同时对各种商品加上预先规定的不同幅度的加成,如烟类加成 20%,照相机加成 28%,书籍加成 34%,衣物加成 41%,珠宝饰品加成 46%,可乐加成 25%。

成本加成定价法有利于稳定价格,并能为价格的变动提供正当的理由。成本加成定价法中的加成是由需求弹性和竞争状况决定的。如果需求弹性很大和竞争很激烈,加成就小;成本加成定价法是企业管理者为追求最大利润而使用的一种简单的决策规则。

成本加成定价法的计算公式为

价格＝(单位固定成本＋单位变动成本)×(1＋目标成本利润率)

### 案例 7-3

假定某企业生产某产品的变动成本为每件 10 元,标准产量为 500 000 件,总固定成本为 2 500 000 元。如果企业的目标成本利润率为 33.3%,问价格应定为多少?

解:　　　　　　　变动成本＝10 元/件

固定成本＝2 500 000÷500 000＝5(元/件)

全部成本＝10＋5＝15(元)

价格＝(10＋5)×(1＋33.3%)≈20(元)

## 二、盈亏平衡定价法

盈亏平衡定价法即根据盈亏平衡点原理进行定价。盈亏平衡点又称保本点,是指一定价格水平下,企业的销售收入刚好与同期发生的费用额相等,收支相抵、不盈不亏时的销售量,或在一定销售量前提下,使收支相抵的价格。盈亏平衡定价,考虑到销售额变化后,成本也在发生变化,这种方法是运用损益平衡原理实行的一种保本定价法。其计算公式为

盈亏平衡点销售量＝固定成本÷(单位产品销售收入－单位变动成本)

盈亏平衡点销售额＝固定成本÷(1－单位变动成本率)

## 三、投资回收定价法

企业开发产品和增加服务项目要投入一笔数目较大的资金,且在投资决策时总有一个预期的投资回收期,为确保投资按期收回并赚取利润,企业要根据产品成本和预期的产品数量,确定一个能实现市场营销目标的价格,这个价格不仅包括在投资回收期内单位产品应摊销的投资额,也包括单位产品的成本费用。利用投资回收定价法必须注意产品销量和服务设施的利用率。

## 四、目标效益定价法

目标效益定价法是根据企业的总成本和估计的总销售量,确定一个目标收益率作为定价的标准,是根据企业总成本和预期销售量,确定一个目标利润率,并以此作为定价的标准。其计算公式为

单位商品价格＝总成本×(1＋目标利润率)÷预计销量

## 五、千分之一法

千分之一法也称千分之一法则或千分之一经验公式,是根据有关工程或设备造价的千分之一对产品或服务定价。酒店行业经常根据客房造价来确定房间出租价格,即将每间客房的出租价格确定为客房平均造价的千分之一。

## 第三节　需求导向定价法

需求导向定价法是指企业在定价时不再以成本为基础,而是以消费者对产品价值的理解和需求强度为依据。

## 一、理解价值定价法

理解价值定价法也称觉察价值定价法,是以消费者对商品价值的感受及理解程度作为定价的基本依据。把买方的价值判断与卖方的成本费用相比较,定价时更应侧重考虑

前者。因为消费者购买商品时总会在同类商品之间进行比较,选购那些既能满足其消费需要,又符合其支付标准的商品。消费者对商品价值的理解不同,会形成不同的价格限度。这个限度就是消费者宁愿付货款而不愿失去这次购买机会的价格。如果价格刚好定在这一限度内,消费者就会顺利购买。

为了加深消费者对商品价值的理解程度,从而提高其愿意支付的价格限度,零售店定价时首先要搞好商品的市场定位,拉开本企业商品与市场上同类商品的差异,突出商品的特征,并综合运用这种营销手段,加深消费者对商品的印象。使消费者感到购买这些商品能获得更多的相对利益,从而提高其接受价格的限度,零售店则据此提出一个可销价格,进而估算在此价格水平下商品的销量、成本及盈利状况,最后确定实际价格。

## 二、需求差异定价法

对于需求差异定价法,同一产品的价格差异并不是因为产品成本的不同而引起的,而主要是由于消费者需求的差异所决定的。这种定价方法,对同一商品在同一市场上制定两个或两个以上的价格,或使不同商品价格之间的差额大于其成本之间的差额。其好处是可以使企业定价最大限度地符合市场需求,促进商品销售,有利于企业获取最佳的经济效益。

事实上,这种价格差异的基础是:顾客需求、顾客的购买心理、产品样式、地区差异以及时间差异等,采用这种方法定价,一般是以该产品的历史定价为基础,根据市场需求变化的具体情况,在一定幅度内变动价格。这种方法的具体实施通常有四种方式。

### (一)基于顾客差异的差别定价

基于顾客差异的差别定价是根据不同消费者消费性质、消费水平和消费习惯等差异,制定不同的价格。如会员制下的会员与非会员的价格差别;学生、教师、军人与其他顾客的价格差别;新老顾客的价格差别;国外消费者与国内消费者的价格差别等可以根据不同的消费者群的购买能力、购买目的、购买用途的不同,制定不同的价格。

### (二)基于不同地理位置的差别定价

由于地区间的差异,同一产品在不同地区销售时,可以制定不同的价格。例如,班机与轮船上由于舱位对消费者的效用不同而价格不一样;电影院、戏剧院或赛场由于观看的效果不同而价格不一样。

### (三)基于产品差异的差别定价

质量和规格相同的同种产品,虽然成本不同,但企业在定价时,并不根据成本不同按比例定价,而是按外观和式样不同来定价。这里定价所考虑的真正因素是不同外观和式样对消费者的吸引程度。比如说,营养保健品中的礼品装、普通装及特惠装三种不同的包装,虽然产品内涵和质量一样,但价格往往相差很大。

### (四)基于时间差异的差别定价

在实践中我们往往可以看到,同一产品在不同时间段里的效用是完全不同的,顾客的需求强度也是不同的。在需求旺季时,商品需求价格弹性较低,可以提高价格;在需求淡季时,商品需求价格弹性较高,可以采取降低价格的方法吸引更多顾客。

**案例 7-4**

### 意大利服装公司的时段定价法

蒙玛公司在意大利以无积压商品而闻名,其秘诀之一就是对时装分多段定价。它规定新时装上市,以 3 天为一轮,凡一套时装以定价卖出,每隔一轮按原价削掉 10%,以此类推,那么到 10 轮(一个月)之后,蒙玛公司的时装价就削到只剩 35% 左右的成本价了。这时的时装蒙玛公司就以成本价售出。因为时装上市仅一个月,价格已跌到 1/3,谁不来买?所以一卖即空。

### (五)需求差异定价法的前提条件

需求差异定价法是许多企业采用的一种常见的定价方法。这种方法比单一价格销售产品更能增加销量,获得更多的"消费者剩余",即顾客在购买商品时所预料的、情愿付出的价格与市场实际价格之间的差额使企业的赢利达到最大化。

通常情况下,一个顾客购买商品实际付出的价格,不会高于他愿意支付的价格,这样,对同一商品,不同顾客愿意支付的价格是不同的。所以商家应针对这种需求差异,采用多种价格,实现顾客的不同满足感,从而将这些"消费者剩余"尽可能多地转化为企业的利润。

实行需求差异定价法必须具备一定的前提,这些前提条件如下:

(1)符合国家的相关法律、法规和地方政府的相关政策。

(2)市场能够细分,且各细分市场有不同的需求弹性。顾客对产品的需求有明显的差异,需求弹性不同,市场能够细分。

(3)不同价格的执行不会导致本企业以外的企业在不同的市场间进行套利。低价市场和高价市场之间是相互独立的,不能进行交易,否则低价市场的购买者将低价购进的商品在高价市场上出售,使企业差异定价不能实现。

(4)顾客在主观上或心理上确实认为产品存在差异。不要引起顾客的反感,使他们不会产生被歧视的感觉。放弃购买,抵制购买。

需求导向定价法能考虑消费者的因素,体现企业以市场为中心的营销观念,如果应用妥当,能使产品价格符合市场实际情况,但是这种方法的应用较为复杂,需要进行深入的市场调研,而要准确地确定消费者对产品价格的认同情况,是一项相当困难的工作。

## 第四节　竞争导向定价法

竞争导向定价法以市场上相互竞争的同类商品价格为定价基本依据,以随竞争状况的变化确定和调整价格水平为特征,与竞争商品价格保持一定的比例,而不过多考虑成本及市场需求因素的定价方法。

竞争导向定价法的优点在于考虑到了产品价格在市场上的竞争力。其缺点是过分关注在价格上的竞争,容易忽略其他营销组合可能造成产品差异化的竞争优势;容易引起竞争者报复,导致恶性地降价竞争,使公司毫无利润可言;实际上竞争者的价格变化并不能被精确地估算。

竞争导向定价法主要有通行价格定价法、主动竞争定价法、密封投标定价法等。

## 一、通行价格定价法

通行价格定价法是竞争导向定价法中广为流行的一种。定价是使零售店商品的价格与竞争者商品的平均价格保持一致。这种定价法的目的是:

平均价格水平在人们观念中常被认为是"合理价格",易为消费者接受。

试图与竞争者和平相处,避免激烈竞争产生的风险。

一般能为零售店带来合理、适度的盈利。

这种定价适用于竞争激烈的均质商品,如大米、面粉、食油以及某些日常用品的价格确定。在完全垄断竞争市场条件下也很普遍。

## 二、主动竞争定价法

与通行价格定价法相反,它不是追随竞争者的价格,而是根据零售店商品的实际情况及与竞争对手的商品差异状况来确定价格。一般为富于进取心的零售店所采用。定价时首先将市场上竞争商品价格与零售店估算价格进行比较,分为高、一致及低三个价格层次。其次将零售店商品的性能、质量、成本、式样、产量等与竞争零售店进行比较,分析造成价格差异的原因。再次根据以上综合指标确定零售店商品的特色、优势及市场定位,在此基础上,按定价所要达到的目标确定商品价格。最后跟踪竞争商品的价格变化,及时分析原因,相应调整零售店商品价格。

## 三、密封投标定价法

密封投标定价法主要用于投标交易方式。投标价格是零售店根据对竞争者的报价估计确定的,而不是按零售店自己的成本费用或市场需求来制定的。零售店参加投标的目的是希望中标,所以它的报价应低于竞争对手的报价。

一般来说,报价高、利润大,但中标机会小,如果因报价高而招致败标,则利润为零;反之,报价低,虽中标机会大,但利润低,其机会成本可能大于其他投资方向。因此,报价时,既要考虑实现零售店目标利润,也要结合竞争状况考虑中标概率。最佳报价应是使预期利润达到最高水平的价格。此处,预期利润是指零售店目标利润与中标概率的乘积,显然,最佳报价即为目标利润与中标概率两者之间的最佳组合。

运用这种方法,最大的困难在于估计中标概率。这涉及对竞争者投标情况的掌握,只能通过市场调查及对过去投标资料的分析大致估计。

# 第五节　企业具体定价策略的运用

企业定价策略是指企业在充分考虑影响企业定价的内外部因素的基础上,为达到企业预定的定价目标而采取的价格策略。制定科学合理的定价策略,不但要求企业对成本进行核算、分析、控制和预测,而且要求企业根据市场结构、市场供求、消费者心理及竞争状况等因素做出判断与选择,价格策略选择的是否恰当,是影响企业定价目标的重要因素。

由于不同市场结构下企业厂商价格的确定内容在第六章已经进行了详细介绍,本节主要就企业定价策略的综合分析以及一些特殊具体的定价策略进行简要介绍。

## 🍁 小贴士

### 网上开店商品定价法:同价销售术

英国有一家小店,起初生意萧条很不景气。一天,店主灵机一动,想出一招:只要顾客出1个英镑,便可在店内任选一件商品(店内商品都是同一价格的)。这可谓抓住了人们的好奇心理。尽管一些商品的价格略高于市价,但仍招徕了大批顾客,销售额比附近几家百货公司都高。

在国外,比较流行的同价销售术还有分柜同价销售,比如,有的小商店开设1分钱商品专柜、1元钱商品专柜,而一些大商店则开设了10元、50元、100元商品专柜。

讨价还价是一件挺烦人的事。一口价干脆简单。目前国内已兴起很多这样的店,方法虽好,但据笔者观测,生意却不太好。实质上,策略或招数只在一定程度上管用,关键还是要货真价实。

## 一、定价策略的综合分析

### (一)广义价格的定价策略选择

商品价格有广义、狭义之分。狭义的商品价格是指商品交易完成时一次性付清的货币额;广义的商品价格还包括商品交易时的特殊条件,如价格优惠、分期付款、售后服务等促销措施,消费者获得优惠条件的可能性是商品价格水平的反映。市场上多数商品的需求具有分散性,目标顾客群的消费理念及消费心理呈多样性,因而,就某种商品而言,其定价就必须采用因地制宜的价格多模式策略。

对于追求低价的消费群,根据不同的交易方式、数量、时间及条件,采用折扣价格策略;对于追求品牌的消费群,在高品质名优产品定价时,采用声望价格策略;对于大件耐用消费品,由于消费者对产品质量的可靠性存在不安全的心理障碍,企业应加强售后服务,采用安全价格策略,将售后服务的平均费用计入商品价格中。企业定价策略的选择是在广义价格制定时的策略选择。

### (二)定价策略应与市场营销组合策略的应用相结合

市场营销组合策略是企业一系列市场营销决策的核心决策,其包括产品、价格、渠道、促销四大要素。价格是其中最敏感的因素。在市场中,多数商品的营销渠道较为分散,如电视销售、网上销售、专卖店销售、百货店销售等,不同的销售形式,其寻找质优价廉物品的成本不同,因而价格的差异性较为显著,这为企业实行价格歧视策略提供了可能性。

企业可对不同寻找成本或支付意愿的消费者制定不同价格,对为数不多的网上消费群采用低价格策略,对网下消费群实行略高价格策略,对价格极为敏感的消费群可借助报纸等媒介发放优惠券等促销方式,实施价格优惠策略。结合营销组合策略的多价格模式策略,给不同的消费者提供个性的价格服务,其目的为最大限度地扩大消费群。

 **案例 7-5**

### 京东的低价策略与双赢模式

21 世纪的第一个十年是中国电子商务高速发展的十年,在此期间,国内诞生了一大批著名的电子商务企业,如阿里巴巴、淘宝、当当网等。相比之下,京东商城涉足电子商务的时间比较晚。1998 年,刘强东先生在中关村创业,成立京东公司;2004 年 1 月,京东公司开始涉足电子商务领域,京东多媒体网正式开通;2007 年 6 月,京东正式启动全新域名,并成功改版,改版之后京东多媒体网更名为京东商城。

电子商务作为渠道行业的后起之秀,多年来一直被传统的线下渠道所压制,从货源到价格都受到了一些限制和影响,而该现象在近几年却有所逆转。据京东商城相关人士介绍,如今的电商不仅成为越来越多厂商的主要销售渠道之一,更是多款产品的首发平台,同时其对上下游供应链所产生的价值更是受到了厂商的大力支持。

以京东商城为例,目前京东销售的商品覆盖家电、数码通信、家居百货、母婴、图书等13 大类,囊括数万个品牌,并已与超过两万家供应商保持着合作关系。同时京东与厂商的合作以及营销方式也越来越多样化:新产品首发、半价让利活动以及特供机型等。

据介绍,以为消费者提供更高性价比的商品与服务为出发点,京东商城长期以来始终坚持“低价”策略,同时这也为整个上下游供应链创造了一定的价值。据京东商城相关人士介绍,“低价”不仅吸引了消费者,也使得公司在运营中对成本的控制更加精益求精,将更多精力放在了提高供应链效率上,同时提高库存和现金周转率,形成了低价回馈消费者的可持续业务双赢模式,这也是上游厂商所期望看到的。

2004 年年初正式涉足电子商务领域以来,京东网上商城一直保持高速增长,其营业额每年都在高速增长,连续四年增长率均超过 300%。京东网上商城始终坚持以纯电子商务模式运营,缩减中间环节,为消费者在第一时间提供优质的产品及满意的服务。

京东网上商城在线销售商品包括家用电器、手机数码、计算机商品及日用百货四大类超过 3.6 万种商品。现在,京东网上商城日订单处理量突破 20 000 单,日均 PV 超过1000 万,2010 年京东的年营业额已经超百亿。目前,“京东价”已经成为国内 3C 销售领域的价格风向标。

（三）不同的细分市场对商品的需求弹性不同

需求价格弹性是需求量对价格变化反应的灵敏度。由于各种商品的具体特点不同,各种商品的需求价格弹性是不一样的,而同一种商品,在不同的价格范围内,需求价格弹性也是不一样的。各种商品的有效需求总是在一定的价格范围内变动。因而,在价格决策中还要考虑决定某种商品需求价格弹性大小的主要经济因素,如可替代商品的多少、市场竞争程度、商品的重要程度、商品用途多少和急用程度等。

总之,企业定价的目标及策略应以企业市场战略目标和现代企业经营理念为指导,在不同的市场竞争程度和市场结构下,以企业与消费者双赢为经营理念,通过市场细分,对其所选定的目标市场进行分析,了解企业所服务的消费群的需求、欲望和收入状况,根据不同的市场状况,采用不同的价格策略。

## 二、新产品定价策略

新产品与其他产品相比,可能具有竞争程度低、技术领先的优点,但同时也会有不被消费者认同和产品成本高的缺点,因此在为新产品定价时,既要考虑能尽快收回投资,获得利润,又要有利于消费者接受新产品。实际中,常见的定价策略有以下三种。

### (一)撇脂定价策略

撇脂定价策略也称高价策略,是指企业以大大高于成本的价格将新产品投入市场,以便在短期内获取高额利润,尽快收回投资,然后再逐渐降低价格的策略。索尼公司的电器产品在投入市场之初,大都采用了该策略。我们生活中的许多电子产品、高科技产品也都曾采取过此做法。

一般地,撇脂定价策略适合于市场需求量大且需求价格弹性小、顾客愿意为获得产品价值而支付高价的细分市场,或企业是某一新产品的唯一供应者时,采用撇脂定价策略可使企业利润最大化,但高价会吸引竞争者纷纷加入,一旦有竞争者加入时,企业就应迅速降价。

> **案例 7-6**
>
> **iPod 撇脂定价的成功运用**
>
> 苹果 iPod 是近些年来最成功的消费类数码产品之一。第一款 iPod 零售价高达 399 美元,即使对于美国人来说,也是属于高价位产品,但是有很多"苹果迷"既有钱又愿意花钱,所以纷纷购买;苹果认为还可以"撇到更多的脂",于是不到半年又推出了一款容量更大的 iPod,定价 499 元美元,仍然销路很好。苹果的撇脂定价大获成功。

### (二)渗透定价策略

渗透定价策略与撇脂定价策略恰好相反,是在新产品投放市场时,将价格定得较低,以吸引大量消费者,提高市场占有率。采取渗透定价策略不仅有利于迅速打开产品销路,抢先占领市场,提高企业和品牌的声誉;而且由于价低利薄,从而有利于阻止竞争对手的加入,保持企业一定的市场优势。

通常渗透定价策略适合于产品需求价格弹性较大的市场,低价可以使销售量迅速增加；其次要求企业生产经营的规模经济效益明显，成本能随着产量和销量的扩大而明显降低，从而通过薄利多销获取利润。

### （三）试销定价策略

试销定价策略是指企业在某一限定的时间内把新产品的价格维持在较低的水平，以赢得消费者对该产品的认可和接受，降低消费者的购买风险。如微软公司的 Access 数据库程序在最初的短期促销价为 99 美元，而建议零售价则为 495 美元。试销价格策略有利于鼓励消费者试用新产品，而企业则希望消费者通过试用而成为企业的忠实顾客，并建立起企业良好的口碑。

试销定价策略也经常被服务性企业所采用，如开业之初的特惠价等。但只有企业的产品或服务确实能使消费者感到获得了很大的利益时，此种策略才能收到预期的效果。

## 三、产品组合定价策略

产品组合定价策略是指企业为了实现整个产品组合（或整体）利润最大化，在充分考虑不同产品之间的关系以及个别产品定价高低对企业总利润的影响等因素的基础上，系统地调整产品组合中相关产品的价格。

### （一）产品线定价策略

产品线定价策略是指企业为追求整体收益的最大化，为同一产品线中不同的产品确立不同的角色，制定高低不等的价格。有的产品充当招揽品，定价很低，以吸引顾客购买产品线中的其他产品，而定价高的则为企业的获利产品。产品线定价策略的关键在于合理确定价格差距。

### （二）互补品定价策略

有些产品需要互相配合在一起使用，才能发挥出某种使用价值，如相机与胶卷，隐形眼镜与消毒液，饮水机与桶装水等。企业经常为主要产品（价值量高的产品）制定较低的价格，而为附属产品（价值量较低的产品）制定较高的价格，这样有利于整体销量的增加，增加企业利润。

### （三）成套优惠定价策略

对于成套设备、服务性产品等，为鼓励顾客成套购买，以扩大企业销售，加快资金周转，可以使成套购买的价格低于单独购买其中每一产品的费用总和。

## 四、心理定价策略

 **案例 7-7**

印度画家的心理促销法

在比利时的一间画廊里，一位美国画商正在和一位印度画家讨价还价，争辩得很激烈。其实,印度画家的每幅画底价仅在 10～100 美元。但当印度画家看出美国画商购画心切时,对其所看中的 3 幅画单价非要 250 美元不可。美国画商对印度画家敲竹杠的宰客行为很不满意,吹胡子瞪眼睛要求降价成交。印度画家也毫不示弱,竟将其中的一幅画用火柴点燃,烧掉了。

美国画商亲眼看着自己喜爱的画被焚烧,很是惋惜,随即又问剩下的两幅画卖多少钱。印度画家仍然坚持每幅画要卖 250 元。从对方的表情中,印度画家看出美国画商还是不愿意接受这个价格。这时,印度画家气愤地点燃火柴,竟然又烧了另一幅画。

至此,酷爱收藏的美国画商再也沉不住气了,态度和蔼多了,乞求说:"请不要再烧最后一幅画了,我愿意出高价买下。"最后,竟以 800 美元的价格成交。

心理定价是根据消费者不同的消费心理而灵活定价,以引导和刺激消费者购买的价格策略。

### (一)声望定价策略

声望定价策略是指对一些名牌产品,企业往往可以利用消费者仰慕名牌的心理而制定大大高于其他同类产品的价格。如国际著名的欧米茄手表,在我国市场上的销价从一万元到几十万元不等。消费者在购买这些名牌产品时,特别关注其品牌,标价所体现出的炫耀价值,目的是通过消费获得极大的心理满足。声望定价策略往往采用整数定价方式,其高昂的价格能使顾客产生一分价钱一分货的感觉,从而在购买过程中得到精神上的满足,取得良好的效果。

### ❀ 小贴士

#### 声望定价普遍存在

微软公司的 Windows 98(中文版)进入中国市场时,一开始就定价 1998 元人民币,便是一种典型的声望定价。

另外,用于正式场合的西装、礼服、领带等商品,且服务对象为企业总裁、著名律师、外交官等职业的消费者,则都应该采用声望定价。否则,这些消费者就不会去购买。如金利来领带,一上市就以优质、高价定位,对有质量问题的金利来领带他们绝不上市销售,更不会降价处理。给消费者这样的信息,即金利来领带绝不会有质量问题,低价销售的金利来绝非真正的金利来产品。从而极好地维护了金利来的形象和地位。

如德国的奔驰轿车,售价 20 万马克;瑞士劳力士手表,价格为五位数;巴黎里约时装中心的服装,一般售价 2000 法郎;我国的一些国产精品也多采用这种定价方式。当然,采用这种定价法必须慎重,一般商店、一般商品若滥用此法,弄不好便会失去市场。

### (二)尾数定价策略

对于日常用品,一般来说,消费者乐于接受带有零头的价格,这种尾数价格往往能使消费者产生一种似乎便宜,且定价精确的感觉。

**案例 7-8**

### 尾数定价为什么受欢迎

心理学家的研究表明,价格尾数的微小差别,能够明显影响消费者的购买行为。一般认为,五元以下的商品,末位数为 9 最受欢迎;五元以上的商品,末位数为 95 效果最佳;百元以上的商品,末位数为 98、99 最为畅销。尾数定价策略会给消费者一种经过精确计算的、最低价格的心理感觉;有时也可以给消费者一种是原价打了折扣、商品便宜的感觉;同时,顾客在等候找零期间,也可能会发现和选购其他商品。

如某品牌的彩电标价 998 元,给人以便宜的感觉。认为只要几百元就能买一台彩电,其实它比 1000 元只少了 2 元。尾数定价策略还给人一种定价精确、值得信赖的感觉。

尾数定价策略在欧美及我国常以奇数为尾数,如 0.99、9.95 等,这主要是因为消费者对奇数有好感,容易产生一种价格低廉、价格向下的概念。但由于 8 与发谐音,在定价中 8 的采用率也较高。

### (三)整数定价策略

由于消费者常常根据价格来辨别产品的质量,对价格较高的产品,如耐用品、礼品或服装等消费者不太容易把握质量的产品,实行整数定价反而会抬高产品的身价,从而达到扩大销售的目的。

### (四)习惯性定价策略

有些商品如牛奶,消费者在长期的消费中已在头脑中形成了一个参考价格水准,个别企业难以改变。如果企业定价低于该水准易引起消费者对品质的怀疑,高于该水准则可能受到消费者的抵制,企业定价时常常要迎合消费者的这种习惯心理。

### (五)招徕定价策略

零售商常利用消费者贪图便宜的心理,特意将某几种产品的价格定得较低以招徕顾客,或者利用节假日和换季时机举行大甩卖、限时抢购等活动,把部分商品打折出售,目的是吸引顾客,促进全部产品的销售。

 **案例 7-9**

### 地铁商场的拍卖活动

北京地铁有家每日商场,每逢节假日都要举办一元拍卖活动,所有拍卖商品均以 1 元起价,报价每次增加 5 元,直至最后定夺。但这种由每日商场举办的拍卖活动由于基价定得过低,最后的成交价就比市场价低得多,因此会给人们一种卖得越多赔得越多的感觉。

殊不知,该商场用的是招徕定价术,它以低廉的拍卖品活跃商场气氛,增大客流量,带动了整个商场的销售额上升,这里需要说明的是,应用此术所选的降价商品,必须是顾客都需要而且市场价为人们所熟知的才行。

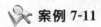 **案例 7-10**

### 日本药店的便宜补药

日本创意药房在将一瓶 200 日元的补药以 80 日元超低价出售时，每天都有大批人潮涌进店中抢购补药，按说如此下去肯定赔本，但财务账目显示出盈余逐月骤增，其原因就在于没有人来店里只买一种药。人们看到补药便宜，就会联想到其他药也一定便宜，促成了盲目的购买行动。

## 五、折扣定价策略

**案例 7-11**

### 沃尔玛的折价销售策略

沃尔玛能够迅速发展，除了正确的战略定位以外，也得益于其首创的折价销售策略。每家沃尔玛商店都贴有"天天廉价"的大标语。同一种商品在沃尔玛比其他商店要便宜。沃尔玛提倡的是低成本、低费用结构、低价格的经营思想，主张把更多的利益让给消费者，"为顾客节省每一美元"是它们的目标。

沃尔玛的利润通常在 30％左右，而其他零售商如凯马特利润率都在 45％左右。公司每星期六早上举行经理人员会议，如果有分店报告某商品在其他商店比沃尔玛低，可立即决定降价。低廉的价格、可靠的质量是沃尔玛的一大竞争优势，从而吸引了一批又一批的顾客。

企业为了鼓励顾客及早付清货款，或鼓励顾客大量购买，或为了增加淡季销售量，还常常需酌情给顾客一定的优惠，这种价格的调整叫作价格折扣和折让。

### （一）现金折扣定价策略

企业对现金交易的顾客或对及早付清货款的顾客给予一定的价格折扣。许多情况下采用此定价法可以加速资金周转，减少收账费用和坏账。

### （二）数量折扣定价策略

企业给那些大量购买某种产品的顾客一种折扣，以鼓励顾客购买更多的货物。大量购买能使企业降低生产、销售等环节的成本费用。

### （三）功能折扣定价策略

功能折扣也叫贸易折扣，是制造商给予中间商的一种额外折扣，使中间商可以获得低于目录价格的价格。

### （四）季节折扣定价策略

企业鼓励顾客淡季购买的一种减让，以使企业的生产和销售一年四季能保持相对稳定。

（五）推广津贴定价策略

为扩大产品销路,生产企业向中间商提供促销津贴。如零售商为企业产品刊登广告或设立橱窗,生产企业除负担部分广告费外,还在产品价格上给予一定优惠。

## 六、地区定价策略

通常一个企业的产品不仅在本地销售,同时还要销往其他地区,而产品从产地运到销地要花费一定的运输、仓储等费用。那么应如何合理分摊这些费用,不同地区的价格应如何制定就是地区定价策略所要解决的问题,具体有以下五种策略。

（一）产地定价策略

产地定价策略是以产地价格或出厂价格为交货价格,运杂费和运输风险全部由买方承担。这种做法适用于销路好、市场紧俏的商品,但不利于吸引路途较远的顾客。

（二）统一交货定价策略

统一交货定价策略也称邮票定价策略,企业对不同地区的顾客实行统一的价格,即按出厂价加平均运费制定统一交货价。这种策略简便易行,但实际上是由近处的顾客承担了部分远方顾客的运费,对近处的顾客不利,而比较受远方顾客的欢迎。

（三）分区定价策略

企业把销售市场划分为远近不同的区域,各区域因运距差异而实行不同的价格,同区域内实行统一价格。分区定价类似邮政包裹、长途电话的收费。对企业来讲,可以较为简便地协调不同地理位置用户的运费负担问题,但对处于分界线两侧的顾客而言,还会存在一定的矛盾。

（四）基点定价策略

企业在产品销售的地理范围内选择某些城市作为定价基点,然后按照出厂价加上基点城市到顾客所在地的运费来定价。这种情况下,运杂费用等是以各基点城市为界由买卖双方分担的。该策略适用于体积大、运费占成本比重较高、销售范围广、需求价格弹性小的产品。

（五）津贴运费定价策略

津贴运费定价策略是指由企业承担部分或全部运输费用的定价策略。当市场竞争激烈,或企业急于打开新的市场时常采取这种做法。

## 七、生鲜品定价策略

这里把生鲜商品定价拿出来另外讨论,原因在于生鲜商品的特殊性。生鲜经营是一个超市经营的核心,生鲜经营的好坏关系到一个超市的兴衰,生鲜在一个超市的作用是作为吸客、聚客的功能,所以生鲜商品价格的制定显得尤为重要,价格太高,达不到生鲜聚客功能;价格太低,不仅牺牲了自己应有的毛利,同时也会打击供应商及企业对生鲜经营的积极性。

对于生鲜商品,定价策略的核心是用低毛利来刺激销量,生鲜是以量取胜,量大才能维持产品的鲜度及周转率,而不是采取高毛利、低销量的策略。

### (一)商品的敏感度策略

消费者对商品的敏感度决定价格的变化、毛利率的高低。较不敏感品项(水产冻品、干货)价格、毛利偏高;较敏感品项(肉、蛋、菜)价格、毛利偏低。

### (二)树立公司低价形象策略

不仅利用生鲜商品,还要利用食品、百货。通过经常性的促销,略低于竞争对手的价格水平,调低敏感商品价格等方式,在消费者头脑中建立整体低价的印象。并周期性不断强化,刺激购买欲,提高销售量,同时也带动高毛利品项销售,赚得利润。

### (三)公司毛利策略

公司根据自身发展方向、策略、费用、成本、以往销售状况分析和对自身销售预测等方式制定出综合毛利率要求。并分配到各个不同采购分类,作为各采购分类的定价依据和目标任务。

### (四)定价配合促销策略

公司的毛利指标作为定价指导,并不是进价加上毛利指标等于公司售价,价格制度也要配合促销计划。降价不等于毛利损失,生鲜的定价核心是以量赚取利润。

### (五)生鲜商品的定价依据

生鲜商品定价有一定的依据,不像食品、百货一样可以保持一段时间的稳定不变,生鲜商品的价格往往是灵活多变的。

生鲜商品售价的制定有数字依据与市场背景依据。

#### 1. 数字依据来源

(1)生产基地、批发菜市场、零售市场的价格信息采集,并综合比较,确定自己的价格层。

(2)供应商报价,要与自己的价格信息比较,决定取舍或进一步谈判。

(3)竞争对手价格,进行比较并制定对策。

(4)消费者数字喜好心理:促销定价时,数字0、3、5、6、8较常出现,而1、4、7较不受欢迎。

(5)运用"四舍五入"法,如¥2.00可改为¥1.88,或¥9.90改为¥9.88。这是利用人们的忽略心理,淡化注意焦点,给予低平印象。

**2. 市场背景依据来源**

（1）节庆、气候、季节性：价格、毛利并非一成不变，也要根据依据起伏波动，如节庆时价格与毛利会高于平时；气候不佳时高于良好时。

（2）季节性大宗产品：这类商品突出表现在蔬菜、水果。初上市时，价格毛利水平高，应季批量时低。

（3）市场供需状况：供大于求则低平，求大于供则高，这是普遍规律。供求变化也是多方面因素影响的，如丰年高产则低平，反季节上市则价格高等。

（4）商品损耗率大小：在收货、售卖过程中，生鲜商品都会产生自然或人为损耗。在定价时也要计算平均损耗率，在价格中弥补，如干果类商品因被偷吃等原因损耗较大，相对价格也较高。

**重要概念**

企业产品定价目标　成本加成定价法　盈亏平衡定价法　理解价值定价法　需求差异定价法　竞争导向定价法　通行价格定价法　主动竞争定价法　密封投标定价法　撇脂定价策略　渗透定价策略　试销定价策略　产品组合定价策略　声望定价策略　尾数定价策略　整数定价策略　习惯性定价策略　招徕定价策略

**复习思考**

1. 简述企业定价目标的内容。
2. 简述需求差异定价法的价格差异基础和具体实施方式。
3. 简述新产品定价策略的主要内容。
4. 简述心理定价策略的主要内容。
5. 简述折扣定价策略的主要内容。

# 第八章

# 企业决策中的风险分析

## 学习目标

1. 了解风险的概念；
2. 了解不确定性的概念；
3. 了解企业风险管理的基本内容；
4. 掌握风险的衡量方法。

## 技能要求

1. 掌握风险型决策的决策树法；
2. 能够进行不确定性决策的基本分析。

## 引言

企业很多管理决策是面向未来的，而未来受各种不测预测的因素影响，总是充满着许多可能性和不确定性，因此在大多情况下企业面临未来的一些选择和决策是存在不确定性和一定风险的。

基于企业利润最大化的经营决策目标，因此，本章在简单介绍风险和不确定性概念的基础上解释了风险衡量的具体方法。在区分不同风险偏好的基础上介绍了企业风险管理的基本内容，并通过具体决策方法给出了企业在存在风险和不确定性的情况下如何有效进行企业决策的选择和采用，从而促进企业管理决策的科学水平。

# 第一节　风险和不确定性及其衡量

## 一、风险和不确定性的概念

### （一）风险的概念

风险常常与冒险、危险、损失、亏本等词语联系在一起，总体指的是某一特定危险情况发生的可能性和后果的组合。有关风险的含义可以从以下几个方面来认识。

### 1. 风险是指损失的可能性

当个人或者组织面临某种损失的可能性时，这种可能性引起损失的状态被称作风险。

**2. 风险是指损失的大小**

损失在一定时间或范围内发生的可能性的大小叫作风险。

**3. 风险是指潜在的损失**

所谓潜在的损失,是指可能发生但尚未发生甚至永远也不会发生的损失。从这个意义上讲,风险是未来可能的损失。

**4. 风险是指潜在损失的变化范围与幅度**

潜在损失的幅度是指在分析大量风险标的的基础上,分析和确定出某种损坏出现的大致幅度和范围,这对风险的处置非常重要。

**5. 风险是指导致损失产生的不确定性**

由于人们主观认知能力的有限性和客观环境的复杂性之间存在矛盾,因而人们无法确切地知道何时何地发生何种损失以及损失程度的大小,从而产生了风险。因此,损失和不确定性是风险的两个非常重要的因素。

一般来讲,当某种危险或损失等发生的可能性较大时,称为风险较大。反之,当某种事件或不利的状况发生的可能性较小时,称为风险较小。管理经济学中提到风险时就是指某种不利事件发生的可能性。

**（二）不确定性的概念**

与风险联系在一起的概念是不确定性。不确定性与风险的区别在于,不确定性表明管理者无法获得某种事件所有的可能结果,或者对每一种可能结果发生的概率是无法获得的。很多时候风险与不确定性是比较难以区分的,两者之间既有相当大的模糊地带又有紧密的联系。

 **案例 8-1**

**出让土地难交付　转让股权促和解**

2010 年 12 月 21 日,某市国土局发布公告挂牌出让某住宅用地。2011 年 1 月 19 日,某项目公司以 3 亿元竞得该地块并于当日与国土局签订成交确认书。至 2011 年 3 月 24 日,项目公司付清全部土地出让金,要求国土局在其全额支付土地出让金后 10 个工作日内履行交地义务。

2011 年 3 月 31 日,双方到土地现场进行了踏勘,发现现场与规划图不符,红线范围不明,且地块上尚有建筑物、构筑物和各种农作物等。后双方就土地交付等事宜多次函件往来。2012 年 5 月 31 日,项目公司向国土局发送解除成交确认书通知。

2012 年 7 月 23 日,项目公司以国土局未完成拆除平整等前期工作违约为由,起诉请求国土局解除成交确认书,返还土地出让金,双倍返还定金,赔偿损失等。同年 8 月 23 日,国土局起诉请求确认项目公司解除成交确认书的行为无效,判令项目公司与其签订土地使用权出让合同等。

经法院积极主持调解,引入第三方投资者受让项目公司 50% 股权,项目公司与国土局签订国有建设用地使用权出让合同继续宗地开发,实现了多方共赢。

评析:国土局是政府土地行政主管部门,行使行政管理职能。但在国有土地使用权出让法律关系中,其与受让人同属平等的民事主体。国土部门应严格履行合同义务,落实"净地"出让要求,完成拆除平整等前期工作。当土地不能按期如约交付时,将加重受让人的资金负担,拉长土地开发周期,使受让人额外承担宏观政策调整和房价波动的不确定性带来的风险。尤其在宏观经济形势不利于房地产开发建设时,更容易因土地交付不符约定而引发合同解除、违约赔偿等纠纷。

## 二、风险与不确定性的关系

风险与不确定性的关系是理论界关于风险概念界定的争论焦点之一。

一种观点认为,风险就是一种不确定性,与不确定性没有本质区别。

持有这种观点的人将不确定性直观地理解为事件发生的最终结果的多种可能状态,即确定性的反义。也许这些可能状态的数量及其可能程度可以根据经验知识或历史数据事前进行估计,但事件的最终结果呈现出何种状态确实不能事前准确预知。根据能否事前估计事件最终结果可能状态的数量和可能程度,不确定性又可以分为可衡量的不确定性和不可衡量的不确定性。

另一种观点认为,尽管风险与不确定性有密切的联系,但二者有着本质的区别,不能将二者混为一谈。

风险是指决策者面临的这样一种状态,即能够事先知道事件最终呈现的可能状态,并且可以根据经验知识或历史数据比较准确地预知可能状态出现的可能性的大小,即知道整个事件发生的概率分布。

例如,一般状态下股票价格的波动就是一种风险,因为,在正常的市场条件下,根据某只股票交易的历史数据,我们就可以知道该股票价格变动的概率分布,从而知道下一期股票价格变动的可能状态及其概率分布。然而,在不确定性的状态下,决策者是不能预知事件发生最终结果的可能状态以及相应的可能性大小即概率分布。

例如,由于公司突然宣布新的投资计划而引起股票价格的波动就是一种不确定性的表现,因为,决策者无法预知公司将要宣布的新投资计划的可能方案。或者即便知道了投资计划的可能方案也无法预知每一种方案被最终宣布的概率。可见,根据这种观点,风险和不确定性的根本区别在于决策者能否预知事件发生最终结果的概率分布。

实践中,某一事件处于风险状态还是不确定性状态并不是完全由事件本身的性质决定的,有时很大程度上取决于决策者的认知能力和所拥有的信息量。随着决策者的认知能力的提高和所掌握的信息量的增加,不确定性决策也可能演化为风险决策。因此,风险和不确定性的区别是建立在投资者的主观认知能力和认知条件(主要是信息量的拥有状况)的基础上的,具有明显的主观色彩。

这种区别对于在不同的主观认知能力和认知条件下进行决策的方法选择有一定的指导意义,但鉴于实践中区分这两种状态的困难和两种状态转换的可能性,许多对风险的讨论都采取了第一种观点,并不严格区分风险和不确定性的差异,尤其是在很大程度上可以量化的金融风险的分析中。

 **案例 8-2**

### 理性应对市场不确定性风险冲击

2013 年 6 月 22 日《中国证券报》肖玉航报道：A 股市场进入 6 月以来，连续的阴霾下跌给投资者带来了较大亏损。从市场下跌因素来看，既有微观层面也有宏观因素，疲弱难振的股市仍然面对诸多不确定性风险因素的挑战，投资者需要冷静应对，捕捉投资机会的同时也需要防范投资风险。

笔者研究 A 股市场运行轨迹后发现，造成市场阴霾下跌不止的原因主要包括以下因素，而从这些因素目前的变化趋势来看，仍然具有较大的不确定性风险冲击。

首先，股市扩容的步伐日益临近，使得市场预期谨慎。证监会日前发布《关于进一步推进新股发行体制改革的意见》，并向全社会征求意见。6 月 19 日有媒体报道称，作为股票扩容的另一交易池——新三板，其相关政策也同时推进。此前，新三板的试点范围仅限于北京中关村以及天津、武汉和上海四地的国家级高新园区。此次国务院确定将其扩大到全国范围，事实上已经突破"高新园区"的范畴，可谓"一步到位"。

目前 A 股准备 IPO 的公司都在等待最后审核批准，且管理层表示不会限制节奏；而新三板如果在全国推进，其对股市供给将形成较大的压力或分流部分资金，因此从市场层面分析，股票扩容预期是造成近期 A 股阴霾下跌的重要影响因素。

其次，市场资金面紧张，导致 A 股交易趋淡。在 2013 年 1—5 月的沪深股市交易过程中，沪市单边日交易很难跨越 1200 亿元，而 4 月之后被深市超越，这也是市场资金紧张而导致市场机构炒作中小市值股票的重要因素推手。

最后，经济层面不确定性因素演变，导致经济预期降低。研究发现，除上述两个重要原因导致 A 股下跌外，实际上 A 股此次下跌最主要的影响因素仍然是经济层面的不确定性。从目前经济层面来看，经济减速、债务风险、产能过剩、地产泡沫演变及部分行业经营困难已明显出现。目前 86 家钢铁企业总负债数万亿元、房地产存货巨大且泡沫演变等均显示经济层面的不确定性风险。

进入 6 月以来，不仅有大的评级机构给中国债务评级为负面，国际大投行机构也不断调低中国 2013 年经济增速。从这些因素的变化与发展来看，中期仍具有较大的不确定性风险，因此经济层面作为 A 股基本面最为重要的先行指标，其成为此次下跌最为直接的影响因素，其影响周期依然难以明朗。

## 三、风险衡量

风险衡量是指衡量风险带来潜在损失的概率和损失程度。风险都是源自未来事件的不确定性，从数学角度来看，它表明的是各种结果发生的可能性。

风险衡量也称风险估测，是在识别风险的基础上对风险进行定量分析和描述，即在对过去损失资料分析的基础上，运用概率和数理统计的方法对风险事故的发生概率与风险事故发生后可能造成的损失的严重程度进行定量的分析和预测。

通过风险衡量,计算出较为准确的损失概率,可以使风险管理者在一定程度上消除损失的不确定性。对损失幅度的预测,可以使风险管理者了解风险所带来的损失后果,进而集中力量处理损失后果严重的风险,对企业影响小的风险则不必过多投入,如可以采用自留的方法处理。

风险衡量所要解决的两个问题是损失概率和损失严重程度,其最终目的是为风险决策提供信息。风险衡量所提供的主要信息如下:

(1)每一风险所引起的致损事故发生的概率和损失分布。

(2)几种风险对同一单位所致损失的概率和损失分布。

(3)单一风险单位的损失幅度,并在此基础上,进一步估测整个经济单位发生致损事故的概率和总损失分布以及某一时期内的总损失数额。

(4)所有风险单位损失的期望值和标准差等。

### 案例 8-3

某个人有一笔 100 万元的闲置资金可以进行投资,投资期限为一年,现在他有三个可供选择的投资方案,如表 8-1 所示。

表 8-1　投资方案

| 股市状态 | 发生概率 | 各种状态的投资收益率(%) | | |
|---|---|---|---|---|
| | | 方案一(股票) | 方案二(政府债券) | 方案三(公司债券) |
| 萧条 | 0.30 | 5.0 | 8.0 | 11.0 |
| 一般 | 0.50 | 12.0 | 8.0 | 9.0 |
| 繁荣 | 0.20 | 20.0 | 8.0 | 8.0 |
| 期望收益率 | | 11.5 | 8.0 | 9.4 |

从表 8-1 可知,投资方案一为购买股票,若在投资期间无现金流的发生,年终的收益取决于股市状况的好坏。投资方案二为全部购买政府债券,投资为一年,政府债券按照面值发行,到期支付利息,年收益率恒定为 8.0%。投资方案三为购买一定年限偿还期、利率为 9.0% 的公司债券,投资者将在年终出售债券。

公司债券的市场价值取决于出售时的股市状态,股市萧条不景气时,投资者大多愿意投资于利率稳定的债券,因此其市场价值就会较高;反之,股市繁荣,债券市场价值就较低。

(一)概率和概率分布

风险既然涉及某种不利事件发生的可能性,那么就需要对这种可能性的大小进行衡量,对可能性进行衡量的一个简明指标就是概率。简单地说,概率就是某种事件可能发生的机会。

例如表 8-1 中,股市萧条的发生概率为 0.30,一般的发生概率为 0.50,繁荣的发生概率为 0.20。概率是一个很难表述的概念,因为它的形成依赖于不确定事件本身的性质和人们的主观判断。概率大小的一个客观衡量来源于以往同类事件发生的概率。

例如,我们根据过去很多年股市的状况进行测算可以得出股市萧条、一般和繁荣三种状态发生的概率,由于这个概率来源于历史上同类状态发生概率客观数据,因此股市发生状态的概率是相对比较客观的。有时,当历史客观数据不足以让人们根据过去的历史数据和经验进行判断时,概率的形成就取决于人的主观判断。主观性概率是依据人的直觉进行判断,不同的人就会产生不同的判断,形成不同的主观性概率。

如果把某种事件所有可能的结果及其发生的概率都列举出来,就称为该事件的概率分布。在应用中,概率可以以 0~1 来取值,也可以在 0~100% 取值。当我们把某种事件发生的所有可能结果全部列举出来,每种可能结果的概率也给出来,那么这些概率的和一定等于 1,假如小于 1,意味着还存在其他可能性。

当然,完全概率分布中概率的和不可能超过 1,当某种事件有五种可能结果时,最终发生的一种结果必定是这五种可能结果之一。例如表 8-1 中,股市状况只存在萧条、一般和繁荣这三种可能,其发生的概率分别为 0.30、0.50 和 0.20,并且 0.30+0.50+0.20=1,同时我们可以知道,一年之后股市必须是这三种状态的一种状态。

总之,概率和概率分布有助于我们描述与比较不同的风险选择,在确定期望值以及估计不同状态的方差方面具有重要的作用。

🌸 **小贴士**

### 幸运七星及足彩中奖概率

体彩"幸运七星"属于数字组合型玩法,即从 0~9 999 999 共 1000 万个号码中任选一个七位数号码组成,每个号码均从 0~9 共 10 个数字中开出,"幸运七星"头奖的理论中奖概率为 1/10 000 000。

目前最受彩民欢迎的足彩实际上也是一种数字组合型玩法,不过计算方法相对比较简单,13 场比赛均选"3、1、0"可组合出 3 的 13 次方 1 594 323 注单式号码,一等奖的中奖概率为 1/1 594 323,换句话说,每销售 320 万元的足彩,平均就可能诞生一个一等奖。而如果将足彩竞猜的场次增加到 14 场,足彩的头奖中奖概率则降低为 1/4 782 969,难度增加了 3 倍。

### (二)期望值

如何判断某种概率分布的最终可能结果呢? 这就需要引入期望值的概念。如果以每一种可能结果发生的概率作为权重,计算所有可能结果的加权平均值,就是概率分布的期望值或称为概率分布的均值。从期望值的概念可以看出,期望值反映了某种行动方案的总体趋势或者平均结果。

在例 8-3 中,方案一(用 100 万元购买股票)有三种可能的股市状态,这三种状态对应着其发生的概率,同时在每一种股市状态中都有相应的收益率,那么在方案一中,投资者投资股票的收益率期望值可以计算如下:

$$期望值 = 0.30 \times 5.0 + 0.50 \times 12.0 + 0.20 \times 20.0 = 11.5$$

同理可以计算出方案二、方案三收益率的期望值分别为 8.0 和 9.4。

（三）方差和标准差

期望值概念说明了某种事件最终后果的平均结果，当其他条件相同时，某一个决策方案拥有较高的期望值时，我们可以认为该方案的风险较小，但这是一个粗略的结论。因为有的时候不同的方案虽然具有相同的期望值，但可能出现不同的波动程度。所以说，对于一个事件的概率分布来说，除了期望值（均值）外，还要考虑其离散程度，或者说围绕期望值的变化状况。

衡量波动程度的两个常用的指标是方差和标准差。方差是离差平方的平均值，标准差是方差的平方根。

### 案例 8-4

刚毕业的小周面临两种就业选择，他可以获得职位的是两家公司，他们的期望收入均为 3000 元。第一家 A 公司的工作报酬是佣金制，员工的报酬取决于员工的工作业绩，假定存在两种收入可能状态：业绩好时月收入为 4000 元，业绩一般时月收入为 2000 元；第二家 B 公司的工作报酬采用固定薪水制，一般情况下，月收入为 3020 元，但整个公司处于困境时，月收入仅为 1020 元。

表 8-2 列出了所有不同状态及相应的概率，表 8-3 列出了两种就业方案的离差。

表 8-2　小周就业选择方案

| 方　案 | 状态 1 | | 状态 2 | |
|---|---|---|---|---|
| | 概率 | 收入 | 概率 | 收入 |
| A 公司就业：佣金制 | 0.50 | 4000 | 0.50 | 2000 |
| B 公司就业：固定薪水制 | 0.99 | 3020 | 0.01 | 1020 |

可以看出，这两个就业方案的期望收入是相等的，即：

在 A 公司就业的期望收入＝0.50×4000＋0.50×2000＝3000（元）

在 B 公司就业的期望收入＝0.99×3020＋0.01×1020＝3000（元）

表 8-3　两种就业方案的离差

| 方　案 | 状态 1 | 离差 | 状态 2 | 离差 |
|---|---|---|---|---|
| A 公司就业：佣金制 | 4000 | 1000 | 2000 | 1000 |
| B 公司就业：固定薪水制 | 3020 | 20 | 1020 | 1980 |

通过以概率为权数对各离差进行加权评价，可以算出这两个方案的平均离差。

在 A 公司就业：

平均离差＝0.50×1000＋0.50×1000＝1000（元）

在 B 公司就业：

平均离差＝0.99×20＋0.01×1980＝39.60（元）

由于在 A 公司就业的方案的平均离差 1000 元要远远高于在 B 公司就业方案的平均离差 39.60 元，所以，在 A 公司就业的佣金制的收入风险要远高于在 B 公司的收入风险。

两种就业方案的方差如表 8-4 所示。

**表 8-4　两种就业方案的方差**

| 方　案 | 状态1 | 离　差 | 状态2 | 离　差 | 方　差 | 标准差 |
| --- | --- | --- | --- | --- | --- | --- |
| A 公司就业:佣金制 | 4000 | 1 000 000 | 2000 | 1 000 000 | 1 000 000 | 1000 |
| B 公司就业:固定薪水制 | 3020 | 400 | 1020 | 3 920 400 | 39 600 | 199 |

A 公司就业:方差=0.50×1 000 000+0.50×1 000 000=1 000 000

标准差=1000

B 公司就业:方差=0.99×400+0.01×3 920 400=39 600

标准差=199

由上面的计算可以看出,不论通过对方差还是标准差的比较,在 B 公司就业的收入风险要比在 A 公司就业的收入风险小。

# 第二节　预期效用和对待风险的态度

## 一、预期效用和效用函数

### (一)效用和预期效用的概念

面对风险,人们的态度是不同的,可能很多人选择躲避风险,但是还有一些人对待风险还可能持有其他态度。

例如,设想每个人都可以自由参加一个抛硬币的赌博,如果抛下的硬币落地时是正面参加人可以获得 1 元,落地时是反面参加人需要交出 1 元,假设正面和反面出现的概率均为 0.50,这样,每个参加者的预期收益都是 0 元,即:

期望收益=1×0.50+(−1)×0.50=0(元)

这样的赌博如果重复多次,例如 2000 次,那个参加者的盈亏大致相抵。面对这样的赌博,有些人坚决不参加;有些人参加不参加无所谓,而另外有一些人则欣然参加。

在企业管理者面对不同风险和不同预期利润的双重条件下,企业管理者又是如何选择的呢?

例如,一家企业需要在两个项目金额相同的投资方案中进行选择:甲方案是企业只要投资,5 年项目期满后肯定可以获得 200 万元的净收益(净收益等同于利润),乙方案年项目期满后企业有概率为 0.50 的可能性获得 500 万元的净收益,有 0.50 的可能性是一分钱的净收益也没有。那么,根据第一节期望值的计算,甲方案的预期净收益为 200 万元,乙方案的预期净收益为 0.50×500+0.50×0=250(万元),从数字上看,乙方案的预期净收益更大一些,似乎企业会选择乙方案。

不过,实际上大多数企业往往选择了甲方案。第一节的内容对此的解释是乙方案的风险更大,但是如果放弃了乙方案,该企业也就丧失了以 0.50 的可能性获得更高 500 万元净收益的可能性。

大多数企业往往选择甲方案说明了人们具有躲避风险的行为倾向。最早对人们这种躲避风险的行为倾向进行解释的是 18 世纪瑞士的数学家丹尼尔·贝努里。他指出,人们在不确定性的情况下决策时不会设法使自己的预期货币价值达到最大,而是力求使预期的效用达到最大。

在西方经济学的消费者行为理论内容中,效用指的是从消费某种物品中所得到的满足,满足程度高就是效用大,满足程度低就是效用小。所以,效用是一种主观心理感受,某种物品给消费者带来的效用大小完全取决于消费者本人的感受。

在上例情况下,企业管理者是否依据预期净收益最大化原则来选择投资方案,关键取决于管理者对待风险的态度,也就是对待风险的个人感受。预期效用的概念指出了管理者以收益的预期效用的最大化作为基准进行风险决策。

所谓预期效用,是指每一种可能结果所带来的效用乘以该结果发生概率后的总和。我们在实际理解概念时一定要注意区分预期净收益(有时也称为预期货币价值)与预期效用两个概念,预期净收益是每一个可能结果获得的净收益乘以发生的概率后的加权的平均值,而预期效用则是由每一个可能结果的净收益获得的效用乘以发生的概率后的加权的平均值。

例如,某投资项目有两种可能的净收益结果,甲结果的利润为 100 万元,概率为 0.20,乙结果的利润为 300 万元,概率为 0.80,如果企业管理者对利润为 100 万元的效用或者说主观满足程度为 10 单位,对利润为 300 万元的效用为 15 单位,则其预期效用为

$$预期效用 = 0.20 \times 10 + 0.80 \times 15 = 14$$

### (二) 效用函数的概念

在实际经济管理当中,预期收益相等的两个方案其预期效用对不同的决策者往往是不同的。也就是说,面对一定的收益水平,不同的决策者会形成不同的效用水平。

决策者的效用函数就是指面对一定的收益水平带来的效用水平的函数关系。预期效用函数关系中,收益水平或者利润水平是自变量,效用是因变量。

效用函数关系的确定主要在于确定决策者在不同收益水平下的效用。

确定效用的基本步骤,首先,确定最低和最高收益水平的效用。一般在选择方案中最低的收益水平为 0,这一效用可以指定为 0,当然给定一个非 0 的效用值也是可以的,不影响最终的分析结论,取 0 只是更加方便。最高的收益水平的效用值可以指定为 100。指定效用值只要确定较高的收益值的效用较大,较低的收益水平的效用值较小就可以了,如果指定的效用值反了过来,就会违反较高的收益能带来较高的满足程度的常规假定了。

其次,以最高和最低的效用值为基准,可以通过相应地测试等手段确定其他收益水平能够得到的效用值。

再次,根据最低、最高和不同收益水平下测试出来的不同的效用值这些数据,把这些数据以收益值为自变量(平面坐标系中 $X$ 轴的数值),以效用值为因变量(平面坐标系中 $Y$ 轴的数值)对应地描在坐标系中,就可以得到决策者的效用函数。

最后,运用回归分析的基本方法,同样可以拟合出效用方程,将某一新的收益水平代入方程中就可以得到在该收益值下决策者的效用值,可以帮助企业决策者进行风险决策。

## 二、对待风险的态度

根据人们对待风险态度的不同,可以看出其不同的风险偏好,风险偏好就是人们对待风险的态度,是对一项风险事件的容忍程度。一般根据人们对风险的偏好程度将之分为三种不同的类型:风险厌恶者、风险中性者和风险喜好者。

### (一)风险厌恶者

如果一个决策者认为获得确定货币收益或利润的方案的效用大于具有同等预期货币价值的不确定方案的预期效用,那么该决策者就是风险厌恶者。

### (二)风险中性者

如果一个决策者认为获得确定货币收益或利润的方案的效用,与具有同等预期货币价值的不确定方案的预期效用相比是无差异的,那么该决策者就是风险中性者。

### (三)风险喜好者

如果一个决策者认为获得确定货币收益或利润的方案的效用小于具有同等预期货币价值的不确定方案的预期效用,那么该决策者就是风险喜好者。

可以应用选择就业的例子来说明风险偏好和效用函数的关系。

## 三、企业风险管理

### (一)风险管理的起源和意义

#### 1. 风险管理的起源

风险管理一般是指为了降低企业风险损失、提高企业附加值、帮助企业在风险条件下做出科学理性决策的系列管理活动。

风险管理作为企业的一种管理活动,起源于 20 世纪 50 年代的美国。当时美国一些大公司发生了重大损失,使公司高层决策者开始认识到风险管理的重要性。其中一次是1953 年 8 月 12 日通用汽车公司在密歇根州的一个汽车变速箱厂因火灾损失了 5000 万美元,成为美国历史上损失最为严重的 15 起重大火灾之一。这场大火与 50 年代其他一些偶发事件一起,推动了美国风险管理活动的兴起。

后来,随着经济、社会和技术的迅速发展,人类开始面临越来越多、越来越严重的风险。科学技术的进步在给人类带来巨大利益的同时,也给社会带来了前所未有的风险。1979 年 3 月美国三里岛核电站的爆炸事故,1984 年 12 月 3 日美国联合碳化物公司在印度的一家农药厂发生了毒气泄漏事故,1986 年苏联乌克兰切尔诺贝利核电站发生的核事故等一系列事件,大大推动了风险管理在世界范围内的发展,同时,在美国的商学院里首先出现了一门涉及如何对企业的人员、财产、责任、财务资源等进行保护的新型管理学科,这就是风险管理。

目前,风险管理已经发展成为企业管理中一个具有相对独立职能的管理领域,在围绕企业的经营和发展目标方面,风险管理和企业的经营管理、战略管理一样具有十分重要的意义。

**2. 风险管理对企业的意义**

(1) 风险管理有利于维持企业生产经营的稳定。有效的风险管理,可以使企业充分了解自己所面临的风险及其性质和严重程度,及时采取措施避免或减少风险损失,或者当风险损失发生时能够得到及时补偿,从而保证企业生存并迅速恢复正常的生产经营活动。

(2) 风险管理有利于提高企业的经济效益。一方面,通过风险管理,可以降低企业的费用,从而直接增加企业的经济效益;另一方面,有效的风险管理会使企业上下获得安全感,并增强扩展业务的信心,增加领导层经营管理决策的正确性,降低企业现金流量的波动性。

(3) 风险管理有利于企业树立良好的社会形象。有效的风险管理有助于创造一个安全稳定的生产经营环境,激发劳动者的积极性和创造性,为企业更好地履行社会责任创造条件,帮助企业树立良好的社会形象。

 **案例 8-5**

**香港百富勤公司为什么突然入不敷出**

百富勤原来只是一家有 3 亿港元资本金的本地小型投资银行,由于业务进展迅速,短短十年间,它就发展成了一家拥有 240 亿港元资产的跨国金融集团,成为亚洲除日本外的最大投资银行。

可是,这个金融奇迹同样在金融风暴冲击下,使百富勤在短短一年内出现入不敷出,致使它 1999 年 1 月宣布破产。消息传出的当天,香港恒生指数下挫 8.7%。

中国香港政府在调查百富勤的报告中表示,没有证据显示百富勤倒闭涉及任何欺诈行为,它倒闭的原因主要是由于缺乏有效风险管理、内控体制和完善的财会报告系统。

百富勤虽然设立了信贷委员会和风险管理部门,但未能制衡业务部门强大的权力,特别是在经济不景气的时候,追求业绩的目标完全盖过了防范风险的意识,这种脆弱的企业风险管理文化,最终使百富勤的股东和员工付出了沉重的代价。

调查还发现,百富勤没有控制好金融市场的风险,它在亚太地区发展业务,主要针对的是印度尼西亚和泰国市场,其在这两个市场营业额占集团营业额的五成多,但百富勤忽略了发展新兴市场的风险。在金融风暴下,泰国首当其冲,泰铢大幅贬值,期间,印尼盾也大幅下跌了 70%,另外,由于利息飙升,百富勤在该区内投资的债券及股票价格暴跌,在短短的数月内,百富勤在该区内业务损失了好几亿元。

为了争取业务,百富勤为印度尼西亚 Steady Safe 出租车公司提供了 2.6 亿港元的过渡性短期贷款,这笔贷款的金额相等于百富勤资本金的 15%,但 Steady Safe 公司的收入全为印尼盾,随着印尼盾汇价大跌和政府实施外汇管制,Steady Safe 根本无法偿还这笔贷款,加上债券股票的损失,使百富勤的财务状况在短时间内急转直下,这反映了百富勤低估了利率和汇价波动的风险,最终导致倒闭收场。

### （二）企业风险管理的内容

每个企业在经营中都有可能性发生风险,但如何化解和减少风险是企业经营者必须进行研究的,企业的风险管理是一项重要的工作。在企业家的头脑中首先要明确有哪几种风险,然后有的放矢地采取措施。只有加强风险管理意识,进行科学的管理和科学的决策,建立起相应的制度才能避免风险的发生。企业风险管理一般包括以下七个方面。

**1. 投资风险管理**

投资风险管理是指因投资不当造成投产企业经营的效益不好,投资资本下跌。企业对此应采取:在专案投资前,一定要各职能部门和专案评审组一起进行严格的、科学的审查和论证,不能盲目运作。对外资专案更不能作风险承诺,也不能作差额担保和许诺固定回报率。

**2. 经济合同风险管理**

经济合同风险管理是指企业在履行经济合同过程中,对方违反合同规定或遇到不可抗力影响,造成本企业的经济损失。因此,企业在合同签订后还应密切注视其执行情况,要有远见地处理随时发生的变化。

**3. 产品市场风险管理**

产品市场风险管理是指因市场变化、产品滞销等原因导致跌价或不能及时卖出自己的产品。产生市场风险管理的原因有三个。

（1）市场销售不景气,包括市场疲软和产品产销不对路。

（2）商品更新换代快,新产品不能及时投放市场。

（3）国外进口产品挤占国内市场。

**4. 存货风险管理**

存货风险管理是指因价格变动或过时、自然损耗等损失引起存货价值减少。这时企业应马上清理存货,生产时要控制投入、控制采购、按时产出,加强保管。有些观念保守的企业担心存货贬值,怕影响当前效益,长期不处理,结果造成产品积压,损失越来越大。

**5. 债务风险管理**

债务风险管理是指企业举债不当或举债后资金使用不当致使企业遭受了损失。为了避免企业资产负债,企业应控制资产负债率。许多企业因股东投资强度不够,便以举债扩大生产经营或盲目扩大征税,结果提高资产负债率,造成资金周转不灵,还会影响正常的还本付息。最有可能导致企业因资不抵债而破产。

**6. 担保风险管理**

担保风险管理是指为其他企业的贷款提供担保,最后因其他企业无力还款而代其偿还债务。企业应谨慎办理担保业务,严格审批手续,一定要完善反担保手续,以避免不必要的损失。

### 7. 汇率风险管理

汇率风险管理是指企业在经营进出口及其他对外经济活动时,因本国汇率与外国汇率变动,使企业在兑换过程中遭受的损失。企业平时就要随时注意其外币债务。密切注视各种货币的汇率变动,以便采取相应措施。特别是在银行有外币贷款的企业更应如此。

### (三) 风险管理的目标

风险管理是一项有目的的管理活动,只有目标明确,才能起到有效的作用。否则,风险管理就会流于形式,没有实际意义,也无法评价其效果。

风险管理的目标就是要以最小的成本获取最大的安全保障。因此,它不仅仅是一个安全生产问题,还包括识别风险、评估风险和处理风险,涉及财务、安全、生产、设备、物流、技术等多个方面,是一套完整的方案,也是一个系统工程。

风险管理的具体目标还需要与风险事件的发生联系起来,从另一个角度分析,它可分为损前目标和损后目标两种。

#### 1. 损前目标

损前目标包括经济目标、安全状况目标、合法性目标和企业责任目标四个方面。

#### 2. 损后目标

损后目标包括生存目标、连续性目标、收益稳定目标和社会责任目标四个方面。

### (四) 风险管理方法

随着社会的发展和科技的进步,现实生活中的风险因素越来越多,无论企业还是家庭,都日益认识到进行风险管理的必要性和迫切性。人们想出种种办法来对付风险,但无论采用何种方法,风险管理的一条基本原则是:以最小的成本获得最大的保障。对风险的处理有回避风险、预防风险、自留风险和转移风险四种方法。

#### 1. 回避风险

回避风险是指主动避开损失发生的可能性。如考虑到游泳有溺水的危险,就不去游泳。虽然回避风险能从根本上消除隐患,但这种方法明显具有很大的局限性,因为并不是所有的风险都可以回避或应该进行回避。

例如,人身意外伤害,无论如何小心翼翼,这类风险总是无法彻底消除。再如,因害怕出车祸就拒绝乘车,车祸这类风险虽可由此而完全避免,但将给日常生活带来极大的不便,实际上是不可行的。

#### 2. 预防风险

预防风险是指采取预防措施,以减小损失发生的可能性及损失程度。兴修水利、建造防护林就是典型的例子。预防风险涉及一个现时成本与潜在损失比较的问题:若潜在损失远大于采取预防措施所支出的成本,就应采用预防风险手段。以兴修堤坝为例,虽然施工成本很高,但与洪水泛滥造成的巨大灾害相比,就显得微不足道。

#### 3. 自留风险

自留风险是指自己非理性或理性地主动承担风险。"非理性"自留风险是指对损失发生存在侥幸心理或对潜在的损失程度估计不足从而暴露于风险中;"理性"自留风险是指经正确分析,认为潜在损失在承受范围之内,而且自己承担全部或部分风险比购买保险要经济合算。自留风险一般适用于对付发生概率小,且损失程度低的风险。

**4. 转移风险**

转移风险是指通过某种安排,把自己面临的风险全部或部分转移给另一方。通过转移风险而得到保障,是应用范围最广、最有效的风险管理手段,保险就是其中之一。

(五)风险管理过程

**1. 风险识别**

风险识别过程的活动是将不确定性转变为明确的风险陈述。包括下面几项,它们在执行时可能是重复的,也可能是同时进行的。

(1)进行风险评估。在项目的初期,以及主要的转折点或重要的项目变更发生时进行。这些变更通常是指成本、进度、范围或人员等方面的变更。

(2)系统地识别风险。采用下列三种简单的方法识别风险:风险检查表、定期会议(周例会上)、日常输入(每天晨会上)。

(3)将已知风险编写为文档。通过编写风险陈述和详细说明相关的风险背景来记录已知风险,相应的风险背景包括风险问题的何事、何时、何地、如何及原因。

(4)交流已知风险。同时以口头和书面方式交流已知风险。在大家都参加的会议上交流已知风险,同时将识别出来的风险详细记录到文档中,以便他人查阅。

**2. 风险分析**

风险分析过程的活动是将风险陈述转变为按优先顺序排列的风险列表,包括以下活动。

(1)确定风险的驱动因素。为了很好地消除软件风险,项目管理者需要标识影响软件风险因素的风险驱动因子,这些因素包括性能、成本、支持和进度。

(2)分析风险来源。风险来源是引起风险的根本原因。

(3)预测风险影响。如果风险发生,就用风险可能性和后果来评估风险影响。可能性被定义为大于 0 而小于 100,分为 5 个等级(1、2、3、4、5)。将后果分为 4 个等级(低、中等、高、关键的)。采用风险可能性和后果对风险进行分组。

(4)对风险按照风险影响进行优先排序,优先级别最高的风险,其风险严重程度等于1,优先级别最低的风险,其风险严重程度等于 20。对级别高的风险优先处理。

**3. 风险计划**

风险计划过程的活动是将按优先级排列的风险列表转变为风险应对计划,包括以下内容。

(1)制定风险应对策略。风险应对策略有接受、避免、保护、减少、研究、储备和转移几种方式。

(2)制定风险行动步骤。风险行动步骤详细说明了所选择的风险应对途径。它将详细描述处理风险的步骤。

**4. 风险跟踪**

风险跟踪过程的活动包括监视风险状态以及发出通知启动风险应对行动。

**5. 风险应对**

风险应对过程的活动是执行风险行动计划,以求将风险降至可接受的程度。

## 第三节　风险和不确定性下的决策

企业管理者在进行管理过程中要进行很多决策,决策一词的意思就是做出决定或选择。有人说管理就是决策,是指通过分析、比较,在若干种可供选择的方案中选定最优方案的过程。按决策问题的条件划分,企业管理者的决策一般分为确定型决策、风险型决策和不确定型决策三种。

### 一、确定型决策

#### (一)确定型决策的含义

确定型决策也称标准决策或结构化决策,是指决策过程的结果完全由决策者所采取行动决定的一类问题,它可采用最优化、动态规划等方法解决。确定型决策是指可供选择的方案中只有一种自然状态时的决策。简单地说,确定型决策最大的特点是决策的条件是确定的。

例如,某企业可向三家银行借贷,但利率不同,分别为 8%、7.5% 和 8.5%。企业需决定向哪家银行借款。很明显,向利率最低的银行借款为最佳方案,这就是确定型决策。此外,如企业中确定状态下的库存管理,生产日程计划或设备计划的决策都属于确定型决策。

同时,确定型决策看起来似乎很简单,在实际决策中并不都是这样。决策人面临的备选方案可能很多,从中选出最优方案就很不容易。

例如,一部邮车要从一个城市到另外十个城市巡回一次,其路线就 $10 \times 9 \times 8 \times \cdots \times 3 \times 2 \times 1 = 3\ 628\ 800$(条),从中选出最短路线就不容易,必须运用线性规划的数学方法才能解决。确定型决策是最基本的决策问题,方法比较简单、成熟,经常用到,在决策中占有突出的重要位置。这种决策约束条件明确,能用数学模型表示,系统的各种变量及其相互关系是计量的,能建立起确定的一元函数,运用线性规划等方法可求出最佳解。

#### (二)确定型决策应具备的条件

为能在确切了解的情况下做出决策,它具备以下四个条件。

(1)存在着决策人希望达到的一个明确目标。

(2)只存在一个确定的自然状态。

(3)存在着可供选择的两个或两个以上的行动方案。

(4)不同的行动方案在确定状态下的损失或利益值可以计算出来。

### （三）确定型决策的方法

**1. 线性规划法**

在满足规定的约束条件,寻求目标函数的最大值或最小值,求取最优方案。

**2. 量本利分析法**

量本利分析法即以盈亏平衡点产量或销量作为依据进行分析的方法。

## 二、风险型决策

### （一）风险型决策的含义

风险型决策是指每个备选方案都会遇到几种不同的可能情况,而且已知出现每一种情况的可能性有多大,即发生的概率有多大,因此在依据不同概率所拟订的多个决策方案中,不论选择哪一种方案,都要承担一定的风险。

与风险型决策相关的主要概念有先验概率、自然状态和损益矩阵。

（1）先验概率是指根据过去经验或主观判断而形成的对各自然状态的风险程度的测算值。

（2）自然状态是指各种可行性方案可能遇到的客观情况和状态。

（3）损益矩阵一般由三部分组成:可行性方案、自然状态及其发生的概率、各种行动方案的可能结果。把这三部分内容在一张表上表现出来,这张表就是损益矩阵表。

### （二）风险型决策方法准则

风险型决策常用的方法准则有三种。

**1. 期望值准则**

以期望值为标准的决策方法:以收益和损益矩阵为依据,分别计算各可行性方案的期望值,选择其中期望收益值最大(或期望损失值最小)的方案作为最优决策方案。

以期望值为标准的决策方法一般适用于以下几种情况。

（1）概率的出现具有明显的客观性质,而且比较稳定。

（2）决策不是解决一次性问题,而是解决多次重复的问题。

（3）决策的结果不会对决策者带来严重的后果。

**2. 等概率准则**

以等概率(合理性)为标准的决策方法:由于各种自然状态出现的概率无法预测,因此假定几种自然状态的概率相等,然后求出各方案的期望损益值,最后选择期望收益值最大(或期望损失值最小)的方案作为最优决策方案。

以等概率(合理性)为标准的决策方法适用于各种自然状态出现的概率无法得到的情况。

**3. 最大可能性准则**

以最大可能性为标准的决策方法:此方法是以一次试验中事件出现的可能性大小作

为选择方案的标准,不是考虑其经济的结果。

以最大可能性为标准的决策方法适用于各种自然状态中其中某一状态的概率显著地高于其他方案所出现的概率,而期望值相差不大的情况。

### (三)风险型决策的决策树

**1. 决策树法**

决策树法是一种用树形图来描述各方案在未来收益的计算、比较以及选择的方法,对分析多阶段的决策问题十分有效,它指明了未来的决策点和可能存在的状态,并用记号标明了各种可能存在状态的发生概率,把可行性方案、所冒风险以及可能的结果直观地表达出来。

**2. 决策树分析的步骤**

1)决策树的构成

决策点,一般用符号"□"表示,从决策点引出的分支叫方案枝,表示决策时可采取的不同方案。状态点,一般用符号"○"表示,从状态点引出的分支叫状态枝,表示方案在未来执行时可能遇到的几种不同的自然状态。

2)决策树法的步骤

(1)根据备选方案的数目和对未来市场状况的了解,绘出决策树形图。

(2)计算各方案的期望值,包括:计算各概率分支的期望值,用方案在各自然状态下的收益值去分别乘以各自然状态的出现概率;将各概率分支的期望收益值相加,并将数字记在相应的自然状态点上。

(3)考虑到各方案所需的投资,比较不同方案的期望收益值。

(4)选择期望收益值较大的方案作为被实施的方案。如果是多阶段或多级决策,则需(2)、(3)、(4)各步工作重复进行。

**3. 决策树的优缺点**

1)决策树的优点

一是决策树易于理解和实现,人们在学习过程中不需要使用者了解很多的背景知识,同时它能够直接体现数据的特点,只要通过解释后都有能力去理解决策树所表达的意义。

二是对于决策树,数据的准备往往是简单或者是不必要的,而且能够同时处理数据型属性和常规型属性,在相对短的时间内能够对大型数据源做出可行且效果良好的结果。

三是易于通过静态测试来对模型进行评测,可以测定模型可信度;如果给定一个观察的模型,那么根据所产生的决策树很容易推出相应的逻辑表达式。

2)决策树的缺点

一是对连续性的字段比较难预测。

二是对有时间顺序的数据,需要很多预处理的工作。

三是当类别太多时,错误可能就会增加得比较快。

四是一般的算法分类的时候,只是根据一个字段来分类。

### 案例 8-6

海星公司有一个工程项目,管理者需要对两种不同的投资方案做出选择,假设 A 方案成功的概率是80％,失败的概率是20％,成功能节约预算200万元,失败则会损失500万元;B种方案成功与失败的概率各50％,成功能节约预算400万元,失败则会损失300万元,如图8-1所示,请决策采取哪种方案?

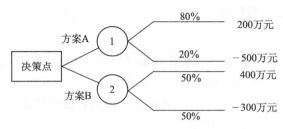

图8-1　两种方案的决策树

**解**:状态点1的期望收益值:
$$200 \times 0.8 + (-500) \times 0.2 = 60(万元)$$
状态点2的期望收益值:
$$400 \times 0.5 + (-300) \times 0.5 = 50(万元)$$
状态1点的方差:
$$(200-60)^2 \times 0.8 + (-500-60)^2 \times 0.2 = 78\,400$$
状态2点的方差:
$$(400-60)^2 \times 0.5 + (-280-60)^2 \times 0.5 = 115\,600$$
显然,方案B的方差较大,风险较大。所以,方案A是比较满意的。

### (四)风险型决策的敏感性分析

**1. 敏感性分析的含义**

在决策过程中,自然状态出现的概率值变化会对最优方案的选择存在影响。概率值变化到什么程度才引起方案的变化,这一临界点的概率称为转折概率。对决策问题做出这种分析,就叫作敏感性分析,或者叫作灵敏度分析。

**2. 敏感性分析的步骤**

(1)求出在保持最优方案稳定的前提下,自然状态出现概率变动的允许范围。

(2)衡量用以预测和估算这些自然状态概率的方法,其精度是否能保证所得概率值在此允许的误差范围内变动。

(3)判断所作决策的可靠性。

## 三、不确定型决策

### (一)不确定型决策的含义

不确定型决策又称非确定型决策、非标准决策或非结构化决策,是指决策人无法确定未来各种自然状态发生的概率的决策,是在不稳定条件下进行的决策。只要可供选择的方案不止一个,决策结果就存在不确定性。

（二）不确定型决策的方法原则

对于不确定型决策,人们对问题掌握的信息和知识比较少,在比较不同方案的效果时,就只能更多的根据主观标准来选择一些原则来进行。这里提供五种评价方法。

**1. 乐观原则**

如果决策者比较乐观,认为未来会出现最好的自然状态,所以不论采用何种方案均可能取得该方案的最好效果,那么决策时就可以首先找出各方案在最好自然状态下的收益值,然后进行比较,找出最好自然状态下能够带来最大收益的方案作为决策实施方案。这种决策原则也叫"最大收益值原则"。

**2. 悲观原则**

与乐观原则相反,决策者对未来比较悲观,认为未来会出现最差自然状态,因此企业不论采取何种方案,均只能取得该方案的最小收益值。所以在决策时首先找出各方案的最差自然状态相应的收益值,然后进行比较,选择在最差自然状态下仍能带来"最大收益"(或最小损失)的方案作为实施方案。这种方法也叫"小中取大原则"。

**3. 折中原则**

折中原则认为应在两种极端中取平衡。决策时,既不能把未来的状况估计得如何光明,也不能想象得如何暗淡。最好和最差的自然状态均有出现的可能。因此,可以根据决策者的判断,给最好自然状态以一个乐观系数,给最差自然状态以一个悲观系数,两者之和为1,然后用各方案在最好自然状态下的收益值与乐观系数相乘所得的积,加上各方案在最差自然状态下的收益值与悲观系数的乘积,得出各方案的期望收益值,然后据此比较各方案的经济效果,做出选择。

**4. 等可能原则**

等可能原则的中心思想是认为未来的所有状况都具有相同的概率,以相同的概率来计算期望收益值,比较大小即可。

**5. 最小后悔值原则**

决策者在选定方案并组织实施后,如果遇到的自然状态表明采用另外的方案会取得更好的收益,企业在无形中就遭受了机会损失,那么决策者将会为此感到后悔。最小后悔值原则就是一种力求使后悔值尽量小的原则。

根据这个原则,决策时应先算出各方案在各自然状态下的后悔值(用方案在某自然状态下的收益值与该自然状态下的最大收益值相比较的差),然后找出每一种方案的最大后悔值,并据此对不同方案进行比较,选择最大后悔值为最小的方案作为实施方案。

**案例 8-7**

某企业要投产一种新产品,有三个可供选择的方案 A、B、C。估计产品投放市场后有销路好、销路一般和销路差三种情况,各方案在各种情况下的收益值如表8-5所示。试用各种准则(乐观系数为0.7)进行决策。

表8-5 不同方案的收益值

| 状况 方案 | 收 益 值 | | |
|---|---|---|---|
| | 销路好 | 销路一般 | 销路差 |
| A | 100 | 50 | −20 |
| B | 85 | 60 | 10 |
| C | 40 | 30 | 20 |

**解**:(1)乐观原则决策:结果如表8-6所示。

表8-6 乐观原则决策

| 状况 方案 | 收 益 值 | | | 乐观原则评价 |
|---|---|---|---|---|
| | 销路好 | 销路一般 | 销路差 | 大中取大 |
| A | 100 | 50 | −20 | 100 |
| B | 85 | 60 | 10 | 85 |
| C | 40 | 30 | 20 | 40 |

最优决策是方案A。

(2)悲观原则决策:结果如表8-7所示。

表8-7 悲观原则决策

| 状况 方案 | 收 益 值 | | | 悲观原则评价 |
|---|---|---|---|---|
| | 销路好 | 销路一般 | 销路差 | 小中取大 |
| A | 100 | 50 | −20 | −20 |
| B | 85 | 60 | 10 | 10 |
| C | 40 | 30 | 20 | 20 |

最优决策是方案C。

(3)折中原则决策:结果如表8-8所示。

表8-8 折中原则决策

| 状况 方案 | 收 益 值 | | | 折中原则评价 |
|---|---|---|---|---|
| | 销路好 | 销路一般 | 销路差 | 期望收益值 |
| A | 100 | 50 | −20 | $100 \times 0.7 + (−20) \times 0.3 = 64$ |
| B | 85 | 60 | 10 | $85 \times 0.7 + 10 \times 0.3 = 62.5$ |
| C | 40 | 30 | 20 | $40 \times 0.7 + 20 \times 0.3 = 34$ |

最优决策是方案A。

(4)等可能原则决策:结果如表8-9所示。

表 8-9　等可能原则决策

| 状况<br>方案 | 收益值 | | | 等可能原则评价 |
|---|---|---|---|---|
| | 销路好 | 销路一般 | 销路差 | 期望收益值 |
| A | 100 | 50 | −20 | [100＋50＋(−20)]/3＝43.3 |
| B | 85 | 60 | 10 | (85＋10＋60)/3＝51.7 |
| C | 40 | 30 | 20 | (40＋30＋20)/3＝30 |

最优决策是方案 B。

（5）最小后悔值原则决策：结果如表 8-10 所示。

表 8-10　最小后悔值原则决策

| 状况<br>方案 | 收益值 | | | 最小后悔值原则评价 | | |
|---|---|---|---|---|---|---|
| | 销路好 | 销路一般 | 销路差 | 后悔值 | | |
| A | 100 | 50 | −20 | 0 | 10 | 40 |
| B | 85 | 60 | 10 | 15 | 0 | 10 |
| C | 40 | 30 | 20 | 60 | 30 | 0 |

因为 15＜40＜60，所以方案 B 最优。

 **重要概念**

风险　不确定性　风险衡量　概率　期望值　方差　标准差　效用　预期效用　效用函数　风险偏好　风险管理　风险识别　确定型决策　风险型决策　决策树　不确定型决策

 **复习思考**

1. 简述风险与不确定性的关系。
2. 简述企业风险管理的意义和主要内容。
3. 风险管理过程主要有哪些主要步骤？
4. 简述风险型决策方法的准则。
5. 简述决策树决策的优缺点。
6. 简述不确定型决策的主要方法。

## 第九章

# 市场失灵与政府干预

### 学习目标

1. 了解市场失灵的内容；
2. 掌握公共物品的内涵；
3. 掌握外部性的内涵；
4. 掌握信息不对称的内涵。

### 技能要求

1. 理解政府干预的理由和方式；
2. 分析招致政府干预失效的因素。

### 引言

经济学的核心问题是社会资源的有效配置，根据西方古典经济学的理论，市场的价格运行机制在经济运行中起着重要的作用，它像一只看不见的手引导着资源得到合理的配置。前面的章节主要讨论企业在市场环境下根据市场机制所应做出的相应的决策。

然而，由于市场机制本身的局限性和天生的缺陷，在现实生活中市场价格机制在某些领域不能或不能有效地发挥作用，从而导致市场失灵。市场失灵问题的存在，使政府干预成为提高资源配置效率的一种必要手段。同时，社会主义市场经济体制，就是在国家宏观调控下对资源的配置起基础性作用。因此，本章着重分析导致市场失灵的各种因素，并提出政府干预的方式。

## 第一节 市 场 失 灵

市场失灵是指市场价格机制在某些领域和场合不能或不能完全有效地发挥作用，从而导致社会资源无法得到最有效配置的情况。导致市场失灵的因素主要有四个，即公共物品、外部性、垄断和信息不对称。

### 一、公共物品

#### （一）公共物品的含义

公共物品是指私人不愿意或无能力生产而由政府提供的具有非排他性和非竞争性的

物品。一国的国防、警务、公共卫生、道路、广播电视等都属于公共物品。一种物品要成为公共物品,必须具备以下特性。

**1. 非排他性**

公共物品的非排他性是指无论是否付费,任何人都无法排除他人对该产品的消费。之所以会出现免费消费,是因为要么技术上不允许,要么由于收费的成本太大而放弃收费。

**2. 非竞争性**

公共物品的非竞争性是指任何人对某一物品的消费,都不会给他人对该产品的消费造成影响。即人们无法排斥别人对同一物品的共同享用,也不会由于自己的加入而减少他人对该公共物品享用的质量与数量。

**3. 不可分割性**

公共物品的不可分割性是指公共物品的供给与消费不是面向哪一部分人或利益集团,而是面向所有人的;公共物品也不能分成细小的部分,只能作为一个整体被大家享用。

**(二)公共物品的分类**

根据公共物品所具有的非排他性和非竞争性的不同程度,公共物品可以分成纯公共物品和准公共物品两类。

**1. 纯公共物品**

纯公共物品是指同时具有非排他性和非竞争性的产品。如国防、外交、天气预报等。纯公共物品必须以不拥挤为前提,否则随着消费者数量的增加会影响他人的消费,从而影响公共物品的性质。如节日期间,免费的露天广场就会由于拥挤而具有了竞争性。

**2. 准公共物品**

准公共物品是指具有不完全排他性和竞争性的产品。准公共物品又分为两类:一类是具有非竞争性和排他性的物品,称为俱乐部物品,如有线电视、社区绿化等;另一类是具有非排他性和竞争性的物品,称为公共资源,如公海中的鱼类资源、拥挤的免费道路等。

与公共物品相对的物品是私人物品,它是指既具有排他性又具有竞争性的产品,如家具、自行车等。由此,可将物品的分类用表 9-1 来表示。

表 9-1　物品的分类

| 分类依据 | 非排他性 | 排他性 |
| --- | --- | --- |
| 竞争性 | 公共资源 | 私人物品 |
| 非竞争性 | 纯公共物品 | 俱乐部物品 |

**(三)公共物品导致市场失灵**

公共物品本身所具有的特性,使得任何私人部门都不愿意或不能充分提供。因此,其产量会低于合理的水平,即达不到帕累托最优状态下的产量水平,由此会造成社会福利的减少和资源的浪费。此时,市场机制在公共物品的提供上不能较好地发挥作用,导致市场失灵。

**1. 公共物品的非排他性导致市场失灵**

非排他性使得任何购买公共物品的人都不能独自占有该产品所能提供的全部效用或收益,都不能阻止他人去无偿享用该产品。因此,尽管公共物品的社会潜在收益大于它给单个购买者带来的收益,但潜在的购买者在做出支付决策时并不会将他人的潜在收益考虑在内,公共物品的提供者就要独自承担提供该物品的全部成本。

这样一来,任何人都想无偿地去享用他人提供的公共物品,继而出现"搭便车"行为。"搭便车"者的增多,就会使得公共物品的提供者减少或几乎没有,最终导致资源配置效率的低下,造成市场失灵。

## 小贴士

### 灯塔为什么只能由政府建设提供

早期的英国,灯塔设施的建造与管理是由私人提供的。由于海上航行经常出事故,为了满足航海者对灯塔服务的需要,一些临海人家自己出钱建设了灯塔,然后根据过往船只的大小和次数向船只收费,以此作为维护灯塔日常开展的费用并获取一定的利润。

经营一段时间后,灯塔的建造者逐渐发现,过往的船只总是想方设法逃避缴费。他们或者绕过灯塔行驶,或者以自己熟悉海路为名干脆就拒绝缴费。建造者们只能增雇人手加强管理,但他们又没有执法权,就算碰上不缴费的人,他们也无可奈何。而且,增雇人手也加大了建造者们的成本,慢慢地他们就变得入不敷出,于是,私人建造的灯塔慢慢地也就关闭了。

可是,海上航行必须有灯塔作指引,那么灯塔就只能由政府出面来建设。过往的船只从此不用再向政府缴费,他们将免费使用灯塔资源。

这个故事说明,并不是所有的产品和服务都可由私人提供。政府和其他公共组织的重要职责之一就是要向民众供给私人不愿意提供的产品或服务——公共物品。

经济学家认为公共物品有非排他性和非竞争性。所谓非排他性,是指某人在消费一种公共物品时,不能排除其他人消费这一物品(不论他们是否付费),或者排除的成本很高。简言之,排他性是指一件商品我用了别人就不能再用,比如我吃了一口苹果,别人就不可能再吃我已经吃的这口。

所谓非竞争性,是指某人对公共物品的消费并不会影响他人同时消费该产品及其从众获得的效用,即在给定的生产水平下,为另一个消费者提供这一物品所带来的边际成本为零。竞争性是指我用了一件商品别人就会少用一件,我吃了一个苹果其他人可以吃的苹果就少了一个。

比如,城市道路上的路灯照亮了我回家的路,并不妨碍照亮我邻居回家的路;我得到了路灯照亮道路的好处,也并没有减少我的邻居得到相同益处的机会。路灯便是由政府提供的公共物品。可以试想一下,假如路灯有一天坏了,政府不去维修。你会去维修路灯吗?对大多数人来说答案是否定的。

### 2. 公共物品的非竞争性导致市场失灵

前面介绍的俱乐部物品虽具有非竞争性,但可以实现排他性使用。如高速公路的修建者实行收费管理,不付费不能消费。这种排他性使用,虽然可以收回提供公共物品的成本,提高其生产者的积极性,增加供给,但不能使所有人免费使用,致使公路的社会效用得不到有效、充分地发挥,从而降低了资源的配置效率,也会造成市场失灵。

## 二、外部性

### (一) 外部性的含义

外部性是指经济活动的当事人对其他人所造成的无法通过价格体系反映的影响。当市场交易对交易双方以外的第三者产生影响,并且这种影响又不能反映为市场价格时,就会出现外部性。外部性是一方对另一方的非市场影响。

通过市场产生的影响不是外部性。例如,周围人吸烟会给你带来危害,但你不能要求赔偿;当你欣赏到邻居家阳台的鲜花时,会有一种美的享受,但却无须付费。这些都是外部性的表现。

### 🍁 小贴士

#### 经济活动的外部性与"庇古税"的由来

"外部性"最早是由英国经济学家马歇尔在其经典著作《经济学原理》一书中提出的,迄今已有110多年的时间了。所谓外部性,也称外在效应或溢出效应,是指一个人或一个企业的活动对其他人或其他企业的外部影响,这种影响并不是在有关各方以价格为基础的交换中产生的,因此,其影响是外在的。

更确切地说,外部经济效果是一个经济主体的行为对另一个经济主体的福利所产生的效果,而这种效果很难从货币或市场交易中反映出来。经济外部性可用消费者的效用函数表示。

从理论上讲,一般认为外部性的存在是市场机制配置资源的缺陷之一。也就是说,存在外部性时,仅靠市场机制往往不能促使资源的最优配置和社会福利的最大化,政府应该适度地干预。从现实来讲,外部性特别是外部不经济仍是一个较严重的社会经济问题,如环境污染或环境破坏。

庇古(Arthur Cecil Pigou)在其1920年出版的《福利经济学》一书中指出,在经济活动中,如果某厂商给其他厂商或整个社会造成不需付出代价的损失,那就是外部不经济。这时,厂商的边际私人成本小于边际社会成本。当出现这种情况时,依靠市场是不能解决这种损害的,即所谓市场失灵,必须通过政府的直接干预手段解决外部性问题。具体来说,就是要在外部性场合通过政府行为使外部成本内部化,使生产稳定在社会最优水平。

庇古提出:如果每一种生产要素在生产中的边际私人净产值与边际社会净产值相等,同时它在各生产用途的边际社会净产值都相等,就意味着资源配置达到最佳状态。在边际私人净产值与边际社会净产值相背离的情况下,依靠自由竞争是不可能达到社会福利最大。于是就应由政府采取适当的经济政策,消除这种背离。

政府应采取的经济政策是:对边际私人净产值大于边际社会净产值的部门实施征税,以迫使厂商减少产量;对边际私人净产值小于边际社会净产值的部门实行奖励和津贴,以鼓励厂商增加产量。庇古认为,通过这种征税和补贴,就可以实现外部效应的内部化。这种政策建议后来被称为"庇古税(Pigou Tax)"。

### (二)外部性的种类

根据外部性对他人福利造成的影响,可以将其分为正外部性和负外部性;根据外部性发生的领域,可以将其分为生产外部性和消费外部性。

**1. 生产正外部性**

当某个厂商的生产经营活动对其他厂商或他人产生有利的影响,即带来收益时,生产正外部性就产生了。例如,在你公司接受过业务培训的职工跳槽到其他单位,此时,你公司的行为就给其他单位提供了技术更高的劳动力,有利于该单位的生产,但不能向该单位索要培训费用。

**2. 消费正外部性**

当某个消费者的行为对他人产生有利的影响,即带来收益时,产生消费正外部性。例如,某人进行了肝炎疫苗接种,不但可使自己不患肝炎,并且由于减少了肝炎传染源而使他人感染此病的概率大大降低,有利于他人身体健康。

**3. 生产负外部性**

当某个厂商的生产经营活动给其他厂商或他人产生不利的影响,即带来损失时,会产生生产负外部性。例如,上游化工厂排放的污水导致下游鱼苗死亡,渔民却无法追偿损失。

**4. 消费负外部性**

当某个消费者的行为对他人产生不利的影响,即给他人造成损失或不利影响时,会产生消费负外部性。例如,私人轿车方便了个人的出行,但汽车尾气的排放会污染环境,损害他人的身体健康。

外部性的以上分类可以用表 9-2 来表示。

表 9-2　外部性的分类

| 分 类 标 准 | | 发 生 领 域 | |
| --- | --- | --- | --- |
| | | 生　产 | 消　费 |
| 对他人影响 | 收益 | 生产正外部性 | 消费正外部性 |
| | 损失 | 生产负外部性 | 消费负外部性 |

### (三)外部性导致市场失灵

在完全竞争市场中,当存在只增加社会福利而不增加个人收益的正外部性时,企业和个人的产量可能会低于社会最优产量;而当存在只增加社会成本而不增加个人成本的负外部性时,企业和个人的产量可能会超过社会最优产量。

因此,外部性的存在,使私人的边际成本或边际收益与社会的边际成本或边际收益发生背离,所以,当个人做出决策时,为了实现个人利益最大化,会忽略其行为带给他人或企业的效益或成本,从而使竞争的结果变得没有效率,资源的配置达不到最优水平,最终导致整个社会福利的下降。

## 三、垄断

垄断是市场不完善的表现,垄断竞争市场是一个产量较低而价格较高的市场,它的存在不仅造成资源浪费和市场效率低下,而且会造成社会福利损失。

### (一)垄断造成市场效率低下

在垄断竞争市场条件下,垄断厂商为实现自身利益最大化,也会像竞争厂商一样努力使生产定在边际收益等于边际成本的点上,但与竞争企业不同的是,垄断竞争市场的价格不是等于而是大于边际收益,因此,它最终会选择在价格大于边际成本的点上组织生产。

垄断厂商不需被动地接受市场价格、降低成本,而可以在既定的成本水平之上加入垄断利润形成垄断价格。所以,垄断竞争市场的价格比完全竞争市场高,产量比完全竞争市场低。

这样,一方面,导致厂商丧失了降低成本、提高效率的动力;另一方面,抬高的垄断定价成为市场价格,扭曲了正常的成本价格关系,对市场资源配置产生误导,造成一种供不应求的假象,导致更多的资源流向该行业。

### (二)垄断造成社会福利损失

垄断对社会福利造成损失主要表现为使消费者剩余大大减少。消费者剩余是指消费者愿意为某种商品或服务支付的最高价格与他实际支付的价格之差,如图 9-1 所示。

在图 9-1 中,$Q$ 代表产量;$P$ 代表价格;$D$ 是需求曲线;$MR$ 是边际收益曲线。在完全竞争市场条件下,高于均衡价格 $P_e$ 的价格反映的效用水平就是消费者剩余,即图中 $DBP_e$ 部分。在垄断竞争市场条件下,高于垄断价格 $P_m$ 的价格反映的效用水平就是消费者剩余,即图中 $DAP_m$ 部分。

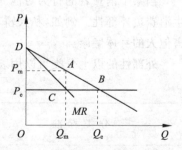

图 9-1　垄断造成社会福利损失

显然,前者大于后者,二者之差即 $AP_mP_eB$ 部分,其中 $ACP_eP_m$ 部分为垄断利润,$ABC$ 部分就是社会福利损失,即垄断产量限制对社会造成的损失。

### (三)垄断造成寻租

寻租(Rent-seeking)通常是指那些通过公共权力参与市场经济从而谋取非法收益的

非生产性活动。在垄断竞争市场条件下,垄断厂商为获取垄断利润,就必须保持其垄断地位,为此而付出的花费和开支就是寻租成本。如向政府游说或贿赂立法者、采取合法手段规避政府的管制以及进行反垄断调查等发生的费用都属于寻租成本。由于寻租成本未用于生产性经营活动,因此会造成社会资源的浪费和社会福利水平的降低。

🌸 **小贴士**

### 警惕权力寻租为房市再添虚火

2016年5月16日上午,备受关注的深圳市政法委原书记蒋尊玉涉嫌受贿案在广州市中级人民法院一审开庭。检察机关指控蒋尊玉涉嫌收受财物共计超过7000万元。记者发现,蒋尊玉受贿行为大多涉及房地产开发。在土地资源极其紧缺、"寸土寸金"的深圳,蒋尊玉利用职务便利"前门当官、后门经商",与家族成员在政商两界里应外合,搭城市土地开发"顺风车"寻租分肥。

此前,在中央纪委监察部网站公布的部分省份巡视整改情况通报中,广西、浙江、河北等地均不同程度出现了领导干部插手土地出让、工程建设、房地产开发的问题。房地产领域成为官员腐败的"重灾区",其中官商勾结、以权谋房、超标占房等现象十分普遍。业内人士指出,房地产行业的全产业链几乎都存在腐败点,是很多人以权寻租的"肥田"。

专家指出,根治"房腐"问题任重而道远,需要加大力度,让伸向房地产领域的"贪腐之手"主动收回去。据《中国经济周刊》下属中国经济研究院统计,自2000年以来,截至2014年中,共有53名落马省部级官员涉及房地产,而据不完全统计,14年来落马的省部级官员在100人左右,这就意味着,一半的落马省部级高官或多或少与房地产业有着千丝万缕的联系。

房价为何居高不下? 房地产行业中随处存在的寻租或许是原因之一。有统计显示,房地产行业中,可能出现寻租的环节高达116处。除各级政府、建设、规划、房屋管理、土地管理、审计税务等部门外,房地产领域的寻租者还包括银行、房地产开发企业内部,甚至还包括个体经营承包者、居民户等。

资料来源:环球网. 警惕权力寻租为房市再添虚火[EB/OL]. http://opinion. huanqiu. com/plrd/2016-05/8945000. html. (2016-05-18)

## 四、信息不对称

### (一)信息不对称的含义及原因

完全竞争市场上能够实现帕累托最优状态的一个重要假定就是完全信息,即市场交易双方对交易产品具有充分的信息。然而,在现实生活中,人们对信息的掌握是不完全的,而这种不完全又往往表现为信息不对称。信息不对称是指参与经济活动的当事人拥有不同信息的状况,即有些人拥有比其他人更多的相关信息。例如,商品的卖方要比买方掌握更多的关于产品质量和数量等方面的信息。

信息不对称的产生是由多种因素造成的。首先,获取信息需要成本。其次,由于人们认知能力的局限性和差异性使其不可能掌握全部的信息。此外,充分占有信息的一方会为了自身利益而对对方隐藏信息。

### ❁ 小贴士

#### 经济学中的"劣币驱逐良币"现象

"劣币驱逐良币"是经济学中一个古老的原理,它说的是铸币流通时代,在银和金同为本位货币的情况下,一国要为金币和银币之间规定价值比率,并按照这一比率无限制地自由买卖金银,金币和银币可以同时流通。由于金和银本身的价值是变动的,这种金属货币本身价值的变动与两者兑换比率相对保持不变产生了"劣币驱逐良币"的现象,使复本位制无法实现。

比如说当金和银的兑换比率是 1∶15,当银由于开采成本降低而使其价值降低时,人们就按上述比率用银兑换金,将其储藏,最后使银充斥于货币流通,排斥了金。如果相反即银的价值上升而金的价值降低,人们就会用金按上述比例兑换银,将银储藏,流通中就只会是金币。这就是说,实际价值较高的"良币"渐渐为人们所储存离开流通市场,使得实际价值较低的"劣币"充斥市场。这一现象最早被英国的财政大臣格雷欣(1533—1603 年)所发现,故称为"格雷欣法则"。

当事人的信息不对称是"劣币驱逐良币"现象存在的基础。因为如果交易双方对货币的成色或者真伪都十分了解,劣币持有者就很难将手中的劣币用出去,或者,即使能够用出去也只能按照劣币的"实际"价值而非"法定"价值与对方进行交易。

不对称信息理论的开创者是美国加州大学经济学教授乔治·阿克洛夫,他因此而获得了 2001 年诺贝尔经济学奖。可是他的开创性论文《"柠檬"市场》(在英文中,次品俗称"柠檬")曾经因为被认为"肤浅",先后遭到三家权威的经济学刊物拒绝。几经周折,这篇论文才得以在哈佛大学的《经济学季刊》上发表,立刻引起巨大反响。

格雷欣法则实现要具备以下条件:劣币和良币同时都为法定货币;两种货币有一定法定比率;两种货币的总和必须超过社会所需的货币量。

"劣币驱逐良币"在现实生活中也比比皆是。譬如说,平日乘公共汽车或地铁上下班,规矩排队者总是被挤得东倒西歪,几趟车也上不去,而不守秩序的人倒常常能够捷足先登,争得座位或抢得时间。最后遵守秩序排队上车的人越来越少,车辆一来,众人都争先恐后,搞得每次乘车如同打仗,苦不堪言。

再比如,在有些大锅饭盛行的单位,无论水平高低、努力与否、业绩如何,所获得的待遇和奖励没什么差别,于是,年纪轻、能力强、水平高的都另谋高就去了,剩下的则是老弱残兵、平庸之辈,敷衍了事,这也是"劣币驱逐良币"。

### (二)逆向选择

逆向选择是指市场的一方不能察知市场另一方商品的类型或质量时,市场中大量的劣货会排挤好货并最终占领市场的过程。逆向选择最经典的例子是二手车市场。在该市场上,既有质量较好的二手车也有质量很差的二手车,但只有卖者掌握车的质量信息,而买者对其缺乏了解。因此,在该市场上,双方的信息是不对称的。购买者此时的出价会介于质量较好的二手车价格与质量很差的二手车价格之间。

这样一来,质量较好的二手车,质量高于价格,车主会不愿进入或退出此市场;而质量很差的二手车,价格高于质量,车主愿意进入或留在此市场,最终导致该市场上的车都是质量很差的二手车。但是,当购买者知道他要买的车是质量很差的二手车时,他会降低自己的出价,这又会使得比质量最差的二手车稍好一些的二手车退出市场,最后质量最差的二手车占据了整个市场。

### (三)道德风险

道德风险是指人们享有自己行为的收益,而将成本转嫁给他人,从而造成他人损失的可能性。即从事经济活动的人在最大限度地增加自身效用的同时做出不利于他人的行动。举个在保险市场发生道德风险的例子。对于有车一族来说,在他们购买保险之前,都会十分在意自己汽车的安全问题,他们会采取非常严密的防盗措施,如雇用保安巡逻或将车放在上锁的车库里。

但如果保险公司表示愿意为他们的汽车投保,赔偿额较低时,他们依然会比较注意做好防盗措施,因为一旦汽车丢失,他们要承担大部分损失;当赔偿额较高时,他们可能会较少地关注汽车安全问题,因为此时大部分损失要由保险公司承担;当保险公司完全赔偿额时,他们可能会根本不再关心汽车的安全问题,也不再采取任何的防范措施,因为此时汽车失盗他们将得到全额赔付,自己几乎没有损失,而采取安全措施除了给他带来费用之外几乎没有任何收益。

经济生活中的信息不对称,使逆向选择和道德风险问题普遍存在,这一方面造成了交易市场的严重萎缩;另一方面导致社会资源的极大浪费,影响了资源的配置效率。

## 第二节　政府干预的理论和方式

### 一、政府干预的基本概念

在现代市场经济的发展中,市场是一只"看不见的手",而政府的引导被称为"看得见的手"。在现代市场经济体系中,市场调节与政府干预是紧密相连、相互交织、缺一不可的重要组成部分。因为市场机制的完全有效性只有在严格的假说条件下才成立,而政府干预的完美无缺同样也仅仅与"理想的政府"相联系。也就是说,市场调节与政府干预都不是万能的,都有内在的缺陷和失灵、失败的客观可能,会产生"市场失灵"和"政府失灵"的现象。

这其中,在经济发展的过程中,单一依靠市场的调控或者政府的全盘控制是不可行的。市场运行过程中会不可避免地出现市场失灵,私人部门已无法很好地解决资源的配置问题,这时必须有政府力量介入,进行宏观调控等一系列手段和方式来提高资源配置效率。这便是我们这里所说的政府干预。

政府的干预也并不是完美无缺的,市场和政府两者都有内在的缺陷与失灵,所以关键是寻找出市场经济和政府干预之间的切合点,使得政府干预在市场失灵时发挥最大的作用。人们更是普遍寄希望于"两只手"的配合运用,以实现经济的和谐、稳步、持续、高效的发展。

## 二、政府干预经济的理由

### (一)政府经济职能

政府作为市场经济运行中的一个主要主体,有其本身重要的职能,其职能主要体现如下。

**1. 政治职能**

政治职能也称统治职能,是指政府为维护国家统治阶级的利益,对外保护国家安全,对内维持社会秩序的职能。

**2. 经济职能**

经济职能是指政府为国家经济的发展,对社会经济生活进行管理的职能。对于我们国家而言,随着我国计划经济体制向社会主义市场经济体制的转变,我国政府主要有三大经济职能。

一是宏观调控职能。即政府通过制定和运用财政税收政策与货币政策,对整个国民经济运行进行间接的、宏观的调控。

二是提供公共物品和服务职能。政府通过政府管理、制定产业政策、计划指导、就业规划等方式对整个国民经济实行间接控制;同时,还要发挥社会中介组织和企业的力量,与政府一道共同承担提供公共物品的任务。

三是市场监管职能。即政府为确保市场运行畅通、保证公平竞争和公平交易、维护企业合法权益而对企业和市场所进行的管理与监督。

**3. 文化职能**

文化职能是指政府为满足人民日益增长的文化生活的需要,依法对文化事业所实施的管理。它是加强社会主义精神文明建设,促进经济与社会协调发展的重要保证。

**4. 社会职能**

社会职能是指除政治职能、经济职能、文化职能以外政府必须承担的其他职能。

### (二)市场失灵

如第一节所述,由于存在市场失灵,导致市场失灵的因素主要有四个,即公共物品、外部性、垄断和信息不对称。当市场失灵产生以后,私人部门已无法很好地解决资源的配置问题,此时往往需要政府部门的介入,即采取政府干预的手段来提高资源配置效率。

**1. 社会收入分配不公问题的存在**

现实生活中,由于人们在家庭出身、劳动观念、生活习惯、教育机会以及拥有生产资源数量等方面的差异,往往会出现收入不均、贫富悬殊等问题。这些问题的出现,一方面不利于社会的安定和经济的发展;另一方面市场自身无法解决,必须政府出面才能实现社会公平。

### 2. 恶性竞争和垄断的存在

适度的竞争有利于市场的发展,但竞争一旦发展成恶性竞争或形成垄断,则会降低经济效率,导致整个社会资源的浪费和社会福利的减少。政府可以通过制定反不正当竞争法和反垄断法等法律规章来规范经济主体的行为,鼓励竞争的发展。

### 3. 信息不对称现象的存在

市场机制不能解决所有的信息不对称和信息不完全问题,而政府可以通过增加市场透明度等方法对信息进行管理和调控,使交易参与者得到较为充分和正确的信息。

### 4. 负外部性导致的社会污染等问题的存在

环境污染问题越来越成为阻碍经济发展的一大社会问题。国家可以通过制定环境保护法规等政策来维持一个良好的生态环境,以最大限度地降低社会成本,增加社会收益。

### 5. 公共物品的供给问题的存在

公共物品的性质使私人部门不能或无法全部提供,而政府可以在这方面发挥较大的作用。由此可预计,政府干预经济有两个方面的原因:首先,政府本身所具有的经济职能又成为政府干预经济的内在要求。其次,在经济领域中,仅仅依靠市场的力量不足以保证经济的持续稳定发展,市场失灵要求政府对经济进行有效的干预。

对照上述两个方面的原因,通常情况下可以把政府干预经济事务分为两个部分,即经济危机时期的干预和非经济危机时期的干预。

第一部分是经济危机时期。经济危机指的是一个或多个国民经济或整个世界经济在一段比较长的时间内不断收缩国际关系趋于恶化。在经济危机时期,国家失业人数迅速增加;贫困加剧,人们食不果腹;有可能引发通货膨胀,物价上涨。由于经济全球化,危机会波及全世界,后果不堪设想。

自1847年爆发了第一次世界性的经济危机以后,1857年、1866年、1873年、1882年、1890年、1900年、1907年、1920年、1929年、1937年爆发的经济危机,欧美各主要资本主义国家都一齐卷入,都是世界同期性的经济危机。第二次世界大战后,1957—1958年、1973—1975年、1980—1982年的经济危机则演变为世界同期性的经济危机。

在这种情况下,仅靠市场调节不仅调节过慢,而且收效甚微,在这种情况下,无论是资本主义国家还是社会主义国家,都或多或少地选择对国家经济事务进行有效的调控,以期快速脱离经济危机。我把它归为政府干预经济危机的第一大类。

第二部分是在非经济危机时期,因为种种原因,政府也会适度地进行经济事务的干预,传统的市场失灵理论,在承认市场竞争在某些条件下可以达到最优的同时,也认识到市场调节可能会产生市场失灵,市场失灵是公共物品、外部性和垄断、信息不对称等不同因素共同作用的结果。因此,政府在实施干预时,必须根据市场失灵的原因有针对性地采取政策和措施,最大限度地解决资源配置效率问题,这也是有名的"老四条"政府干预经济的范围。

## 三、针对市场失灵的政府干预方式

市场失灵是公共物品、外部性和垄断、信息不对称等不同因素共同作用的结果。因此,政府在实施干预时,必须根据市场失灵的原因有针对性地采取政策和措施,最大限度地解决资源配置效率问题。

### (一)针对公共物品原因导致的市场失灵的政府干预

政府在如何确定某一公共物品是否值得提供以及提供多少时,往往采用成本—利益分析的方法。首先估算提供某一公共物品的成本及获得的收益,然后将两者加以比较,最后根据结果确定该公共物品是否值得提供。如果有几个可供选择的公共物品,则分别比较各自的成本与收益,最后选择提供社会净收益较大的公共物品。

具体来说,政府往往通过以下方式提供公共物品:一是由政府直接经营企业并生产公共物品。二是政府与私人部门签订合同,共同提供公共物品。三是政府以授权、许可的形式委托私人部门提供公共物品。四是政府对私人部门提供补贴,鼓励其提供公共物品。

### (二)针对外部性原因导致的市场失灵的政府干预

#### 1. 税收与补贴

政府通过对产生负外部性的企业进行征税,使其私人成本等于社会成本;通过对产生正外部性的企业进行补贴,使其私人收益等于社会受益。

#### 2. 实行"内部化"政策

一个企业对另一个企业可能产生正外部性或负外部性,但当政府将两个企业进行合并,在合并后的一个企业内部核算成本与收益时,就消除了外部性影响,即使其"内部化"了。

#### 3. 界定产权

科斯认为,只要解决了财产权的界定和交易费用过高的问题,则完全可以通过市场交易解决外部性问题,这就是著名的科斯定理。

#### 4. 运用行政措施

政府可以采取直接的行政干预、强制性管制措施或推行强制性标准以及采取限制措施对资源配置进行安排或处置。

### (三)针对垄断原因导致的市场失灵的政府干预

#### 1. 制定反垄断法

例如,美国在 1890—1950 年曾先后制定并颁布实施了《谢尔曼法》(1890 年)、《克莱顿法》(1914 年)、《联邦贸易委员会法》(1914 年)、《罗宾逊-帕特曼法》(1936 年)、《惠特-李法》(1938 年)、《塞勒-凯弗维尔法》(1950 年)等反托拉斯法。1974 年,美国国会对《谢尔曼法》进行了修订,加大了对违法行为的处罚力度。现在,公司可被判罚款高达 100 万美元,个人可被判罚款 10 万美元,且可判长达三年的监禁。另外,在民事诉讼中,企业和个人还可能被处以三倍于因违反了反垄断法而造成的损失的赔偿。

《中华人民共和国反垄断法》(以下简称《反垄断法》)是一部为了预防和制止垄断行为,保护市场公平竞争,提高经济运行效率,维护消费者利益和社会公共利益,促进社会主义市场经济健康发展,而制定的法律。《反垄断法》的出台标志着我国完成了竞争法体系的基本构建。

《反垄断法》由 2008 年 8 月 1 日起施行,共分为 9 章 57 条,包括:总则、垄断协议、滥用市场支配地位、经营者集中、滥用行政权力排除、限制竞争、对涉嫌垄断行为的调查、法律责任和附则。

这些法律可以起到削弱或分解垄断企业,防止垄断产生的目的。

### 🍁小贴士

#### 商务部:可口可乐收购汇源案未通过反垄断审查

商务部宣布,可口可乐公司收购中国汇源公司案将对竞争产生不利影响,因此商务部依法做出禁止此项收购的决定。

商务部于 2008 年 11 月对可口可乐收购汇源案立案后,依据中国反垄断法的相关规定,从市场份额及市场控制力、市场集中度、集中对市场进入和技术进步的影响、集中对消费者和其他有关经营者的影响及品牌对果汁饮料市场竞争产生的影响等几个方面进行了审查。

商务部经审查认定,这项收购案将对竞争产生不利影响。收购完成后,可口可乐公司可能利用其在碳酸软饮料市场的支配地位,搭售、捆绑销售果汁饮料,或者设定其他排他性的交易条件,收购行为限制果汁饮料市场竞争,导致消费者被迫接受更高价格、更少种类的产品。

同时由于既有品牌对市场进入的限制作用,潜在竞争难以消除该等限制竞争效果;收购行为还挤压了国内中小型果汁企业生存空间,给中国果汁饮料市场竞争格局造成不良影响。

为了减少收购对竞争产生的不利影响,商务部与可口可乐公司就附加限制性条件进行了商谈,要求申报方提出可行的解决方案,但可口可乐公司应商务部要求提交的修改方案仍不能有效减少此项收购对竞争产生的不利影响,因此商务部依法做出禁止此项收购的决定。

商务部反垄断局负责人表示,反垄断审查的目的是保护市场公平竞争,维护消费者利益和社会公共利益。自 2008 年 8 月中国反垄断法实施以来,商务部共收到 40 起包括合并、收购在内的经营者集中申报,可口可乐收购汇源案是第一个未获通过的案例。

资料来源:新华网. 商务部:可口可乐收购汇源案未通过反垄断审查[EB/OL]. http://news. xinhuanet. com/fortune/2009-03-18/content_11031338. htm. (2009-03-18)

### 2. 公共管制

政府对垄断的管制主要是政府对垄断价格进行管制并进而影响到价格。价格管制就是使管制之下的垄断厂商制定的价格等于边际成本。这样可以将垄断造成的社会福利损失减少到最低限度,以实现资源的优化配置。

（四）针对信息不对称原因导致的市场失灵的政府干预

**1. 解决逆向选择问题的措施**

一是由政府规定企业对自己出售的产品提供质量保证。二是由政府引导企业对自己出售的产品提供不同的产品包修年限。三是政府鼓励企业对自己的产品树立品牌，通过"声誉"来分辨优质产品与劣质产品。四是政府鼓励企业通过广告等宣传方式来区分优质产品与劣质产品。五是政府鼓励企业实现产品标准化。

**2. 解决道德风险问题的措施**

解决道德风险问题的措施主要是一些制度安排：一是预付保证金；二是订立合同；三是树立品牌声誉；四是效率工资。

## 四、导致政府干预失效的因素

当市场失灵时，政府在公共部门中所起的作用十分明显。但是不是政府对经济的干预总能发挥有效作用呢？答案是否定的。政府干预也有失效的时候，我们称为"政府失灵"。总的来说，导致政府干预失效的因素主要有以下几个。

（一）政府的偏好

政府同个体一样，也有自己的偏好和利益目标。当下级政府的目标与上级政府的政策出现矛盾时，它会做出与政策相悖的选择，从而导致政府失灵。同时，政府在制定政策时，其偏好也起着重要作用，稍有不慎，出现失误也会导致"政府失灵"。

（二）官员的素质

有一部分官员在制定和执行政策时会存在不当之处；同时，还有些官员把公共权力当作私人权力来满足个人偏好，权钱交易、权权交易现象普遍，人们对政府不信任，致使政府干预失效。

（三）利益集团的寻租行为

当政府制定政策时，利益集团的游说活动、个体的寻租活动都会使得政府的决策偏离社会最优选择，推出的政策往往只代表利益集团的利益而不是全社会的利益。当政府执行政策时，寻租活动会使得政策的执行效率或执行过程偏离政策本身。

（四）信息不对称

当信息不对称现象普遍存在时，政府不可能全面把握遇到的问题，这会使其政策自制定时就存在偏差，出现"政府失灵"。同时，信息不对称还会影响政府对其各部门和代理人的监督，并会引起政策在传递过程中的耗散，从而导致政策在执行阶段出现"政府失灵"。

（五）政府干预的成本与收益

由于意识形态等方面的影响，很难对政府干预的作用进行实证的评价。

（六）政府实行干预有时具有盲目性

政府干预的法令、规章等都具有刚性，不能及时适应经济的具体情况变化，从而导致政府对经济干预的盲目性。

 **案例 9-1**

### 距离产生美

举世皆知，蒙娜丽莎的清丽无人能及，世界各地专程前来巴黎瞻仰她容貌的人们甚至踏坏罗浮宫的门槛，但是，蒙娜丽莎的美，只能在距离油画两三米外才能显现，如果贴近来看，唯余一堆皱巴巴、杂乱不堪的油彩；雄踞五岳之首的泰山，那磅礴的气势也要从山外来看，真正进了山中，那石、那树，和别的山川没什么根本的不同；埃菲尔铁塔，从远处看蔚为壮观、气势磅礴，可走近了看，不过是一堆锈迹斑斑的钢条加铆钉。为什么？距离产生美。

政府与市场，同样需要距离。如麦迪逊所言："如果人都是天使，就不需要任何政府了。如果是天使统治人，就不需要对政府有任何外来的或内在的控制了。"完成治理的基本功，做到对市场的不妨害，是一个政府在经济事务管理的最低纲领（对一些政府来说，或许是最高目标）；这也是市场对政府的核心的、正当的、理性的要求。尤其在权力自上授予、对上负责的情况下，过于热心的参与往往是执政目标的暧昧所致。

当地方政府在新的政治格局中获得了更大的权力时，这种区域竞赛似有进一步蔓延升温的迹象。当市场上的竞赛主体只是一些集合的、模糊的身影时，竞赛的魅力就已经失去了。

当然，距离不能变成遥远，否则，美丽也就不存在了。政府与市场保持适当的距离的时候，经济、社会的效率是最高的。政府与市场的距离渐行渐远，弊端开始显露。始于20世纪80年代末至90年代初的那一轮"圈地运动"，在某种程度上是因为政策法规不够完善、政府宏观调控不够所致。

1989年3月人大修改了宪法，补充了"土地使用权可以依法转让"一句，但是没有出台配套措施，没有对土地市场交易出台规范措施，也没有建立宏观调控机制。游戏规则存在漏洞，缺乏宏观调控，使一些炒家看到了发财的良机，只要通过关系获得土地，一转手就可以获取数倍乃至数十倍的暴利，于是，寻租现象蜂拥，"圈地运动"轰轰烈烈地开展起来了。

在那一轮"圈地运动"中，在一些地区，权钱交易几乎是公开的。手握实权的人和房地产商串通一气，以极低廉的象征性的价格大批圈占土地，然后转手获取暴利。有门路的国内外商人常越过基层办事单位，直接找省、市、县领导批地，发财后一走了之。在游戏规则日趋完善的今天，20世纪的那种疯狂"圈地"行为将一去不复返，但是，其带来的教训值得我们铭记。

### 重要概念

市场失灵　公共物品　非竞争性　非排他性　外部性　寻租　信息不对称　逆向选择　道德风险　经济危机　公共管制

**复习思考**

1. 简述公共物品的含义和特性。
2. 导致市场失灵的因素主要有哪些？
3. 信息不对称何以导致市场失灵？
4. 简述针对市场失灵的政府主要干预方式。
5. 简述政府干预失效的主要原因。
6. 举例说明什么是逆向选择和道德风险。

# 参 考 文 献

[1] 卞耀武. 中华人民共和国产品质量法释义[M]. 北京：法律出版社，2000.

[2] 刘大洪. 反不正当竞争法[M]. 北京：中国政法大学出版社，2005.

[3] 梁小民. 写给企业家的经济学[M]. 北京：中信出版社，2006.

[4] 迈克尔·帕金. 经济学[M]. 张军，等译. 北京：人民邮电出版社，2009.

[5] 康彩霞. 管理经济学[M]. 北京：中国人民大学出版社，2009.

[6] 叶德磊，孙斌艺. 管理经济学[M]. 上海：格致出版社，上海人民出版社，2009.

[7] 黄晓琳，黄梦溪. 最神奇的经济学定律[M]. 北京：新世界出版社，2010.

[8] 陈章武. 管理经济学[M]. 北京：清华大学出版社，2010.

[9] 奚晓明. 最新合同法适用一本通[M]. 北京：人民法院出版社，2010.

[10] 赵旭东. 公司法学[M]. 北京：高等教育出版社，2010.

[11] 陈建萍，杨勇. 管理经济学：理论、案例与实务[M]. 北京：中国人民大学出版社，2011.

[12] 毛蕴诗，张颖. 管理经济学理论与案例[M]. 北京：机械工业出版社，2012.

[13] 孔英. 管理经济学[M]. 北京：北京大学出版社，2012.

[14] 任志安. 管理经济学[M]. 北京：中国人民大学出版社，2013.

[15] 金春良. 经济学原理与应用[M]. 上海：上海交通大学出版社，2013.

[16] 梁小民. 经济学是什么[M]. 北京：北京大学出版社，2013.

[17] 毛军权. 管理经济学习题与案例指南[M]. 上海：复旦大学出版社，2014.

[18] 梁小民. 经济学就这么有趣[M]. 北京：北京联合出版公司，2014.

[19] 梁小民. 读懂世界的第一本经济学书[M]. 北京：北京联合出版公司，2014.

[20] 侯荣华. 西方经济学[M]. 北京：中央广播电视大学出版社，2015.

[21] 周伟. 经济学基础[M]. 北京：清华大学出版社，2016.

**推荐网站：**

[1] 中华人民共和国国家工商行政管理总局网站，http://www.saic.gov.cn/zcfg/.

[2] 中华人民共和国商务部网站，http://www.mofcom.gov.cn/.

[3] 中华人民共和国国家发展和改革委员会，http://www.sdpc.gov.cn/.

[4] 中国经济网，http://www.ce.cn/.

[5] 中国消费者协会，http://www.cca.org.cn/.

[6] 中国物流与采购网，http://www.chinawuliu.com.cn/.

[7] 中国营销传播网，http://www.emkt.com.cn.

[8] 中国人民银行，http://www.pbc.gov.cn.

[9] 中国企管网，http://www.china-qg.com.

[10] 中国市场学会，http://www.ecm.com.cn.

[11] 中国保险监督管理委员会，http://www.circ.gov.cn/web/site0/.

[12] 国家外汇管理局，http://www.safe.gov.cn.

[13] 中国银行业监督管理委员会，http://www.cbrc.gov.cn.